국어 기능문법의 언저리

유동석 지음
이상은 · 이영욱 엮음

국어 기능문법의 언저리

한국문화사

국어 기능문법의 언저리

1판 1쇄 발행 2024년 5월 31일

지 은 이 | 유동석
엮 은 이 | 이상은 · 이영욱
펴 낸 이 | 김진수
펴 낸 곳 | 한국문화사
등   록 | 제1994-9호
주   소 | 서울시 성동구 아차산로49, 404호(성수동1가, 서울숲코오롱디지털타워3차)
전   화 | 02-464-7708
팩   스 | 02-499-0846
이 메 일 | hkm7708@daum.net
홈페이지 | http://hph.co.kr

ISBN 979-11-6919-208-8 93710

- 이 책의 내용은 저작권법에 따라 보호받고 있습니다.
- 잘못된 책은 구매처에서 바꾸어 드립니다.
- 책값은 뒤표지에 있습니다.

오류를 발견하셨다면 이메일이나 홈페이지를 통해 제보해주세요.
소중한 의견을 모아 더 좋은 책을 만들겠습니다.

머리말

 국어는 조사와 어미가 발달한 언어라는 점에서 다른 언어와 구별되는 문법적 특성을 가진다. 서술어를 이루는 용언 어간을 중심으로 하여, 오른쪽에는 활용 어미가 배열되고 왼쪽에는 문장 성분이 배열되는데 이 문장 성분들에 곡용의 조사가 결합한다. 조사와 어미가 비록 형태론적 단위이기는 하나, 이들의 결합과 배열은 통사론적 관계로 이루어지므로 그 문법적 의미와 기능의 해석 역시 통사론적 관계로 이루어져야 한다.

 유동석 선생님께서는 처음에 기능문법의 관점에서 화용론적 층위에서 수행하는 기능에 따라 조사가 실현되고 교체되는 원리를 연구하셨다. 이어서 높임법 체계가 문장의 통사적 구조에서 이루어지는 원리를 설명하시고자 생성문법으로 관점을 넓혀 어미가 핵어를 이루는 계층적 구성에 관하여 매개변인문법을 설명하셨다. 이후에 외래의 이론에 기대어 문법을 연구하는 것이 국어의 고유한 특성을 밝히는 데에 한계가 있음을 느끼셨다. 이에 국학으로 관심을 옮겨 고려가요를 연구하시며 중세국어의 모습을 밝히는 데 힘을 기울이셨다. 이 책은 기능문법의 관점에서 조사의 기능을 연구한 전기의 글을 모아 엮은 것이다.

 부족한 제자 둘이서 머리를 맞대고 원고를 다듬는 과정에서, 선생님께서 이 책에 굳이 '언저리'라는 제목을 붙이신 까닭을 항시 자신을 낮추어 가르침을 주시는 선생님의 성정에서 비롯한 것이라 처음에는 생각하였다. 그러나 원고를 다듬으며 언저리'까지' 아우르신 것임을 알게 되었다. 이 책은 형태론적 단위로서의 조사에 관한 일반적인 이해로부터, 통사론적 관계에서 조사가 수행하는 기능, 조사가 제약되거나 교체되는 원리, 조사의 쓰임에 따라 실현되는 화용론적 의미 등을 다루고 있다. 부차적이거나 지엽적인 현상으로서의 '언저리'를 다루는 것이 아니라, 일반 이론에 기초하여 여러 원리가 복합적으로 작용하는 난해한 문법 현상으로서의 '언저리까지' 다룬 것이다.

이 책은 선생님께서 지으신 여러 글을 모으고 다듬어 펴낸 것이다. 펴내는 과정에서 오탈자를 바로잡는 한편, 한자 표기를 한글 표기로 바꾸었다. 선생님께서 가르치신 바를 아직, 감히, 온전히 배웠다고 내세울 수 없다. 하지만 의문이 들 때마다 선생님의 글은 이정표가 되어 주었다. 하나의 문법 현상에 관한 여러 설명 속에서 무엇이 옳은지를 찾아 헤맬 때 선생님의 글은 늘 옳은 길을 알려 주었다. 그러나 그 글의 흩어져 있음과 얻기 어려움에, 제자들이 청하고 허락을 구하여 한데 엮었다. 이에 문법을 연구하는 이들이 선생님의 글을 구하는 수고를 줄이는 데 작게나마 도움이 되기를 바란다.

엮은이 이상은 · 이영욱

차 례

머리말   5

I. 국어의 조사
조사   11
조사 생략   40
조사의 사전적 처리   52

II. 통보기능과 주제
양태 조사의 통보기능에 대한 연구   73
국어의 목적어이동과 주제화   145

III. 조사의 의미
조사 {로}의 이질성 극복을 위하여   163
시간어에 대한 양화론적 해석과 조사 {에}:'ϕ'   194

IV. 조사와 구조
주제어와 주격 중출 구문   239
국어의 격 중출 구성에 대하여   281
국어의 목적어 있는 능격구성에 대한 연구   314

출전   337

I. 국어의 조사

조사

 교착어로서 국어는 문법적 기능을 담당하는 요소인 조사와 어미가 풍부하게 발달한 언어이다. 조사와 어미의 기능과 용법을 규명하는 일은 국어의 문법적 특징을 해명하는 일로서 국어문법 기술의 핵심적 위치를 차지한다. 이 글은 조사에 대한 일반 독자들의 이해를 돕기 위한 것으로 조사의 문법적 성격, 조사들의 기능과 의미를 다룬다. 일반 독자를 대상으로 한 글이기 때문에 용어 및 조사의 목록은 가능한 한 학교문법과 『표준국어대사전』(국립국어연구원 편)을 따른다.

1. 조사의 문법적 성격

1.1. 어휘적 요소와 문법적 요소

 말은 생각을 나타내며 생각은 세계에 의해 형성된다. 따라서 말은 곧 세계를 나타낸다고도 할 수 있다. 세계를 나타내는 말의 단위들로는 단어와 문장이 있다. 보통의 단어는 세계를 나누어 그 하나하나에 이름을 붙인 것이다. '소, 감자, 먹(-다),…' 따위가 세계를 나누어 그 각각에 이름을 붙인 단어들인데 특히 세계를 나타내는 이러한 것들을 어휘적 요소라고 부르며 어휘적 요소들을 문법적 성질에 따라 나눈 명사, 대명사, 수사, 동사, 형용사, 관형사, 부사, 감탄사 따위를 어휘 범주라고 한다.

문장은 세계의 일을 하나의 온전한 생각으로 드러내는 것인데, 단어들이 모여서 문장을 이룬다.

(1) 소가 감자를 먹었다.

(1)은 단어들이 모여서 이루어진 문장의 예이다. 그런데 (1)을 잘 관찰해 보면, 문장 속의 단어들에는 세계를 나타내는 어휘적인 것에 언어 형식을 나타내는 것이 덧붙어 있음을 볼 수 있다. (1)에서 밑줄 그은 '가, 를, -었다' 따위의 것들이 언어의 형식을 드러내는 것들이다. (1)에서 '가'는 '소'가 주어라는 언어 형식으로 참여했음을 나타내는 표지이고 '를'은 '감자'가 목적어라는 언어 형식으로 참여했음을 드러내는 표지이다. '-었다'에는 언어의 형식을 드러내는 것으로 '-었'과 '-다' 둘이 포함되어 있는데, '-었'은 (1)이 과거의 일을 나타내는 언어 형식임을 표시하는 것이고, '-다'는 (1)이 세계의 일에 대해 평범하게 알려주는 언어 형식임을 표시하는 것이다. (1)의 '가, 를, -었-, -다'처럼 언어의 형식을 표시하는 것들을 문법적 요소라고 부른다. 문법적 요소들에 표시되는 언어의 형식을 문법범주라고 한다. 격, 시제, 높임법, 종결법, 접속법 따위로 불리는 것들이 문법범주이다.

1.2. 조사와 어미

(1)에 나타나는 문법적 요소들 가운데 '가, 를'과 '-었-, -다'는 그것들이 실현되는 위치와 하는 일에서 차이를 보인다. 우선 나타나는 위치를 보면 '가, 를'은 체언 뒤에 붙어 실현되며 '-었-, -다'는 용언에 붙어 실현된다. 또 기능의 측면에서 보면 '가, 를'은 문장을 짜는 한 성분이 문장 속에서 어떠한 구실을 하는가를 표시하며 '-었-, -다'는 문장 그 자체가 어떠한 형식의 문장인가를 표시해 주는 것이다. 이처럼 '가, 를'과 '-었-, -다'는 그 실현 위치 및 기능에서 차이를 보이는데 앞엣것을 조사, 뒤엣것을 어미라고 부른다. (1)의 것들만을 토대로 해서 잠정적인 결론을 내린다면 조사는 체언 뒤에 붙어서 그것들이 문장에서 하는 구실을 표시하는 문법적 요소이고 어미는 용언에 붙어서 문장 그 자체의 형식을 표시하는 문법적 요소라고 할 수 있다.

(1)의 문장만을 관찰하여 조사는 체언에 붙어 실현되는 문법적 요소이고 어미는 용언에 붙어 실현되는 문법적 요소인 것으로 잠정 결론을 내렸지만 국어의 조사가 반드시 체언에만 붙어서 쓰이는 것은 아니다.

(2) 가. 도무지 마음이 내키지<u>가</u> 않는군요.
　　 나. 우선 먹어<u>를</u> 보아라.
　　 다. 아이들은 잠시도 가만히<u>를</u> 못 있습니다.

(2가, 나)는 조사 '가, 를'이 체언이 아닌 용언의 활용형 뒤에서도 나타날 수 있음을 보여 주는 것이고 (2다)는 조사 '를'이 부사 뒤에도 붙을 수 있음을 보여 주는 것이다. 따라서 앞에서 조사를 체언 뒤에 붙는 문법적 요소로 잠정 결론지은 것을 수정할 필요가 있다. (1)에서

조사가 붙은 '소, 감자' 따위의 체언들과 (2)에서 조사가 붙은 활용형 '내키지, 먹어' 및 부사 '가만히'의 공통된 속성은 더 이상의 문법적 요소가 붙지 않고도 단독으로 문장 속의 어떤 성분으로 쓰일 수 있는 말들이라는 것이다. (2)의 '내키지, 먹어, 가만히' 따위는 문장 속에 쓰일 때 조사 없이 그 단독으로 나타나는 것이 일반적이며, (1)의 '소, 감자'도 '소, 감자 먹어요'와 같은 예에서 볼 수 있듯이 조사 없이 단독으로 문장 속에 쓰일 수 있는 것들이다. 이처럼 더 이상의 문법적 요소가 없이도 문장의 성분으로 쓰일 수 있는 말들을 자립 형식이라고 하는데 조사는 자립 형식 뒤에 붙은 문법적 요소인 것이다. 조사가 붙을 수 있는 말들의 자립성은 어미가 붙는 말들과 견주어 보면 뚜렷해진다. (1)에서 '-었-'이 붙은 '먹-'이나 '먹었-'은 그것들만으로는 문장 속에 나타날 수가 없는 것이다.

국어 문법에서 '가, 를' 따위에 대해서는 단어의 자격을 부여하여 조사라고 부르고, '-었, -다' 따위에 대해서는 어미라 하여 단어 자격을 주지 않은 것은 이들이 붙을 수 있는 말들의 자립성 유무를 고려한 것이다.

1.3. 조사와 접사

앞에서 조사와 어미를 설명할 때 무엇에 붙어 쓰인다는 표현을 자주 썼는데, 조사나 어미처럼 다른 말에 붙어 쓰이는 말들을 접사라고 한다. 접사 가운데는 조사나 어미가 아닌 것도 있다.

(3) 가. 소가 먹이를 먹는다.
　　 나. 저기 사람들이 많이 모여 있다.

(3가)의 '-이'와 (3나)의 '-들'이 그것인데 이들은 새로운 단어를 만드는 기능을 하는 것으로 파생접사라고 하며, 흔히 좁은 의미로 접사라고 할 때는 이러한 파생접사만을 가리키기도 한다.

그런데 (3나)의 '-들'은 자립형식인 체언에 붙는 것이어서 조사와 혼동하기가 쉽다. 복수의 의미를 더하는 '-들'을 조사가 아닌 파생접사라고 하는 까닭은, 조사는 그것들이 붙을 수 있는 어휘범주가 주어지면 그 범주에 속하는 모든 단어들에 다 붙을 수 있지만 '-들'은 그렇지 못하기 때문이다. 가령 조사 '가'는 체언에 속하는 단어들에는 두루 붙을 수 있지만, '-들'은 일부 셀 수 있는 체언에만 붙는다. 주어진 범주에 속하는 단어들에 두루 붙을 수 있는 것을 보편성이라고 하는데, 조사는 보편성이 있지만 '-들'과 같은 파생접사는 보편성이 없다는 점에서 구별되는 것이다.

1.4. 조사와 형태 교체

조사와 같은 접사적 성격의 요소들이 앞 말에 붙을 때 형태를 달리 하는 일이 있다.

(4) 말이 풀을 먹었다.

(4)에서 밑줄 그은 조사를 (1)의 것과 비교를 해보면 (1)에서는 주어 자리의 조사가 '가'이던 것이 (4)에서 '이'로 실현되어 있고 목적어 자리에서는 '를'이던 것이 '을'로 실현되어 있음을 볼 수 있는데, 이들 조사의 형태 바뀜은 앞말이 모음으로 끝나느냐 자음으로 끝나느냐에 따라서 일어나는 현상이다. 곧 (1)의 '소'와 '감자'는 모음으로 끝나는 말들

인데 이들 뒤에서는 '가'와 '를'이 실현되었고 (4)의 '말'과 '풀'은 자음으로 끝나는 말들인데 이들 뒤에서는 '이'와 '을'이 실현된 것이다. 이처럼 뜻은 같으면서 다른 말에 영향을 받아 형태를 바꾸는 것을 교체라고 하고 교체의 쌍을 이형태 관계에 있다고 하며 때로는 어느 하나를 기준으로 다른 하나를 기준이 되는 것의 이형태라고 한다. 곧 '가'와 '이'는 이형태 관계에 있으며, '가'를 기준으로 해서 말하면 '이'는 '가'의 이형태가 되는 것이다. 조사들 가운데는 앞말에 영향을 받아 형태 교체를 보이는 것들이 여럿 있다.

일부 조사들은 앞말의 형태에 영향을 주기도 한다. 옛말에서는 조사에 의해 형태 교체가 일어나는 체언이 여럿 있었는데 현대 국어에서는 몇몇 대명사만 조사와 결합될 때 형태 교체가 일어난다.

 (5) 가. 나 + 가 → 내가
   나. 너 + 가 → 네가
   다. 저 + 가 → 제가

(5)는 대명사 '나, 너, 저'가 조사 '가'와 결합될 때 각각 '내, 네, 제'로 바뀜을 보인 것이다.

1.5. 조사의 갈래

(1)에서 조사 '가'와 '를'은 체언에 붙어 체언들이 문장 속에서 하는 구실을 표시하는 기능을 한다고 말한 바 있는데, 이들처럼 체언 및 체언 상당 어구(곧 명사절 따위)가 문장 속에서 하는 문법적 구실을 표시하는 조사를 격조사라고 부른다.

체언 뒤에 붙어 있지만 문장 속에서의 체언의 구실을 표시하지는 않으며 단어와 단어를 이어주는 구실을 하는 조사도 있다. (6)의 '와'와 같은 것이 그것이다.

(6) 영수가 삼국지와 홍길동전을 읽었다.

(6)에서 '와'는 '삼국지'와 '홍길동전'이라는 두 개의 체언을 하나의 문장성분으로 쓰일 수 있도록 이어주는 구실을 한다. (6)의 '와'처럼 체언과 체언을 이어주는 구실을 하는 조사를 접속조사라고 한다.
(2)에서처럼 체언이 아닌 말에 조사가 붙어 있을 때는 그것들이 비록 격조사라고 하더라도 문장 속에서 하는 구실을 표시하는 기능 없이 어떤 의미를 덧보태는 일을 한다. 조사들 가운데는 체언이 문장 속에서 하는 구실을 표시하거나 단어와 단어를 이어 주는 기능 없이 의미만 덧보태는 것들도 있는데, 이러한 조사를 보조사라고 부르며 학자에 따라서는 특수조사라 하기도 한다. 보조사들은 그것들이 비록 체언 뒤에 나타나더라도 뜻만 더할 뿐 격조사나 접속조사와 같은 그런 기능은 없다.

(7) 가. 영수는 삼국지를 읽었다.
　　나. 영수가 삼국지는 읽었다.
　　다. 영수가 삼국지를 읽어는 보았다.
　　라. 어제는 영수가 삼국지를 읽었다.

(7)의 '는'은 '대조'의 보조사로 일컬어지는 것이다. (7가)는 주어 뒤에 나타나는 예이고 (7나)는 목적어 뒤에 나타나는 예인데 이처럼 '는'은

문장 속에서 체언이 하는 구실인 주어나 목적어 따위를 구별함이 없이 두루 쓰여서 '대조'라는 뜻만 덧보탠다. (7다, 라)는 보조사 '는'이 용언의 활용형 '읽어'와 부사 '어제' 뒤에 나타나는 예를 보인 것이다.

2. 격조사

2.1. 격조사의 종류

격조사는 체언 또는 체언 상당 어구(명사절 따위)가 문장 속에서 하는 구실을 표시하는 조사이다. 단어들이 문장 속에서 하는 구실을 문장성분이라고 하는데 국어의 문장성분에는 주어, 서술어, 목적어, 보어, 관형어, 부사어, 독립어 등 일곱 가지가 있고 체언은 이 일곱 가지 문장성분으로 다 쓰일 수가 있다. 따라서 격조사도 모두 일곱 가지를 설정한다. 곧 주격조사, 서술격조사, 목적격조사, 보격조사, 관형격조사, 부사격조사, 호격조사가 그것이다. 이들 격조사의 명칭은 호격조사를 제외하고는 모두 성분 이름을 딴 것이다. 다만 독립어를 표시하는 조사를 호격조사라고 하는 것은 다양한 종류의 독립어 가운데 부름말에만 이 조사가 나타나기 때문이다.

2.2. 주격조사

주격조사는 주어를 표시하는 조사이다.

 (8) 가. 소나무가 잘 자란다.
    나. 배꽃의 눈처럼 희다.
    다. 할아버지께서 오셨다.

(8)의 밑줄 그은 '가(이)'는 주어를 표시하는 주격조사이다. (8가)의 '가'는 모음으로 끝나는 말 뒤에 쓰이는 것이고 (8나)의 '이'는 자음으로 끝나는 말 뒤에 쓰이는 것이다. (8다)의 '께서'는 높임의 뜻이 있는 주격조사이다.

주격조사가 반드시 문장의 주어만 표시하는 것은 아니다. 뒤에서 보게 되겠지만 주격조사는 주어표시 기능 외에도 화자가 전달하고자 하는 정보 내용과 관련하여 강조라는 심리적인 태도를 표시하기도 하는데 (2가)에서와 같이 주어가 아닌 것에 붙은 주격조사는 강조의 의미만을 가진다.

2.3. 서술격조사

서술격조사는 체언에 붙어 체언을 서술어가 되게 하는 조사이다.

(9) 가. 영수는 학생이다.
　　나. 그는 부자(이)다.

(9)의 밑줄 그은 '이다'가 서술격조사이다. 주로 입말에서 모음으로 끝나는 말 다음의 서술격 조사는 (9나)에서처럼 '이'가 탈락하기도 한다. 일반적으로 용언이 서술어가 되는 것이지만 체언은 이처럼 서술격 조사가 붙어서 서술어가 된다. 그런데 서술격조사는 조사 가운데 용언처럼 활용하는 유일한 것이다. 곧 서술격조사는 문장 속에서 '이-다, 이었-, …'처럼 반드시 어미와 함께 나타난다. 바로 이러한 점 때문에 학자에 따라서는 '이다'를 지정사라 하여 용언의 하나로 처리하기도 한다. 그러나 '이다'는 그것 단독으로 세계를 가리키는 일이 없으며

또한 접사로서 반드시 자립형식 뒤에 실현되는 것이라는 점에서 조사의 일반적인 문법적 성격을 모두 가지고 있다.

2.4. 목적격조사

목적격조사는 목적어를 표시하는 조사이다.

(10) 가. 영수가 삼국지를 읽는다.
　　　나. 철수는 홍길동전을 읽었다.
　　　다. 나는 널(←너+를) 좋아해.

(10)에서 밑줄 그은 '를'과 '을'이 목적격조사이다. '를'은 '삼국지'처럼 모음으로 끝나는 말 뒤에 쓰이는 것이고 '을'은 '홍길동전'처럼 자음으로 끝나는 말 뒤에 쓰이는 것이다. 주로 입말에서 '를'은 (10다)에서처럼 'ㄹ'로 줄기도 한다.

목적격조사도 목적어 표시 기능 외에 주격조사처럼 강조의 의미를 가지기도 한다. 앞의 (2나, 다)에서와 같이 목적어가 아닌 것에 붙은 목적격조사는 강조의 의미만으로 쓰인 것이다.

2.5. 보격조사

보격조사는 보어를 표시하는 조사이다.

(11) 가. 그는 부자가 되었다.
　　　나. 그는 대학생이 아니다.

학교문법에서 용언들 가운데 '되다'와 '아니다'만 보어를 가질 수 있는 것으로 규정하고 있다. (11)에서 '부자가'와 '대학생이'가 학교문법에서 말하는 보어인데 이들에 붙어 있는 조사 '가'와 '이'가 곧 보격조사이다. 보격조사 '가'와 '이'는 주격조사와 그 형태가 똑같다. 학자에 따라서는 보격조사를 따로 세우지 않고 이들도 주격조사로 부르기도 한다. 보격조사 '가, 이'는 주격조사와 그 형태가 같지만 보어 뒤에서 '께서'는 실현되지 않는다.

  (12) 가. 그분<u>께서</u> 선생님이 되셨다.
    나. *그분이 선생님<u>께서</u> 되셨다.

(12)에서 볼 수 있듯이 '께서'는 (12가)처럼 주어 자리에는 실현될 수 있으나 (12나)처럼 보어 자리에는 실현될 수 없는 것이다. (12나)의 별표(*)는 문법적으로 잘못된 것임을 나타내는 기호이다.

2.6. 관형격조사

관형격조사는 체언 관형어 뒤에 실현되는 조사이다.

  (13) 가. 이 옷은 새<u>의</u> 깃털처럼 가볍다.
    나. 고슴도치도 <u>제</u>(←저+의) 새끼는 흠흠하다 한다.

(13)의 밑줄 그은 '의'가 관형격조사이다. 관형격조사 '의'는 몇몇 대명사와 결합할 때 (13나)의 '제'처럼 화합(amalgam)되기도 한다. (13)의 '제'는 재귀대명사 '저'와 관형격조사 '의'가 화합된 것인데 화합된 형태 대신 '저의'가 쓰일 수도 있다. 관형격조사와 화합되는 대명사

에는 재귀대명사 '저' 외에도 '나, 너, 저(낮춤의 일인칭 대명사)' 따위가 더 있다.

2.7. 부사격조사

부사격조사는 체언을 부사어가 되게 하는 조사이다.

(14) 가. ① 오늘 나는 꽃밭에 물을 주었다.
　　　② 기차는 1시에 출발한다.
　　　③ 이번 비에 피해가 컸다.
　나. 그 처녀는 나그네에게 물을 주었다.
　다. ① 황무지가 옥토로 바뀌었다.
　　　② 콩으로 메주를 쑨다.
　　　③ 그는 소 잡는 칼로 닭을 잡을 위인이다.
　　　④ 그 두 사람은 친구로 지낸다.
　　　⑤ 그는 바다로 떠났다.
　　　⑥ 그는 감기로 결석하였다.
　라. ① 모처럼 아내와 나들이를 했다.
　　　② 그녀는 사슴과 닮았다.

(14)의 밑줄 그은 '에, 에게, 로(으로), 와(과)' 등이 대표적인 부사격 조사들이다. 이들은 문장 속에서 체언을 부사어로 만들어 주는 공통된 기능 외에도 각각 고유한 의미를 가지고 있다. 이들 부사격 조사는 그 고유한 의미에 따라 명칭을 세분하여 부르기도 한다.

(14가)의 '에'는 처소의 부사격조사라고 하는 것인데, 흔히 처소격조사 또는 처격조사라 하기도 한다. 대부분의 부사격조사가 그러하듯이 '에' 또한 다의적이다. (14가①)은 장소를, (14가②)는 시간을, (14가

③)은 원인을 나타낸다. '에'는 보조사의 하나인 '서'와 함께 '에서'의 형태로 쓰이기도 한다.

 (14) 가. ④ 오늘 나는 도서관<u>에서</u> 공부하였다.

 (14가④)의 '에서'는 행동이 이루어지는 처소를 나타내는 것이다.
(14나)의 '에게'는 어떤 행동이 미치는 대상을 나타내는 것으로서 흔히 여격조사라 하기도 한다. 처소의 '에'가 주로 무정체언에 붙는 것임에 비해 '에게'는 유정체언(사람을 포함한 동물을 가리키는 체언)에만 붙을 수 있어, 그 실현 위치가 '에'와는 상보적이다. (14가①)과 (14나)를 비교해 보면 실현 위치의 상보성이 뚜렷이 드러난다. 바로 이러한 점 때문에 '에게'를 '에'의 이형태로 취급하는 학자도 있다.
 '에게'가 '나, 너, 저' 따위의 대명사와 결합할 때는 앞에서 본 관형격 조사 '의'의 경우처럼 대명사와 '에게'의 '에'가 화합되기도 한다.

 (15) 가. 이것을 <u>너에게/네게</u> 주마.

 (15)는 이인칭 대명사 '너'에 '에게'가 결합될 때 '너에게'와 같은 형태가 실현될 수도 있고, 화합된 형태인 '네게'로 실현될 수도 있음을 보여 주는 것이다. 이처럼 '에게'가 대명사와 결합할 때 형태론적으로 관형격조사 '의'와 동일한 양상을 보이는 것은 '에게'의 '에'가 기원적으로 관형격조사 '의'와 같은 형태이었기 때문이다.
 입말에서는 '에게' 대신 '한테, 더러, 보고' 등을 쓰기도 하며 높임의 뜻이 있는 체언 뒤에서는 '께'를 쓴다.

(16) 가. 이것을 너에게/한테/*더러/*보고 주마.
　　　 나. 누가 너에게/한테/더러/보고 오라고 했니?
(17) 이것을 할머니께 갖다 드려라.

　(16)은 '에게' 자리에 '한테'나 '더러, 보고'가 쓰일 수 있음을 보인 것이다. 이들은 주로 구어체에 나타나는 여격조사들인데 쓰임의 범위에서는 차이가 있다. '한테'는 '에게'가 나타날 수 있는 모든 자리에 다 나타날 수 있지만 '더러, 보고'는 (16나)처럼 인용절 따위의 절을 가지고 있는 문장에만 나타난다. (17)은 높임말 다음에서는 '에게' 대신 '께'가 쓰임을 보인 것이다.
　(14다)의 '로(으로)'는 변성의 부사격조사라고 하는 것인데 흔히 조격조사로 부르기도 한다. 'ㄹ' 및 모음으로 끝나는 말 뒤에서는 '로'가 쓰이고 'ㄹ'을 제외한 자음으로 끝나는 말 뒤에서는 '으로'로 실현된다. '로'의 의미 또한 매우 다의적이다. (14다①)은 변성의 의미를 띤다. (14다①)에서 변성의 의미는 서술어인 '바뀌다'의 의미와 밀접한 관련이 있다. '로'가 가지는 변성의 의미는 '바뀌다, 되다, 만들다, 삼다' 등 용언 자체가 변성의 의미를 가지는 구문에서 뚜렷이 읽을 수 있는 의미이다. 이러한 용언이 서술어인 구문에서 변성의 의미를 띠는 '로' 부사어는 일반적으로 필수성분인데 '로'를 조격조사로 부르는 것은 이들 구문에서의 '로'의 용법을 기본적인 것으로 보았기 때문이다.
　(14다②)의 '로'는 재료의 의미를, (14다③)의 '로'는 도구의 의미를, (14다④)의 '로'는 자격, 신분의 의미를, (14다⑤)의 '로'는 방향의 의미를, (14다⑥)의 '로'는 원인의 의미를 가진다. 이들 가운데 재료, 도구의 '로'는 '로써' 형태로, 신분, 자격의 '로'는 '로서' 형태로 나타나기도 하며 방향의 '로'와 원인의 '로' 뒤에는 각각 '향하여'와 '인하여'가 뒤따를 수 있다.

(14) 다. ②′ 콩으로써 메주를 쑨다.
　　　　③′ 그는 소 잡는 칼로써 닭을 잡을 위인이다.
　　　　④′ 그 두 사람은 친구로서 지낸다.
　　　　⑤′ 그는 바다로 향하여 떠났다.
　　　　⑥′ 그는 감기로 인하여 결석하였다.

'로'에 뒤따르는 '써, 서, 향하여, 인하여' 등은 용언에서 유래한 것이거나 아직도 용언의 성격을 가지고 있는 것들로서 각 예문의 '로'의 의미와 밀접한 관련을 맺고 있다.
　겉으로 보아 '로' 부사어가 목적어를 가지는 듯한 예도 있다.

(18) 가. 시청을 중심으로 10㎞ 이내가 도심이다.
　　　나. 그는 떡밥을 미끼로 잉어를 낚았다.

(18)의 밑줄 그은 부분에 나타나는 목적어 '시청을'과 '떡밥을'은 표면적으로 드러나 있는 서술어들과는 관계가 없는 것들이다. (18가)의 서술어 '도심이다'는 목적어를 가질 수 없는 것이며 (18나)의 '낚았다'의 목적어는 '잉어를'이다. 그런데 (18)의 '로' 다음에는 (18′)와 같이 '하여' 따위가 나타날 수 있다.

(18′) 가. 시청을 중심으로 하여 10㎞ 이내가 도심이다.
　　　 나. 그는 떡밥을 미끼로 하여 잉어를 낚았다.

'하여'가 실현된 (18′)를 고려하면 (18)에서 밑줄 그은 부분에 나타나는 목적어는 바로 이 '하여'의 목적어이었던 것이 '하여'가 탈락함으로써 마치 '로' 부사어의 목적어처럼 보이는 것임을 알 수 있다.

(14라)의 '와(과)'는 흔히 동반의 부사격조사라고 하는 것인데 공동격조사로 부르기도 한다. '와'는 모음으로 끝나는 말 뒤에 실현되며, '과'는 자음으로 끝나는 말 뒤에 실현되는 '와'의 이형태이다. (14라①)의 '와'는 '동반'의 의미를 가지는 것이며 (14라②)의 '와'는 비교의 기준이나 대상을 표시하는 것이다. '와(과)' 자리에 '랑(이랑), 하고' 따위가 나타나는 일도 있다.

(19) 가. 모처럼 아내<u>와/랑/하고</u> 나들이를 했다.
    나. 그녀는 사슴<u>과/이랑/하고</u> 닮았다.

(19)는 입말에서는 '와(과)' 대신 '랑(이랑), 하고' 따위가 쓰일 수 있음을 보인 것이다. (19)의 '랑(이랑), 하고' 따위는 주로 입말에 쓰이는 동반의 부사격조사들이다.

앞에서 본 것들 외에도 부사격조사로 설정할 수 있는 것들은 더 있다. 그러나 그 목록이 대단히 복잡하며 또한 어떤 것들은 보조사와의 경계가 불분명하여 학자에 따라 부사격조사의 체계를 달리 설정하기도 한다. 이곳에서는 인용의 부사격조사의 경우만 더 보기로 한다.

(20) 가. 그는 나에게 "자네도 같이 가세"<u>라고</u> 하더군.
    나. 그는 나에게 나도 같이 가자<u>고</u> 하더군.

(20가)의 '라고'는 직접인용절 뒤에 붙는 것이고 (20나)의 '고'는 간접인용절 뒤에 붙는 것이다. 그런데 인용절은 문장의 한 성분으로 쓰이는 자립형식이므로 '라고'와 '고'는 조사의 범주에 들어온다. 또한 문장성분으로서 인용절은 현대국어에서 부사어로 간주되는 것이므로

'라고'와 '고'도 부사격조사에 드는 것이다.

2.9. 호격조사

호격조사는 독립어 가운데 체언으로 된 부름말 뒤에 쓰이는 조사이다.

 (21) 가. 영수야, 이리 와.
    나. 바람아, 불어라.

(21)의 '야(아)'가 호격조사이다. '야는 모음으로 끝나는 말 뒤에 실현되고, '아'는 자음으로 끝나는 말 뒤에 실현된다. '야(아)'는 친근하게 부를 때 쓰는 호격조사이다. 정중하게 부를 때는 '여(이여)'나 '시여(이시여)'를 쓴다.

 (22) 가. 그대여, 떠나지 마오.
    나. 사랑하는 사람이여, 보고 싶구나.
 (23) 가. 열사시여, 고이 잠드소서.
    나. 임이시여, 벌써 나를 잊으셨습니까?

(22)의 '여(이여)'는 정중하게 부르는 호격조사이고 '시여(이시여)'는 '여'보다 높임의 뜻이 있는 호격조사이다. 이들은 직접 대면하여 부를 때는 쓰지 않으며 주로 시나 추모 글 따위에서 볼 수 있다. '여'와 '시여'는 모음으로 끝나는 말 뒤에, 그리고 '이여'와 '이시여'는 자음으로 끝나는 말 뒤에 쓰인다.

2.10. 격조사의 생략

문장 속에서 체언들은 격조사 없이도 문장의 성분으로 쓰이는 일이 있다.

    (24) 가. <u>비(가)</u> 온다.
         나. <u>홍길동전(을)</u> 읽어 보았니?
         다. 철수는 <u>영수(의)</u> 동생이야.

(24)의 밑줄 그은 '비, 홍길동전, 영수'는 조사 없이 체언만으로 각각의 문장에서 주어, 목적어, 관형어로 쓰인 것이다. 앞에서 격조사는 체언이 문장에서 하는 구실을 표시해 준다고 하였는데 이러한 관점에서 보면 (24가)에서는 '비'가 주어임을 표시해 주는 주격조사가 생략된 것이고, (24나)에서는 목적격조사가, (24다)에서는 관형격조사가 생략된 것이다. (24)의 각 문장에서 조사를 괄호로 에운 것은 그것이 생략되었음을 나타낸 것이다.

격조사의 생략은 주로 주격조사(및 보격조사), 목적격조사, 관형격조사가 쓰일 자리에서 잘 일어나고 부사격조사는 잘 생략되지 않는다.

    (25) 가. *물을 <u>꽃밭(에)</u> 주었다.
         나. *황무지가 <u>옥토(로)</u> 바뀌었다.
         다. *나는 <u>영수(와)</u> 같다.

(25)의 예들은 부사격조사 '에, 로, 와' 따위가 생략되면 비문법적인 문장이 됨을 보여준다.

(26) 가. 영수가 학교(에/를) 갔다.
　　 나. 꽃분이는 며느리(로/를) 삼았다.
　　 다. 그 아이는 제 아버지(와/를) 닮았다.

(26)에서는 마치 부사격조사들도 생략될 수 있는 것처럼 보인다. 그러나 (26)을 잘 관찰해 보면 밑줄 그은 체언들 뒤에는 목적격조사도 나타날 수 있음을 알 수 있다. 따라서 (24) 및 (25)와 함께 생각해 보면 (26)에서도 부사격조사가 생략된 것이 아니라 목적격조사가 생략된 것으로 볼 수 있다.

3. 접속조사

접속조사는 둘 이상의 체언을 이어주는 구실을 하는 조사이다.

(27) 가. 배와 감과 사과를 샀다.
　　 나. 배랑 감이랑 사과랑 샀다.
　　 다. 배하고 감하고 사과하고 샀다.
　　 라. 술에 밥에 떡에 아주 잘 먹었다.
　　 마. 이번 태풍에 배고 감이고 다 떨어졌다.
　　 바. 저는 배나 감이나 다 좋아합니다.
　　 사. 명예며 지위며 돈이며 하는 것들은 죄다 부질없는 것이다.

(27)의 밑줄 그은 '와(과), 랑(이랑), 에, 하고, 고(이고), 나(이나), 며(이며)' 따위가 접속조사이다. 이들은 모두 앞에서 본 몇몇 격조사와 형태가 같다. '와, 랑(이랑), 하고'는 앞에서 본 동반의 부사격조사와 그 형태가 같으며 '에'는 처소의 부사격조사와 동일한 형태이고 '고(이

고), 나(이나), 며(이며)'는 서술격조사에 연결어미 '-고, -나, -며' 따위가 붙은 것과 형태가 같은 것이다. 그렇지만 이들을 격조사가 아닌 접속조사로 따로 세우는 것은 그 기능에서 격조사와는 현격한 차이가 있기 때문이다. 격조사가 붙은 체언은 문장의 한 성분이 되지만 접속조사가 붙은 체언은 그것만으로는 문장의 성분이 되지 않고 접속조사에 의해 이어진 모든 체언이 한 덩어리로 문장성분이 되는 것이다. 가령 (27가)에서 접속조사가 붙은 '배와'와 '감과'가 따로따로 문장성분이 되지를 못하고 '배와 감과 사과를'이 한 덩어리로 '샀다'의 목적어가 되는 것이다.

(27)의 것들 외에 '에다가/에다' 형태도 접속조사로 사용된다.

   (28) 가. 술에다가 밥에다가 떡에다가 많이도 먹었다.
         나. 술에다 밥에다 떡에다 많이도 먹었다.

(28가)의 '에다가'는 접속조사 '에'에 보조사 '다가'가 붙어서 형성된 접속조사이다. (28나)의 '에다'는 '에다가'의 준말이다.

4. 보조사

보조사는 비록 체언에 붙어 있더라도 그 체언이 문장 속에서 하는 특정한 구실을 표시하는 기능 없이 어떤 의미만을 덧보태는 일을 하는 조사이다. 격조사나 접속조사가 언어 형식과 관련된 기능을 하는 것에 비하여 보조사는 의미를 덧보탠다는 점에서 어휘적 요소와 유사한 측면이 있다. 실제로 국어의 보조사 가운데는 다른 언어에서 어휘 자격을 가지는 것에 대응하는 것도 있다. 뒤에서 보게 될 보조사 '만'의 경우, 영어의 어휘적 단어인 'only'에 대응하며 보조사 '도'의 경우도 영어의 'also'에 대응한다. 그러함에도 '만, 도' 따위를 어휘가 아닌 문법적 요소인 조사에 포함시키는 것은 무엇보다도 이들이 격조사와 마찬가지로 자립형태 뒤에 붙는 보편성을 가진 접사라는 점 때문이다.

보조사 가운데 가장 널리 쓰이는 것은 '는(은)'이다. '는(은)'은 대조의 의미를 가지는 것으로 알려져 있다.

(29) 가. 영수가 삼국지는 읽었지만 홍길동전은 읽지 않았다.
    나. 영수가 삼국지는 읽었다.

보조사 '는(은)'은 모음으로 끝나는 말 뒤에서는 '는'이 쓰이고 자음으로 끝나는 말 뒤에서는 '은'이 쓰인다. '는(은)'이 대조의 의미를 가진다는 것은 (29가)가 잘 보여준다. (29가)에서 '는(은)'이 붙은 말은 '삼국지'와 '홍길동전'인데 하나는 읽었고, 다른 하나는 읽지 않았다는 서로 상반되는 내용으로 비교되어 있다. (29가)의 '삼국지'와 '홍길동전'처럼 서로 비교되는 쌍을 자매항이라고 하는데, (29나)처럼 자매항 가운데 하나가 문면에 드러나지 않을 경우도 있다. 그러나 이러할 때도 (29나)에서는 대조의 의미를 읽을 수가 있다. 곧 (29나)는 '삼국지'가 아닌 다른 어떤 책은 읽지 않았다는 함축을 가질 수 있는 것이다. 만약 (29나)의 '는' 자리에 목적격조사 '을'을 써서 '영수가 삼국지를 읽었다'라고 한다면 이것에서는 (29나)에서 볼 수 있는 그러한 함축적 의미를 읽을 수가 없다.

'는(은)'이 대조의 의미를 가질 때는 문면에 드러나든 아니면 함축 속에 있든 반드시 대조되는 쌍, 즉 자매항이 있어야 한다. 그런데 '는(은)'의 용법 가운데는 자매항이 상정되지 않는 경우도 있다.

(29) 다. "옛날 옛적에 금강산 깊은 골짜기에 한 나무꾼이 살았습니다. 어느 날 그 나무꾼은 나무를 하러 갔습니다.…"
라. "누가 홍길동전을 지었는지 아니?"
"응, 홍길동전은 허균이 지었어."

(29다, 라)의 이야기 속에 나타나는 '는(은)'은 특정한 자매항이 상정되지 않는다. 특정한 자매항이 상정되지 않는 이러한 '는(은)'은 대조의 의미보다는 문장의 정보 전달과 관련된 어떤 기능을 한다. (29다, 라)의 '는(은)'이 붙은 말을 잘 살펴보면 이미 앞에서 언급된 것이라는 것을 알 수 있다. 곧 (29다)의 '그 나무꾼은'은 앞 문장에서 '한 나무꾼이'로, 그리고 (29라)의 '홍길동전은'은 앞의 물음에서 '홍길동전을'로 이미 언급된 것들인 것이다. 이처럼 '는(은)'은 이미 언급되었거나 화자와 청자가 모두 알고 있어서 정보의 전달가치가 낮은 말 뒤에 붙는다. 정보전달과 관련해서 '는(은)'과 대척적인 위치에 있는 조사는 '가(이)'와 목적격의 '를(을)'이다. (29다, 라)에서 '나무꾼'과 '홍길동전'이 이야기 속에 처음 도입될 때는 각각 주격의 '가(이)'와 목적격의 '를(을)'이 실현됨을 볼 수 있는데 '가(이)'나 '를(을)'은 격 표시 기능 외에도 이처럼 이야기 속에 처음 도입되어 정보전달 가치가 높거나 화자가 특별히 강조할 목적으로 정보전달 가치를 높게 잡은 말 뒤에 실현되는 것이다. (2)에서 주격조사 '가(이)'와 목적격조사 '를(을)'이 체언이 아닌 용언의 활용형이나 부사 뒤에도 나타날 수 있음을 보았는데 이러한 '가(이)'나 '를(을)'은 격 표시 기능이 아닌 정보전달 가치와 관련된 기능으로 쓰인 것들이다.

앞에서 '는(은)'이 대조의 의미를 가질 때 자매항이 상정됨을 보았는데, 자매항이 상정될 수 있는 보조사는 상당히 많이 있다. 먼저 단독의 의미를 가지는 '만'과 역시의 의미를 가지는 '도'부터 보기로 한다.

 (30) 가. 그 총각, 마음씨만 좋다.
   나. 그 총각, 마음씨도 좋다.

 (30가, 나)는 '그 총각이 마음씨가 좋다'는 것을 나타낸다는 점에서는 똑같다. 그러나 '그 총각'에 대해 화자가 전달하고자 하는 속뜻은 전혀 다르다. '단독'의 '만'이 쓰인 (30가)는 '마음씨는 좋지만 다른 것은 모두 안 좋다'는 것을 함축하고 있으며 '역시'의 '도'가 쓰인 (30나)는 '마음씨뿐만 아니라 다른 것도 좋다'는 것을 함축한다. 겉으로는 동일한 일을 말하면서 이처럼 다른 속뜻을 가지는 것은 (30)의 밑줄 그은 보조사 '만, 도' 때문이다. 곧 보조사 '만, 도'에 의해 자매항이 상정됨으로써 이러한 함축을 가질 수 있는 것이다. '만'과 '도'의 경우도 자매항이 상정되지 않는 경우가 있다.

 (31) 가. 잘만 한다.
   나. 잘도 한다.

 (31)의 '만'이나 '도'에서는 특정한 자매항이 상정되지 않는다. 이 경우 '만'은 강조의 의미를, '도'는 놀라움이나 감탄의 의미를 가진다.
 앞에서 '만'은 표현된 것과 함축된 것의 내용이 서로 다른 값을 가지고 '도'는 표현된 것과 함축된 것의 내용이 동일한 값을 가지는 것을 보았는데, 자매항을 상정시키는 보조사들은 함축의 내용에 따라 '만' 유형의 것과 '도' 유형의 것으로 갈라 볼 수 있다.

(32) 가. (다른 짓은 하지 말고) 굿이나 보고 떡이나 먹어라.
　　나. (좋은 음식은 못 먹지만) 죽이나마 먹을 수 있어 얼마나 다행이냐.
　　다. (다른 것은 기대하지 않는다.) 말이라도 좀 따뜻하게 해 줄 수 없겠니?
　　라. (삼국지는 안 읽었어도) 홍길동전이야 읽었겠지.

(32)는 '만' 유형의 함축을 가지는 보조사들의 용례들이다. (32가)의 선택의 보조사 '나(이나)', (32나)의 불만의 보조사 '나마(이나마)', (32다)의 양보의 보조사 '라도(이라도)', (32라)의 특수의 보조사 '야(이야)' 따위도 괄호 속의 것과 같은 것을 동반하거나 함축하는 경우가 많은데, 보다시피 괄호 속의 것들은 뉘앙스 차이는 있지만 '만'의 함축과 유형이 동일함을 알 수 있다. (32가, 나, 다)의 '나(이나)', '나마(이나마)', '라도(이라도)'는 서술격조사의 활용형에서 보조사로 전용된 것들인데 형태 교체 방식이 서술격조사와 유사하다. 다만 모음으로 끝나는 말 아래에서 서술격조사는 '이'가 수의적으로 주는 데 비해서 보조사로 쓰일 때는 '이'가 필수적으로 준다는 차이가 있다.

(33) (다른 사람들이 그런다고) 너까지/마저/조차 그런 말을 하느냐?

(33)은 '도' 유형의 함축을 가지는 보조사들의 용례를 보인 것이다. 미침(到及)의 보조사 '까지', 더함(添加)의 보조사 '조차', 끝남(終結)의 보조사 '마저' 따위는 괄호 속에 보인 것과 같은 함축을 가질 수가 있는데 이들 보조사가 쓰인 자리에 '도'가 나타나더라도 뉘앙스 차이는 있지만 함축 자체는 그대로 유지되는 것이다.
　보조사들 가운데는 그 기능이 특수한 것들도 있다.

(34) 가. 거리마다 인파가 넘쳐났다.
　　　나. ① 얘들아, 물들 마셔라.
　　　　　② 고 녀석들 참 많이들 컸구나.
　　　　　③ 너희들 참 오래간만이구나들.

(34)의 밑줄 그은 '마다'와 '들'은 복수의 의미를 띠는 보조사들이다. '낱낱이 모두'라는 의미를 가지는 (34가)의 '마다'는 그것이 붙은 말에 복수의 의미를 더한다. (34나)의 밑줄 그은 '들도 복수의 의미를 띠는 것이지만 '마다'와는 달리 그것이 붙은 말에 복수의 의미를 더하는 것이 아니라 주어가 복수임을 나타내는 기능을 한다. 이 점에서 보조사 '들'은 앞에서 본 파생접사 '-들'과 기능상의 차이를 보인다. (34나)에서 '얘들, 녀석들, 너희들'에 나타나는 '-들'은 파생접사로 쓰인 것들인데 이들 파생접사는 그것이 붙은 말이 복수임을 나타내는 것이다. 또한 분포에서도 보조사 '들'과 파생접사 '-들'은 차이가 있다. 파생접사 '-들'은 셀 수 있는 명사에만 붙을 수 있는 것이지만 보조사 '들'은 (34나①)에서 볼 수 있듯이 '물과 같이 셀 수 없는 말에도 붙을 수 있고 (34나②)에서처럼 부사 뒤에도 붙을 수 있으며 때로는 (34나③)에서처럼 문장의 종결어미 뒤에도 붙을 수 있는 것이다.

보조사 '서도 문장의 주어와 관련된 특수한 기능을 하는 일이 있다.

(35) 가. ① 산에서 내려왔다.
　　　　　② 이 모임의 회원으로서 말씀드리겠습니다.
　　　나. ① 자기가 해 놓고서 남의 탓을 댄다.
　　　　　② 너무 기뻐서 어쩔 줄을 모른다.
　　　다. 학생이 둘이서 다정하게 걸어간다.

보조사 '서'는 주로 (35가)의 용례처럼 부사격조사에 붙어 나타나거나 (35나)의 용례처럼 용언의 활용어미 뒤에 나타나며 체언에 직접 붙는 일은 드물다. 그런데 (35다)에서처럼 사람의 수를 나타내는 인수(人數) 뒤에 붙는 일도 있는데 보조사 '서'가 붙은 인수는 항상 주어의 수를 나타낸다. 이런 까닭으로 (35다)의 인수 뒤에 붙은 '서'를 주격조사의 하나로 간주하는 학자도 있다.

청자 높임의 뜻을 더하는 보조사도 있다.

(36) 나는요 어제 집에 있었어요.

(36)의 밑줄 그은 '요'는 청자 높임의 뜻을 더하는 보조사이다. 격조사 가운데도 '께서, 께' 따위의 높임 형태가 있음을 보았는데 주격의 '께서'는 주어 자리에 쓰여 주어가 가리키는 인물에 대해 높임을 표시하고 부사격의 '께'는 부사어의 자리에 쓰여 그것이 붙은 말이 가리키는 인물에 대해 높임의 뜻을 표시하는 것이지만 보조사 '요'는 독립어나 관형어를 제외한 모든 문장성분 뒤에 두루 쓰이며 그 기능도 '요'가 붙은 말에 대해 높임의 뜻을 더하는 것이 아니라 청자에 대한 높임을 표시하는 것이다. 국어에서 청자에 대한 높임은 보통 종결어미에 표시되는데 보조사 '요'가 해체(반말) 종결어미 '-어'에 붙어 해요체의 '-어요'를 형성하기도 한다.

보조사들 가운데는 그 실현 위치가 특이한 것들도 있다.

(37) 가. 자네도 왔네그려.
나. ① 비가 옵니다만는 농사는 이미 틀렸습니다.
② 내가 그곳에 갔더니마는 아무도 없더라.

앞에서 보조사 '들'과 '요'가 종결어미로 끝나는 말 뒤에도 나타날 수 있음을 보았는데 (37)의 밑줄 그은 '그려'와 '마는'은 주로 종결어미로 끝나는 말 뒤에 나타나는 보조사들이다. (37가)의 '그려'는 문장의 내용을 강조하는 보조사로서 하게체, 하오체, 합쇼체의 일부 종결어미 뒤에만 나타난다. (37나)의 '마는'은 앞말을 인정하면서도 그에 대한 의문이나 어긋나는 상황을 나타내는 보조사인데 주로 '-다, -자, -냐' 따위의 종결어미 뒤에 붙으며 종결어미가 아닌 것으로는 (37나②)에서 보인 것처럼 '-더-'를 앞세운 연결어미 '-니' 뒤에 나타날 뿐이다. '마는'은 '만'으로 줄기도 한다. 이들 보조사 '마는'과 '그려'는 체언에 붙는 일 없이 주로 종결어미와 함께 쓰이는 것이어서 용언의 활용어미로 생각하기 쉽다. 특히 '마는'의 경우는 단순히 뜻만 덧보태는 것이 아니고 앞의 말과 뒤의 말을 이어 주는 기능도 한다는 점에서 연결어미와 매우 흡사하다. 그러나 활용어미는 앞에서 말한 바와 같이 자립성이 없는 의존 형태 뒤에 붙는 것임에 비해 '마는'과 '그려'는 다른 조사들이 그러하듯이 자립성을 가진 형태 뒤에 붙는다는 점에서 조사의 범주에 들어온다.

보조사 가운데는 활용어미와 형태를 같이하는 것도 있다. 앞에서 본 서술격조사의 활용형이 보조사로 전성된 것들 가운데 '이'가 줄어든 '나, 나마, 라도' 따위 외에도 '다가'를 추가할 수 있다.

  (38) 가. 벽에다가 낙서를 했다.
    나. 붓으로다가 글씨를 썼다.
    다. 책상을 어디(에)다가 둘까요?
  (39) 가. 책을 읽다가 잠시 졸았다.
    나. 빚을 얻어다가 사업을 시작했다.

(38)의 밑줄 그은 '다가'가 보조사이다. 선행어의 의미를 뚜렷이 해 주는 기능을 하는 보조사 '다가'는 (38가, 나)에서처럼 주로 부사격조 사를 앞세워 실현된다. (38다)처럼 부사격조사 없이 사용되는 경우도 있으나 이때는 '어디, 거기'처럼 장소 부사어 뒤로 한정된다. (39)의 밑줄 그은 것에 나타나는 '-다가'는 어미이거나 어미의 일부분이다. (39가)의 '-다가'는 중단의 의미를 가지는 연결어미이다. 연결어미 '-다 가'는 '읽-'처럼 자립성이 없는 말 뒤에 붙는 것이라는 점에서 (38)의 자립성 있는 말 뒤에 붙는 보조사 '다가'와는 분포에서도 차이를 보인 다. (39나)의 '다가'는 연결어미 '-어다가'의 한 부분이다. 사전들에서는 '-어다가'를 한 덩어리로 다루고 있으나 학자에 따라서는 '-어'와 '다가' 를 분석하여 이곳의 '다가'도 보조사에 포함시키는 일이 있다.

(40)의 밑줄 그은 것들은 체언과 형태를 같이 하는 보조사들이다.

(40) 가. 그는 자기<u>밖에</u> 모르는 사람이다.
　　　나. 믿을 것은 실력<u>뿐</u>이다.
　　　다. 모든 일이 항상 자기 뜻<u>대로</u> 되는 것은 아니다.
(41) 가. <u>밖에</u> 누구 있느냐?
　　　나. 그는 말만 그러할 <u>뿐</u>이고 행동은 그렇지 않다.
　　　다. 하루 종이 발길 닿는 <u>대로</u> 하염없이 걸었다.

(40)의 밑줄 그은 '밖에, 뿐, 대로'는 보조사이고 (41)의 밑줄 그은 것들은 체언이거나 체언에 조사가 붙은 것이다. '밖에'가 체언적인 용 법으로 쓰일 때는 본래의 뜻대로 '바깥에'라는 의미를 가지지만 보조사 로 사용될 때는 본래의 의미에서 멀어져 '더 없음'의 뜻으로 사용된다. 단독의 의미를 갖는 '뿐'과 같음의 의미를 갖는 '대로'는 보조사로 쓰일

때나 체언(의존명사)으로 쓰일 때나 의미에서 큰 차이를 보이지 않는다. 다만 그 분포에서 차이를 보인다. 곧 (40나, 다)에서처럼 보조사로 쓰일 때는 체언 뒤에 위치하며 의존명사로 쓰일 때는 (41나, 다)에서처럼 용언의 관형사형 뒤에 나타난다.

조사 생략

1.

 체언이 다른 단어와 통합될 때는 반드시 어떤 자격을 갖는다. 국어의 경우 체언이 갖는 그러한 자격은 형태론적으로 격표지에 의해 표현되는 것이 일반적이다. 그러나 때로는 아무런 격표시 없이 체언 단독으로 통합되는 경우가 있어, 국어문법 기술에서 문제가 되어 왔다.

- 비 온다.   cf. 비가 온다.
- 책 읽어라.   cf. 책을 읽어라.
- 충무공 사당.   cf. 충무공의 사당.

 위의 예문에서 볼 수 있는 '비', '책', '충무공' 등이 그 예들인데, 이들은 각각의 구성에서 주어, 목적어, 관형어 구실을 하고 있으나, 어떠한 형태론적 표지도 결합됨이 없이 '온다', '읽어라', '사당' 등에 통합되어 있는 것이다. 본 소고는 이처럼 체언이 격표지의 결합 없이 다른 단어와 통합하는 현상에 대한 이해가 국어문법기술의 초기에서 오늘날까지 어떻게 펼쳐져 왔는지 그 전개 과정을 살펴보고자 하는 것이다.

여기서 우리는 본고의 기술과 관련된 용어 문제에 대해 잠깐 언급해 두기로 한다. 앞의 현상에 대해 우리 문법의 초기에는 생략 현상의 하나로 다루었고 오늘날 학교 문법에서도 "(격)조사 생략"으로 불리어진다. 이에 따라 우리도 이 글의 제목에서 "조사 생략"이라는 용어를 썼지만, 이 용어는 격표지를 단어로 인정하는 분석적 단어관의 문법체계와 밀접히 관련된 것이다. 격표지를 조사로 부르는 일도 그러하지만, 앞으로 보게 될 바와 같이 이 현상을 생략으로 다룬 것은 주로 격표지를 단어로 인정하는 제1, 제2 유형의 문법서에서 볼 수 있다. 이와는 달리 격표지를 단어로 인정하지 않는 제3 유형(종합적 체계)의 문법에서는 이 현상을 체언의 곡용표 속에서 이해하고자 한다. 곧 격표지(격어미) 없이 다른 단어에 통합된 체언도 곡용표 속에 포함시켜 그것의 고유한 가치를 부여하고 있는 것이다. 이처럼 앞의 현상을 생략으로 다루는 것은 체언에 대해 분석적 단어관으로 기술된 문법서에서나 볼 수 있는 것이거니와, 생략 현상은 일반적으로 단어 이상의 문법 단위에 상정된다'는 점에 비추어 보면, 조사를 단어가 아닌 곡용어미로 보는 종합적 단어관의 문법에서는 앞의 현상을 '격표지 비실현 현상'으로, 그리고 격표지 없이 다른 단어에 통합된 체언에 대해서는 '격표지 비실현형'으로 부르고, 경우에 따라 격표지가 실현되지 않았음을 나타내는 기호로 ϕ를 사용하기로 한다.

---

1   국어문법의 기술에서 "생략"이라는 용어는 주로 성분 생략을 지칭한다. 김정호(1962), 김일웅(1986)을 참고하라.

2.

격표지 비실현 현상에 대한 인식의 싹은 주시경(1910)의 "속뜻"에서 찾아볼 수 있다. 주시경(1910)에서의 "속뜻"은 대부분의 경우 성분의 생략과 관련된 것이지만,[2] 〈본드八〉과 〈버금본드十〉의 도해에 나타나는 '봄(의)꼿', '달(의)빛', '눈(과)같으오' 등에 대한 처리는 격표지 비실현 현상과 관련된 인식이라 할 만하다.

격표지 비실현 현상에 대한 단편적인 인식은 이규방(1922)에서도 나타난다. '의'에 대해, 구어에서는 그것을 생략함으로써, 명사와 명사를 하나의 "연접명사"로 만든다(이규방 1922:179)고 한 것과 문의 성분을 논하는 자리에 '를'이 간혹 생략될 수 있음(이규방 1922:198)을 지적한 것이 그것이다.

초기의 우리 문법기술 가운데, 격표지 비실현 현상과 관련하여 가장 주목할 만한 것으로는 홍기문(1927)을 들 수 있다. 홍기문(1927)은 국어의 격을 주격, 객격, 역격, 여격, 탈격, 공격, 지격, 호격의 8격을 들고, 이들 격은 각 격조사가 표시하는 것으로 파악하면서 주격조사(가/이), 객격조사(를/을), 공격조사(와/과), 지격조사(의)는 생략될 수 있다고 하는 것이다. 그런데 홍기문(1927)의 이러한 관찰이 주목되는 것은 여격 표시에 대한 다음과 같은 언급과 관련해서이다.

---

2 이남순(1988:12)에서도 언급된 바 있다. 그러나 주시경(1910)이 "속뜻"(및 "숨은 뜻")의 단위로 상정한 것은 "기(단어)"이었던 것 같다. 그의 도해가 개개 단어들의 상호 관계와 기능을 표시할 수 있도록 고안된 것에도 기인하는 것이지만 "속뜻"의 기호로 사용한 "ㅅ"과 "동글암이(소괄호)"는 단어 단위로 되어 있음을 볼 수 있는 것이다.

(여격은) 고유명사 지명 아래는 그냥 명사만을 쓰고 부동물명사에는 '에'를 쓰고 대명사 중 동물명사로 ㅐ, ㅔ 등 모음 아래는 '게'를 쓰고 기타에는 '에게'를 쓴다(홍기문 1927:176).

곧 위의 여격 표시에 대한 언급에서 '서울 온다'처럼 지명 아래에서의 격표지 비실현은 조사의 생략으로 보지 않고 여격조사의 제로이형태로 파악하고 있다고 할 수 있는데, 이것은 그가 "조사 생략"을 한정된 격에서만 파악하고자 했음을 보여 주는 것이라고 할 수 있다.[3]

격표지 비실현 현상과 관련하여 박승빈(1931)은 보조사 앞에서 격표지가 생략되는 현상을 관찰하고 있다는 점에서 언급될 만하다. 그곳에서는 보조사(그의 "별동(別働)조사")가 체언에 첨가되는 경우에 격표지("표격(表格)조사")가 생략되는 일이 많음을 말하고, 이것은 보조사가 격표지의 역할을 겸하기 때문이 아니라 단지 발음의 습관상 생략될 뿐이라(박승빈 1931:176)고 말하고 있다.

초기의 조사생략설은 최현배(1937)에도 그대로 이어지는데, 이곳에서는 모든 토씨는 형식상으로 줄어질 수 있는 것(최현배 1937:1019)으로 파악되어 있다. 또한 박승빈(1931)에서와 마찬가지로, 보조사 앞에서 주격표지 등이 비실현되는 현상도 조사 생략으로 보았다.

격표지 비실현 현상에 대한 인식은 정렬모(1946) 등의 제3유형의 문법서들이 나오면서 새로운 전기를 맞는데 이들에서는 체언의 격표지 비실현형을 곡용표 속에 포함시켜, 보다 적극적으로 해석하고 있음을 볼 수 있다.

정렬모(1946:140)는 표지를 "명사표시태의 빛"이라 하여 9가지 빛

---

[3] 홍기문(1946)에서는 생략될 수 있는 조사를 주격, 대격, 지격으로만 한정하고 있는데, 이것은 안병희(1966)의 부정격 설정 범위와 일치한다.

을 설정하고 있는데, "다를빛"의 임자빛(이/가), 휘두를빛(ㄹ/을/를), 부릴빛(로/으로), 기댈빛(에/에게/께), 떠날빛(서), 더불빛(와/과), 기울빛(이/가), 엎칠빛(의) 등과 함께 격표지 비실현형의 ϕ도 "두루빛"이라는 이름으로 포함되어 있다.[4] 이 두루빛은 다를빛이 여러 가지 구별을 보이는 정밀한 것임에 비해 단지 다른 말에 종속하는 것만 보이는 막연한 빛으로서, 다른 빛들 대신 두루 쓰일 수 있는 것으로 파악되어 있다.

격표지 비실현성을 곡용표 속에 포함시키려는 논의는 이후 이숭녕(1956:58)의 "영의 어미", 김민수 외(1960)의 "(명사의) 알몸" 등의 논의를 거쳐 안승희(1966)의 "부정격(Casus Indefinitus)" 정립의 노력으로 이어진다. 안승희(1966)는 '어머니(가) 오셨다', '충무공(의) 사당', '밥(을) 먹는다' 등의 예에서 주격, 속격, 대격이 격표지에 의해서 표시되는 경우는 격이 강조된 것이며 격표지 없이 곡용어 간의 통합만으로도 이들 격은 표시될 수 있는데, 이를 부정격이라 하여 곡용표에 정립할 것을 제안하고 있는 것이다.

3.

격표지 비실현형에 대한 초기의 조사생략설은 이 현상에 대한 인식 그 자체에 비중이 놓여진 논의들이었다고 할 수 있다. 그러다가 안승희(1966)의 부정격설을 거치면서 이 현상을 어떻게 해석할 것인가 하는 해석의 문제에 더 많은 주의가 돌려지게 된다. 특히 1980년대에 들어서면서 김광해(1981), 이기동(1981), 신현숙(1982), 민현식(1982), 유동

---

[4] 자세한 내용은 민현식(1982) 참조.

석(1984) 등 격표지 비실현형의 분포 및 그들의 화용론적 의미에 천착한 논문들이 나오기 시작하여 이 현상에 대한 논의가 활성화된다.[5]

김광해(1981)는 관형격표지 {의}의 제로이형태로 "제로관형(ϕ)"을 설정하고, 명사의 의미자질에 따라 이들의 분포가 어떠한가를 관찰한 것이다. 이곳에서는 선행명사와 후행명사가 의미론적으로 소유주—피소유주("주인{의} 토끼"), 전체—부분("동굴{의} 입구"), 친족관계("철수{의} 누나") 등의 항목 연결이 있으면 ϕ로 실현될 수 있고, 그렇지 않은 경우("사랑의 슬픔")는 {의}가 필수적으로 실현되어야 함을 보여주고 있다. 이기동(1981)은 화·청자의 의식과 관련지어 주격표지 {이}의 실현/비실현 현상을, 그리고 신현숙(1982)은 화·청자의 공통영역 속에 들어 있는 요소냐 아니냐에 따라 {을}의 실현/비실현 현상을 관찰한 것이다. 민현식(1982)은 격표지 비실현형을 "무표격"이라 하여 격표지 실현형의 "유표격"과는 화용상에서 대립적 가치를 띠므로 단순한 생략으로 볼 수 없다고 주장한다. 그곳에서 유표격은 "주체명시 및 강조 지시 상황"에서 사용되고 무표격은 "주체 단순 지시 상황"에서 사용되는 것으로 보았다. 유동석(1984)은 종래에 격표지 비실현성을 {에}, {로}, {와} 등과도 관련지어 온 데 대해, 이들이 비실현되었다고 하는 곳에서는 {이} 또는 {을}이 실현될 수 있음을 들어, ϕ를 {이}, {을}, {의}와만 관련지어야 한다고 주장하고, 그 의미를 통보기능량(CD: communicative dynamism)과 관련지어 살펴본 것이다.

이들 논의 외에도 이필영(1982)에서는 내포절에서의 주격표지 비실현이 수반하는 의미변화에 대해 주목한 바 있고, 이익섭·임홍빈

---

5 이무렵 방언에서의 격표지 비실현 현상도 주목된 바 있는데, 전주방언을 대상으로 한 홍윤표(1978), 경북 동해안 방언을 대상으로 한 최명옥(1981:36-54) 등이 그것이다.

(1983:137)에서는 격표지 비실현 현상과 문장 리듬(호흡)의 관련성을 시사해 주는 예문에 주목하기도 하였다.

격표지 비실현 현상에 대한 최근의 논의 가운데 유동석(1988)과 이남순(1989)은 이 문제에 대한 인식의 폭을 화용론적인 발화조직 층위에서 의미구조 층위 및 통사구조 층위로 넓혔다는 점에서 주목될 만하다.

유동석(1988)은 {에}를 가진 시간어와 ϕ를 가진 시간어가 동작상과 양화론적 관계를 갖는다는 데 주목하여, {에}와 ϕ의 용법을 살펴본 것인데, {에}는 존재양화 관계를, ϕ는 보편양화 관계를 나타냄을 보여주고 있다. 유동석(1988)에서의 이러한 논의는 조사 비실현 현상이 단순히 화용론적인 문제만이 아니고, 문장의 의미 구조와도 관련된 현상임을 보여준 것이라 할 수 있다.

이남순(1988)은 격표지 비실현 현상이 통사구조와도 밀접한 관련이 있는 것임을 보여주고 있다. 곧 문장의 형상적인 구조(configurational structure)에서 문장교점(S), 서술부 최상위 교점(VP_0), 명사구 교점 아래에서 일차적으로 자매관계를 형성할 때, 격표지 비실현형이 나타난다는 것이다. 그리하여 이곳에서는 문장 형성에서 구조적으로 그러한 관계에 얽매여 있는 주격, 대격, 속격 등이 격표지 비실현형으로 나타나며, 처격(여격), 조격, 공동격 등은 구조상의 추이를 받아 S교점, VP_0 교점 아래에서 일차적인 자매관계를 구성하게 될 때만 격표지 비실현성이 나타날 수 있음을 보여주고, 전자의 것은 부정격(격표지가 실현된 것은 "정격"이라 하고 있음.)으로, 그리고 후자의 것은 격표지 생략으로 구별했다. 그리고 부정격의 정격으로의 실현에는 문장성분의 비워두기(gapping), 뒤섞기(scrambling), 화제, 프로미넌스 등이 영향을 미치며, 격표지 생략의 경우는 서술동사와의 근접 정도에 따라 {이}나, {을}이 실현될 수 있다고 하고 있다.

4.

이상에서 우리는 격표지 비실현 현상에 대해 우리 문법가들이 어떻게 이해하여 왔는가를 살펴보았는데, 이곳에서는 서양인들의 국어문법서 및 북한의 문법서에서는 이 문제를 어떻게 다루고 있는지 간단히 살펴보기로 한다.

초기서양인들의 문법서 가운데 격표지 비실현 현상과 관련된 논의로는 특히 Scott(1887) 및 Scott(1893)과 Underwood(1890)를 주목할 만하다.

Scott(1887:12)은 국어의 명사가 모두 9격으로 곡용하는 것으로 파악하고, 단지 어근(Radical)만으로도 주격, 속격, 대격으로 사용될 수 있다고 기술하고 있다. 그의 이러한 생각은 제 2판인 Scott(1893:18)에서 보다 구체화되는데, 이곳에서는 초판에서의 Radical을 명사의 Root Form으로 부르고, 이 Root Form은 주로 대화에서 의미의 손상이 없는 한 주격, 속격, 대격으로 사용되며, 다시 느슨하게나마(loosely) 여격으로도 사용될 수 있으나 도구격, 처격, 탈격으로는 사용되지 않음을 말하고 있다. Underwood(1890:24)는 Scott(1887, 1893)과는 달리 한국어의 명사는 곡용에 의해 격이 표시되는 것이 아니고, 후치사(postposition)에 의해 표시되는데, 의미의 모호성이 없는 한, 격 표시의 후치사는 생략하는 것(to omit)이 일반적이라고 하고 있다. 이어서 그는 후치사의 실현과 비실현을 영어의 정관사와 부정관사의 용법과 관련짓고 다음과 같은 예를 제시하고 있다.

- 병뎡 왔소.   *A soldier has come.*
- 병뎡가 왔소.   *The soldier has come.*

곧 격의 후치사를 생략하면 영어의 부정관사 *a*와 같은 효과가 있고, 생략하더라도 의미의 모호성이 없는데 굳이 후치사를 사용하면 영어의 정관사 *the*와 같은 효과가 있다(Underwood 1890:24, 27)는 것이다.[6]

이들 이후 Ramstedt(1937:36-45)에서는 격표지 비실현형이 nominative라는 이름으로 곡용표 속에 포함되게 되는데, 이 nominative는 모호성이 없는 문맥에서는 속격과 대격으로도 사용될 수 있다고 하고 있다.[7] Ramstedt(1937)의 nominative는 일견 Scott(1893)의 Root Form과 방불하나, 이것은 두 문법서가 곡용을 인정하는, 즉 체언에 대해 종합적 단어관에 섰다는 공통성 때문인 것으로 보이며, 그 내용에 있어서는 오히려 Underwood(1890)와 공통된 면이 있다. 특히 {이}를 determinative particle이라 하여 주체를 한정하거나 주체를 물을 때 사용한다고 한 것이나, '고기 잡았다'와 '고기를 잡았다'에 대해 전자의 것은 어부의 행위로서 고기잡이를 했다("caut fish")는 의미이고, 후자의 것은 특별한 대상의 고기를 잡았다("caut the fish")는 의미를 갖는다고 한 설명은 Underwood(1890)에서 격표지 실현형과 비실현형의 용법을 영어 관사의 그것과 관련시킨 일과 유사한 관찰이라 할 것이다.

격표지 비실현 현상에 대해 서양인 문법가에 의해 관찰된 최근의 것으로는 마르띤(1981)을 들 수 있는데, 마르띤(1981)은 전달된 정보가 예견 가능한 것이면 격표지가 생략될 수 있음을 주로 일본어의 예로써 논의한 것으로서, 이 시기 한국인 문법가들이 이 현상을 화용론적 문제로 다루었던 것과 맥을 같이 한다.

---

6   고영근(1983:214-215) 참조.
7   안병희(1966)와 고영근(1983:235) 참조.

한편 북한의 규범문법서들은 일관되게 종합적 체계를 보여주는데 격표지 비실현 현상에 대한 가장 주목할 만한 언급은 「조선어 문법 1」(1961:125)에 나타나는 다음의 기술이다.

> 명사의 어근에 아무런 격토가 붙지 않은 형태로 바로 아무런 격토가 붙이 않았다는 사실로써 격토가 붙은 형태와 구별되기 때문에 명사어근에 제로토가 붙은 것으로 보며, 이 형태를 명사의 절대적 형이라고 부른다. (밑줄-필자)

그리하여 「조선어 문법 1」(1961:168-172)에서는 "제로토"를 절대격이라 하여 격체계속에 포함시키고 있는데, 이 절대격은 주격, 속격, 대격의 용법들과 완전히 공통되고, 여·위격(에/에서/에게), 조격, 구격(과/와)과는 부분적으로 공통되며, 부름말에도 사용될 수는 있으나 호격의 용법과 일치하는 일은 없는 것으로 파악되어 있다.[8]

5.

지금까지 우리가 살펴본 것을 간단히 요약하여 결론을 대신하기로 한다.

우리 문법의 초기에는 격표지 비실현 현상을 생략 현상의 하나로 인식했는데, 이는 주로 격표지를 단어로 인정하는 분석적 단어관의 제1, 제2 유형의 문법서에서 볼 수 있는 것이다. 이후 종합적 단어관의 제3 유형의 문법서에서는 격표지 비실현형을 단순한 생략으로서가 아니라 곡용표 속에 포함시켜 적극적으로 그 고유한 가치를 인정하려

---

8   자세한 것은 유동석(1989) 참조.

는 경향을 보여준다. 1980년대 초에는 격표지 비실현형의 분포와 기능에 대해 많은 관심들을 보여주었는데, 주로 화용론적인 접근이었고, 최근에는 이를 통사구조 및 의미구조와 관련하여 이해하려는 시도도 있었다. 한편 서양인들의 국어문법 저술 및 북한의 규범문법서에서도 우리 문법가들의 저술에서와 마찬가지로 단어관에 따라 생략현상으로 보기도 하고 혹은 곡용표 속에 포함시키기도 했음을 볼 수 있었다.

참고문헌

고영근(1983), 「국어문법의 연구」, 탑출판사.
김광해(1981), "'의'의 의미", 서울대학교 교육학석사학위논문.
김민수·남광우·유창돈·허웅(1960), 「새 고교문법」, 동아출판사(역대문법대계 1-9, 탑출판사).
김일웅(1986), "생략의 유형", 「국어학신연구」(김민수교수화갑기념), 탑출판사.
김정호(1963), "생략에 대하여", 「한글」 130.
민현식(1982), "현대국어 격에 관한 연구", 「국어연구」 49, 서울대.
박승빈(1931), 「조선어학강의요지」, 보성전문학교(역대문법대계 1-48, 탑출판사).
신현숙(1982), "목적격 표지 /-를/의 의미 연구", 「언어」 7-1.
안병희(1966), "부정격(Casus Infinitus)의 정립을 위하여", 「동아문화」 6.
유동석(1984), "양태조사의 통보기능에 대한 연구", 「국어연구」 60, 서울대.
_____(1988), "시간어에 대한 양화론적 해석과 조사 {에}: ϕ", 「주시경학보」 1.
_____(1989), "서평: 조선어문법 1, 형태론", 「주시경학보」 4.
이규방(1922), 「신찬 조선어법」, 이문당(역대문법대계 1-29, 탑출판사).
이기동(1981), "언어와 의식", 「말」 6, 연세대 한국어학당.
이남순(1988), 「국어의 부정격과 격표식 생략」, 탑출판사.
이숭녕(1956), 「고등국어문법」, 을유문화사(역대문법대계 1-90, 탑출판사).
이익섭·임홍빈(1983), 「국어문법론」, 학연사.
이필영(1982), "조사 '가/이'의 의미분석", 「이범최학근교수화갑기념논총」.
정렬모(1946), 「신편 고등국어문법」, 한글문화사(역대문법대계 1-61, 탑출판사).

주시경(1910),「국어문법」, 박문서관(이기문 편, 주시경전집, 아세아문화사, 1976).
최명옥(1980),「경북동해안방언연구」, 영남대학교출판부.
최현배(1937),「우리말본」, 연희전문학교출판부(역대문법대계 1-47, 탑출판사).
홍기문(1927),「조선문전요령」, 현대평론 1~5(역대문법대계 1-38, 탑출판사).
_____(1946),「조선문법연구」, 서울신문사(역대문법대계 1-39, 탑출판사).
홍윤표(1978), "전주방언의 격연구",「어학」5, 전북대.
과학원 언어학연구실(1961),「조선어문법」1, 평양: 과학원출판사.
마르띤, 프로스트(1981), "조사생략문제에 관하여",「한글」171.
Ramstedt(1937), *A Korean Grammar*, Helsinki: Suomalais-Ugrilainen(역대문법대계 2-18, 탑출판사).
Scott(1887), 언문말칙, *A Korean Manual, or Phrase Book with Introductory Grammar*, Shanghai: Statistical Department of the Inspectorate Generalof Customs(역대문법대계 2-08, 탑출판사).
_____(1887), *A Korean Manual, or Phrase Book with Introductory Grammar*, Seoul: English Church Mission Press(역대문법대계 2-09, 탑출판사).
Underwood(1890), 한영문법, An Introduction to the Korean Spoken Language, Shanghai, Hongkong, Singapore: Kally & Walsh L'd(역대문법대계 2-11, 탑출판사).

조사의 사전적 처리

1.

　현대 언어학은 우리의 머리 속에 문법과는 별도로 단어들을 모아 놓은 사전(lexicon)이 들어 있다고 가정한다. 이 머리 속의 사전에는 우리가 어떤 생각을 표현하고자 할 때 언제든지 써먹을 수 있는 단어들의 목록이 들어 있고, 각 단어마다 의미에 대한 정보는 물론이고, 발음에 대한 정보, 통사범주 따위의 문법에 관한 정보도 필요한 만큼 충분히 들어 있는 것으로 가정된다. 머리 속에 들어 있는 사전, 또는 그것과 꼭 같다고 가정하고 기술한 사전을 이론적 사전이라고 한다면, 사전에는 이러한 이론적 사전 외에도 실용적 목적으로 편찬된 사전도 있다. 일상의 언어 생활에서 낯선 단어와 맞닥뜨리게 되었을 때 그 단어의 의미나 용법에 대한 정보를 얻고 때로는 맞춤법을 확인해 보는 따위의 실용적 목적으로 사용되는 사전이 그것이다. 실용적 사전에는 찾아보기 편리하게 일정한 배열 원칙에 의해 어휘들이 배열되어 있고 각 단어마다 발음, 통사범주, 의미, 용법 따위가 기술되어 있는 것이 일반적이다. 실용적 사전의 이러한 구조는 기본적으로 이론적 사전의 그것과 유사하다. 그러나 이론적 사전과 실용적 사전은 그들의 존재 의의가, 근본적으로 다른 가정에 입각해 있다는 차이가 있다. 곧 우리가 말을 할 때는 알고 있는 단어를 알고 있는 의미로만 사용할 수밖에 없다는 점에서 이론적 사전은 표제어 및 관련 정보를 이용자(곧, 화자)가 알고 있는 것이어야만 존재 의의를 가진다. 이에 비해 실용적 사전의 경우는 사전에서 제공되는 표제어 및 정보를 사전 이용자가 모르고 있을 때, 또는 모르고 있다고 가정될 때 그 존재 의의를 가진다. 우리가 알고 있고, 그래서 사전에서 그 의미나 용법 따위를 확인할 필요가 없는 단어라면 구태여 사전을 펼쳐 그 단어에 대한 정보를 찾아볼 필요가 없을 것이다. 이론적 사전과 실용적 사전의 이러한 차이는 제공되는 정보의 종류, 정보에 대한 기술 방식 등에서 차이를 유발할 수도 있다. 가령 어원이나 단어의 역사에 대한 정보는 머리 속의 이론적 사전에는 들어 있지도 않으며 들어 있을 필요도 없다. 어원이나 단어의 역사는 실제의 언어 생활에서 단어를 선택하고 그것을 문법에 맞게 조직하여 언어 행위를 하는 데는 아무런 소용이 되지 않는 것이어서 대부분의 화자는 모르고 있고 또한 몰라도 되는 것이기 때문이다. 그러나 대부분의 화자가 단어의 어원이나 역사에 대해서 모르고 있다는 바로 그 점 때문에 어원이나 단어의 역사는 실용적 사전에서는 제공할 만한 가치 있는 정보가 될 수도 있는 것이다.

  실용적 사전에서 제공되는 정보는 사전 이용자가 모르는 것, 모른다고 가정되는 것만 그 존재 의의가 있는 것이라고 한다면 조사와 같은 문법 형태소를 실용적 사전에서 어떻게 처리해야 하는가 하는 문제가 생겨난다. 문법 형태소들은 일반적으로 문법적 관계를 나타내는데, 문법적 관계는 토박이 화자라면 누구나 알고 있는 문법 지식에 속한다.

그렇기 때문에 조사 따위의 문법 형태소들에 대해 그 기능을 구태여 모르는 것으로 가정하고 사전에 싣는 것이 어떤 실질적 이득이 있을 수 있을 것인가 하는 의문이 제기될 수 있는 것이다.

물론 국어 사전의 예상 이용자가 토박이 국어 화자가 아닌 외국인일 수도 있다는 점 때문에, 또는 국어 사전에는 민족의 언어 문화를 빠짐없이 체계적으로 수록해야 한다는 일종의 사명감을 이유로 문법 형태소들도 사전에 올려야 한다는 주장이 있을 수도 있다. 그러나 외국인이 조사에 대한 문법 지식을 배우고자 한다면 사전보다는 국어 문법서를 펼치는 것이 더 효과적일 것이고 문법서 또한 언어 문화를 체계적으로 정리하는 사명을 수행할 수 있을 것이기 때문에 그러한 이유가 조사 따위의 문법 형태소를 실용적 사전에 실어야 하는 본질적인 이유는 될 수 없을 것이다. 이러한 까닭으로 이 글에서는 사전에 조사를 왜 표제어로 올려야 하는가, 표제어로 올린다면 그 범위는 어디까지 올려야 할 것인가, 뜻풀이는 어떻게 할 것인가, 조사에 대한 사전에서의 뜻풀이가 문법서에서의 그것과 같아야만 하는가, 아니면 달라야 하는가 하는 등등의 문제를 살펴보고자 한다.

2.

사전에서 기술 대상(곧 표제어)이 되는 언어 형식은 말할 필요도 없이 의미를 가진 것이어야 할 것인데, 전통적으로 그 기본이 되어 온 것은 단어이다. 흔히 단어는 최소의 자립 형식이라 일컬어진다. 단어가 가지는 자립성의 의미를 우리가 일상의 언어 생활에서 실제로 경험할 수 있다는 뜻으로 해석할 수 있다면 단어는 우리가 일상으로 경험할 수 있는 언어 형식 가운데 최소의 것이다. 따라서 실용성을 목적으로 편찬되는 사전에서 그 기술 대상이 단어가 되는 일은 당연한 일이다. 우리가 일상으로 경험할 수 있는 언어 형식 가운데 단어보다 더 큰 형식, 이를테면 구나 문장은 현대 언어학에서 밝혀진 바와 같이 그 수효가 무한한 것이기 때문에 이들 형식 전체를 기술 대상으로 하는 사전은 원리적으로 있을 수 없다. 다만 관용어 사전, 속담 사전 같은 특정 표현만을 모은 사전의 경우는 구, 또는 문장도 사전 기술의 대상이 될 수 있을 것이다.

그런데 의미 있는 언어 단위 가운데 단어보다 더 작은 형식인 형태소의 경우는 어떨까. 최소의 유의적 단위로 정의되는 형태소는 우리가 실제의 언어 생활에서 경험할 수 있는 언어 형식이라기보다는 단어 속에서만 존재하는 이론적인 언어 단위로서, 일반인들이 일상의 언어 생활에서 형태소만을 따로 떼어 인식하는 일은 거의 없다. 그렇기 때문에 언어 학자를 위한 형태소 사전 같은 특수한 목적의 사전이라면 모를까 일반인을 대상으로 하는 사전에서는 단어 자격이 없는 형태소를 표제어로 올리는 일은 실용성이 거의 없다고 할 수 있다. 그럼에도 실제 어느 정도 큰 규모의 국어 사전들에서는 단어보다 더 작은 요소들인 일부 생산성 있는 파생접사, 활용어미, 조사 따위의 문법 형태소는 표제어로 올리는 것이 관행으로 되어 있음을 볼 수 있는데 여기서는 우선 조사를 중심으로 이들을 표제어로 올려야 하는 이유부터 생각해 보기로 한다.

앞에서 말한 바와 같이 사전이 기본적으로 단어를 표제어로 하는 것은 단어는 실제의 언어 생활에서 단독으로 경험이 가능한 것 가운데 가장 작은 형식, 곧 최소의 자립 형식이기 때문이다. 그러나 조사는 그 자체로는 자립성이 없고 반드시 자립성 있는 말에 붙어서만 사용될 수 있는 접사 성격의 언어 형식이다. 조사가 가지는 이러한 접사적 성격은 실용적 사전의 거시 구조와 관련하여 몇 가지 문제를 야기한다. 조사를 비롯한 접사는 반드시 다른 말에 붙어 실현되는 언어 형식이기 때문에 실제의 언어 생활에서 그 단독으로 경험되는 일은 거의 없다(음성 언어에서 접사 앞에는 쉼을 두지 않으며 문자 언어에서도 띄어쓰기를 하지 않는다는 점을 고려할 것). 그렇기 때문에 사전의 표제어와 관련하여 조사 그 자체도 문제가 되지만 조사가 통합되는 말의 경우도 심각한 문제가 생겨난다. 조사가 통합되는 대표적인 범주인 명사의 경우로써 이를 생각해 보자. 가령 명사 '바람'이라는 단어는 실제의 언어 생활에서 조사가 통합되지 않은 채로 실현되는 경우도 있지만 대부분의 경우는 '바람이, 바람을, 바람의, 바람에, …'와 같이 조사가 통합된 어형(편의상 곡용형으로 부르겠음)으로 실현된다. 곧 사전 이용자가 실재의 언어 생활에서 맞닥뜨리는 어형은 대부분의 경우 곡용형인 것이다. 따라서 사전 이용자의 입장에서 생각하면 이들 곡용형은 어떤 식으로든 사전 속에 포함되어 있어야 하며, 이상적이기로는 곡용하는 단어마다 곡용형 모두를 표제어로 올리는 것일 것이다. 그러나 수용 용량이 무한정인 사전(가령, 전자 사전)에서라면 모를까 출판을 전제로 하는 사전의 경우 이것은 거의 불가능에 가깝다. 조사의 수에서 단독형만 하여도 수십이 넘을 뿐만 아니라 '(진리)에로의 (길)'와 같은 복합형까지 고려하면 그 수효는 실로 엄청난 것이 된다. 이러한 이유로 실제의 출판된 사전들에서는 명사와 조사를 분리하여 각각을 표제어로 올린다.

물론 조사의 경우 혹시 학교문법에서 단어로 처리하기 때문에 조사 단독으로 표제어로 올린 것으로 생각할 수도 있을 것이다. 그러나 국어 사전들에서는 학교문법이 단어 자격을 인정하고 있지 않은 용언의 활용어미들도 단독으로 표제어로 올리고 있는 점에 비추어 보면, 설사

학교문법이 조사를 단어 아닌 곡용어미로 기술하였다 하더라도 표제어로 올렸을 것이다. 또 달리 명사와 조사를 분리하여 각각 표제어로 올리는 것이 국어의 특성에도 부합되며 언어학적 가정에도 더 합치된다는 주장도 있을 수 있다. 곧 국어는 유형론적으로 교착어에 속하는데, 교착어로서 국어는 활용형이나 곡용형의 수는 많은 반면 굴절어와는 달리 어간과 어미가 분명하게 구분되어 있어 활용과 곡용이 상당히 규칙적이라는 특성이 있기 때문에 국어의 화자들은 그들의 머리(사전) 속에 '바람이'와 같은 곡용형을 하나하나 암기하고 있는 것이 아니라 '바람'과 '이'를 따로따로 암기하고 있으면서 필요할 경우 곡용 규칙에 의해 곡용형 '바람이'를 산출해 낸다고 가정하는 것이다. 이러한 가정은 실제로 현대 언어학에서 하고 있거니와 문법의 경제성과 관련지어 생각해 볼 때 아마 사실일지도 모르겠다. 그러나 문제는 앞에서 말한 바와 같이 머리 속의 사전, 곧 이론적 사전과 실용적 목적으로 편찬된 사전은 각각의 존재 의의가 근본적으로 다른 가정에 입각해 있다는 것이다. 곧 머리 속의 사전은 표제어 및 관련 정보를 이용자(곧 화자)가 알고 있는 것이어야만 존재 의의를 가지는 데 비해 실용적 사전의 경우는 모르는 것, 혹은 그렇게 가정되는 것일 때만 표제어로서, 또 제공되는 정보로서 존재 의의를 가진다는 것이다. '바람이'를 '바람'과 '이'로 분석할 수 있는 능력을 가진 사람은 '바람' 또는 '이'에 대한 지식을 가진 사람이다. 그렇기 때문에 이런 사람에게는 표제어가 '바람이' 하나로 실든 '바람'과 '이'로 나누어 실든 그것들은 표제어로서의 존재 의의가 없다. 그러나 실용적 사전은 가능하다면 극단적으로 '바람'과 '이'가 나누어진다는 것을 모르는 사람의 경우까지 고려해야 할 것이다. 이런 사람에게는 '이'가 단독으로 경험되는 일이 없기 때문에, '이'가 단독으로 표제어로 되어 있다면 그것에는 영원히 접근할 수 없는 표제어가 되어 역시 존재 의의가 없는 표제어가 될 것이다.

현실적인 이유로 어쩔 수 없이 조사만을 따로 떼어내어 표제어로 올린다고 하더라도 다시 표제어가 되는 대상의 범위에서 문제가 생겨난다. 특히 복합형의 경우가 문제되는데 기존의 사전들에서 조사 복합형의 처리에 대해 명시적으로 밝힌 것은 찾아볼 수 없으나 대체로 '전체 기능이 구성 성분의 총합이 아니거나, 재구조화한 것만 표제어로 올리는(국립국어연구원, 1996:1-1-2-12)' 것이 아니었나 싶다. 이러한 기준은 문법에서 합성어와 구를 구분할 때도 볼 수 있는 것으로서 상당히 일관성 있는 기준이라 할 수 있을지 모른다. 그러나 이러한 기준은 어휘적 요소들 사이의 합성에서도 그리 자명하다고 할 수 있는 것은 아닌데 더군다나 접사 성격의 문법 형태소인 조사들에 적용하는 일은 그렇게 단순한 것만은 아니다. 특히 사전 이용자의 입장을 고려하게 되면 문제는 더욱 복잡해진다.

(1) 가. 자유**로부터의** 도피
　　나. 자유**로부터** 도피하다

국어 사전들은 (1나)의 '로부터'는 표제어로 등재하고 있으나 (1가)의 '로부터의'는 표제어로 등재하지 않는다. '로부터의'를 사전에 등재하지 않는 것은 그것의 구성이 '로부터+의'로 되어 있고 그 전체 의미(기능)는 '로부터'의 의미와 '의'의 의미의 단순한 총합으로서 이들 성분의 의미로부터 충분히 예측될 수 있다고 판단한 결과일 것이다. 이것은 사실일 것이다. 또한 우리가 아마 머리 속의 이론적 사전을 기술한다면 이렇게 해야 할 것이다. 그러나 문제는 '로부터의'가 '로+부터의'가 아닌 '로부터+의'로 구성되었음을 아는 사람이라면 '로부터의'에 대한 정보를 실용적 사전에서 구할 일은 없을 것이다. '로부터의'에 대한 기능(의미)을 알고 있지 못하여 실용적 사전을 참조할 필요가 있는 사람은 그것의 구조가 '로부터+의'라는 것도 모르고 있다고 가정하는 것이 합리적이지 않을까.

(2) 가. 승리**에로의** 길
 나. ??승리**에로** 이르는/가는 길   cf. 영수**에게로** 온 편지
 다. 승리**에** 이르는 길
 라. 승리**로** 가는 길

(2가)에서 볼 수 있는 조사들의 복합형 '에로의'도 물론 기존의 사전들에 표제어로 올라 있지 않다. 그렇다면 이것도 '에로+의'의 구성으로 볼 수 있을까. 그런데 기존의 사전들에 '에게로'는 표제어에 올라 있으나 '에로'는 올라 있지 않다. 기존의 사전들이 조사를 포함하여 문법 형태소들의 복합형을 표제어로 올리는 일에서 일관성을 결하고 있다는 지적이 없는 바는 아니지만(성광수 1992:95-96), 이것은 일관성의 문제는 아닌 것 같다. (2나)에서 볼 수 있듯이 '에게로'는 실재하나 '에로'는 '의'와 함께 쓰이는 경우를 제외하고는 확인하기 어려운 것이다. 그렇다면 국어 사전을 이용하여 '에로의'의 기능을 알고자 하는 사람은 결국 '에'와 '로'와 '의'를 각각 찾아서 유추해 내어야 할 것인데, 과연 이것이 가능한 일일까.

(3) 가. 세상은 빵**으로만** 사는 것은 아니다.
 나. 그는 빵**만으로** 살아간다.
(4) 가. 손으로 뿔을 잡**아도**(-**아**+**도**) 보았다.
 나. 저 소는 손으로 뿔을 잡**아도** 가만히 있다.

(3가)에서 볼 수 있는 '으로만'과 (3나)에서 볼 수 있는 '만으로'는 조사의 통합 순서에 따라 의미가 달라지는 경우인데 기존 사전들에서 이들도 표제어로 다루지는 않는다. 이들의 의미 차이는 조사들이 통합되는 계층적 순서 차이에 기인하는 것으로서, 단순히 '만'과 '로'의 의미의 합으로부터 이 둘의 의미 차이가 나오지 않는다는 점은 말할 필요가 없을 것이다. (4가)의 '-아+도'는 어미에 조사가 통합된 것으로서 국어 화자라면 (4나)의 어미 '-아도'와 구별된다는 것을 안다. 그런데 다시 한번 강조하거니와 실용 사전은 아는 사람에게 필요한 것이 아니라 모르는 사람에게 필요한 것이다. '-아+도'의 의미를 해석할 수 없는 사람에게 과연 이것을 어미 '-아'와 조사 '도'로 분석하여 그 각각을 사전에서 찾아 전체의 의미를 유추해 낼 것으로 기대하는 것은 과연 합리적인 것일까.

　　지금까지 조사 복합형의 표제어 선정과 관련하여 사전의 이용자들의 입장에서 그 문제점들을 생각하여 보았다. 실용적 사전의 이용자들은 그들이 찾아보고자 하는 항목의 의미는 물론 구조도 모른다는 가정 아래 조사 복합형의 표제어 문제도 접근해야 한다는 것이 옳다면 이것은 마치 이두(吏讀)의 표제어 선정과 같은 것이 되어야 하지 않을까. 이두의 경우 가령 '이다'와 '하거든'이 각각의 표제어로 등재될 뿐만 아니라 그 둘의 단순 복합형에 불과한 '이다하거든' 또한 독립된 표제어로 등재한다는 점을 참고할 일이다. 전산언어학 쪽에서 활용 어미와 조사의 복합형을, 방언, 오류 따위를 포함하여 11,000여개 정도 사용될 수 있는 것으로 파악하고 있는데 50만 이상의 표제어 수를 목표로 하고 있는 〈표준 종합 국어 대사전〉 규모의 큰 사전에서라면 그 정도의 복합형을 수록하는 일은 그렇게 큰 부담은 되지 않을 것이다.

3.

　조사와 같은 문법형태소가 가지는 의미를 문법적 의미, 혹은 문법적 기능이라고 부른다. 그런데 조사가 가지는 문법적 의미는 몇 가지 유형으로 나눌 수가 있다. 흔히 조사를 격조사, 접속조사, 보조사로 나누는 것은 문법적 의미에 의한 분류이다. 곧 격조사는 주어, 목적어 따위의 문법적 관계를 표시하는 기능을 하고, 접속조사는 체언과 체언을 이어주는 기능을, 그리고 보조사는 일정한 의미를 덧보태는 기능을 하는 것이다. 또한 격조사는 다시 '가, 를' 따위의 구조격 조사와 '에, 로, 와' 따위의 어휘격 조사로 나누어지는데 구조격 조사는 순수하게 말과 말 사이의 형식적이고 구조적인 관계를 표시하는 기능을 하고 어휘격 조사는 말과 말 사이의 의미 관계까지 나타내는 기능을 한다. 이외에도 조사들은 '가'와 '는', 또는 '까지, 마저, 조차'들의 용법 차이에서 볼 수 있는 것과 같은 화용론적인 함축도 나타내기도 한다.

　조사들이 가지는 이러한 문법적 의미들은 국어 화자라면 누구나 다 알고 있는 문법적 지식에 속한다. 일반적으로 문법적 지식을 기술하는 것은 문법(또는 '문법서')이다. 문법은 화자들이 이미 알고 있는, 그러나 대부분의 화자들은 너무나 추상적이어서 자신이 알고 있다고 의식조차 하지 못하는 문법적 지식을 엄격하게 정의된 문법 용어들을 써서 구체화시킨 것이라고 할 수 있는 것이다. 이처럼 문법이 말(단어)과 말 사이의 관계와 같은 문법 지식을 다루는 것임에 비해 사전은 일반적으로 하나의 단어가 가지는 어휘적 속성을 다룬다. 사전이 통사 범주와 같은 문법에 속하는 사항을 기술하지 않는 것은 아니지만 그것은 어디까지나 어휘의 문법적 속성에 국한된다. 이런 점에서 문법과 사전은 그 기술 대상을 달리하고, 따라서 서로 보완적인 관계를 가진다고 할 수 있다.

그런데 조사와 같은 문법 형태소의 경우는 문법의 주요한 기술 대상이 될 뿐만 아니라 현실적으로 사전에도 등재되어 뜻풀이될 수밖에 없다는 점에서 문법에서의 조사에 대한 기술과 사전에서의 뜻풀이 사이의 관계가 문제가 된다. 물론 조사라는 동일 대상에 대한 기술인 이상 그것이 문법에서이건 사전에서이건 그 본질적인 내용이 다를 수는 없을 것이다. 그러나 문법과 사전(실용적 사전)은 기술하는 대상에 대해 취하는 가정이 다르기 때문에 기술하는 태도나 방식에서는 서로 다를 수밖에 없다. 이를 (5)로써 생각해 보기로 하자.

(5) 가. 을【조】받침 있는 명사·대명사의 다음에 쓰이어, 그 말을 목적격(目的格)으로 되게 하는 조사. ······.
　　나. 에【토】임자씨에 붙어, 어떤 곳, 때, 대상 따위를 나타내는 자리토. ······.
　　다. 만【조】어느것에만 한정됨을 나타내는 보조사. ······.

(5)는 기존의 사전에서 임의로 몇 예를 골라 본 것인데 뜻풀이의 대상인 표제어가 뜻풀이 속에 되풀이되고 있는 것들이다. 내용의 정확성은 논외로 하고 (5)와 같이 기술 대상이 되는 조사가 설명 속에 포함되어 있다고 하더라도 문법서에서는 문제가 생겨나지 않는다. 문법서는 화자가 이미 알고 있는 문법적 지식을 대상으로 기술하는 것이기 때문에 설명 대상이 되는 조사들이 (5)에서처럼 설명 속에 포함되어 있더라도 그것을 읽고 이해하는 데에는 아무런 문제가 생겨나지 않는 것이다. 그러나 (5)가 사전의 기술일 때는 심각한 문제가 생겨난다. 대개의 경우, 사전의 미시구조 속에 제공되는, 발음, 통사 범주,

의미, 용법 따위의 모든 정보는 기본적으로 사전의 이용자가 모르고 있는 것으로 가정된다는 점에서 (5)에서처럼 뜻풀이의 대상이 되는 표제어가 뜻풀이 속에 포함되어 있으면 그것은 사전의 이용자에게 이해 불가능한 것이 될 것이다.

  문법에서든 사전에서든 기술되는 내용이 정확해야 함은 말할 필요도 없는 것이다. 문법의 기술이 일반적으로 엄격하게 개념이 정의된 문법의 전문 용어들로써 이루어지는 것은 정확한 기술을 위한 것이다. 사전의 뜻풀이에서도 불가피하게 문법의 전문 용어를 써서 기술해야 할 경우도 있을 것이다. 그러나 사전의 기술은 정확해야 할 뿐만 아니라 또한 쉬워야 한다는 점에서 가능한 한 사전의 뜻풀이 속에는 전문 용어가 포함되지 않는 것이 좋다. 그런데 기존의 국어 사전들에서 조사에 대한 뜻풀이를 찾아보면 거의 대부분이 문법의 전문 용어를 사용하여 뜻풀이하고 있다는 점에서 문제가 된다. 한 예로써 관형격조사 '의'에 대한 국어 사전에서의 뜻풀이를 검토해 보기로 하자.

(6) **의** [의/에] 【조】 체언과 체언 사이에 나타나 앞의 체언으로 하여금 뒤의 체언을 꾸미게 하는 구실을 갖는 관형격조사. 두 체언을 보다 큰 명사구로 묶어 줌. 우리말에서는 이 조사 없이 다른 조사만으로는 체언이 결합하기 어려움.
    ①뒤의 체언이 앞의 체언에 소속되거나 소유됨을 나타냄. ¶나의 가방 (용례는 일부만 보임. 이하 마찬가지)
    ②앞의 체언이 뒤의 체언이 나타내는 행동이나 작용의 주체임을 나타냄. ¶우리의 각오
    ③앞의 체언이 뒤의 체언이 나타내는 대상을 만들거나 이룬 주체임을 나타냄. ¶다윈의 진화론
    ④뒤의 체언이 나타내는 속성이나 상태가 앞의 체언에서 비롯됨

을 나타냄. ¶장미꽃의 향기

⑤앞의 체언이 뒤의 체언이 나타내는 행동의 목표 대상임을 나타냄. ¶전통문화의 보존

⑥뒤의 체언이 나타내는 사실이나 상태가 뒤의 체언에 관한 것이거나 그에 대한 것임을 나타냄. ¶서울의 찬가

⑦뒤의 체언이 앞의 체언이 나타내는 어떤 동작을 주된 목적이나 기능으로 하는 것임을 나타내는 말. ¶독서의 계절

⑧앞의 체언이 뒤의 체언과 의미적으로 동격이거나 동일한 대상의 다른 면임을 나타냄. ¶통일의 위업

⑨관계를 나타내는 뒤의 체언이 앞의 체언과 사회적·친족적 관계에 있음을 나타냄. ¶친구의 동생

⑩ 앞의 체언이 뒤의 체언이 나타내는 사물이 있는 곳임을 나타냄. ¶유성의 온천

⑪앞의 체언이 나타내는 장소가 뒤의 체언이 나타내는 사물의 산지(産地)임을 나타냄. ¶안성의 유기

⑫뒤의 체언이 앞의 체언이 나타내는 시간에 제약된 상태임을 나타내거나 그 시간 특유의 것임을 나타냄. ¶정오의 뉴스

⑬뒤의 체언이 앞의 체언이 나타내는 수량에 제한됨을 나타냄. ¶한 잔의 술

⑭정도나 상태 특성을 나타내는 앞의 체언이 뒤의 체언을 한정적으로 꾸미는 뜻으로 쓰임을 나타냄. ¶고도의 기술

⑮앞의 체언이 뒤의 체언에 대해 비유의 대상임을 나타냄. ¶무쇠의 주먹

⑯앞의 체언이 뒤의 체언의 재료임을 나타냄. ¶순금의 반지

⑰몇몇 격조사나 보조사 뒤에 쓰여 앞의 체언이 뒤에 연결되는 조사의 의미 특성을 가지고 뒤의 체언을 꾸미는 기능을 가짐을 나타냄. ¶자유로부터의 도피

⑱ 명사구 안에서, 용언 또는 서술어의 의미상의 주어 구실을 함. ¶나의 살던 고향

문법가가 아닌 일반적인 사람이 (6)과 같이 기술된 사전을 통해 과연 '의'에 대한 기능을 알 수 있을까? 그것은 아마 거의 불가능할 것이다. (6)에서 '의'에 대한 정의(定義)에 해당하는 부분은 '의'에 의해 표시되는 말의 형식적인 관계를 기술하고 있으므로 이곳에 '체언, 관형격조사, 꾸미다, 명사구' 따위의 문법 용어가 사용되는 것은 어쩔 수가 없을 것이다(물론 이들 용어는 같은 사전 안에 문법 용어로서의 뜻풀이가 되어 있어야 한다.). 그런데 앞말과 뒷말 사이의 의미론적 관계를 토대로 '의'의 용법을 기술한 부분까지도 문법 용어를 포함시켜 뜻풀이하고 있는데 그 가운데는 일반 사전에서 문법 용어로 정의되지 않는 것까지 포함되어 있음을 볼 수 있다. 가령 ①에서 '(뒤의 체언이 앞의 체언에) 소속되다/소유되다'는 일상어로서의 용법은 분명히 아니다. 뿐만 아니라 이들 용어는 같은 사전 안에서 문법 용어로서 뜻풀이되어 있지도 않다. 따라서 ①과 같은 형식의 뜻풀이는 문법학자가 아닌 일반인에게는 거의 이해될 수 없는 뜻풀이가 될 것이다. (6)에서 제시하고 있는 '의'의 용법이 과연 정확한 것인지, 만약 정확하다고 하더라도 과연 이러한 내용이 문법서가 아닌 사전에서도 기술되어야 하는 것인지 따위는 별도의 검토를 필요로 하는 것이지만, 여기서는 (6)에서 제시하고 있는 '의'의 용법들 가운데 ⑭, ⑰, ⑱을 제외한 나머지 것들은 앞말과 뒷말 사이의 의미론적 관계를 토대로 한 것이어서 (6′)와 같이 문법 용어의 사용 없이도 충분히 그러한 문맥적인 용법을 나타낼 수 있다는 점을 지적해 두기로 한다.

(6′) 의 [의/에] 【조】 … (생략) …
①…가 가진. …에게 있는. …에게 소속된. …에게 소유된. ¶나의 가방

② …가 하는. ¶우리의 각오
③ …가 만든 ¶다윈의 진화론
④ …가 가진. …에 있는. ¶장미꽃의 향기
⑤ …에 대한. …에 관한. ¶전통문화의 보존
⑥ …에 대한. …에 관한. ¶서울의 찬가
⑦ …를 하는. ¶독서의 계절
⑧ …이라는. ¶통일의 위업
⑨ …에게 있는(?) ¶친구의 동생
⑩ …에 있는. ¶유성의 온천
⑪ …에서 생산되는. ¶안성의 유기
⑫ …에 하는 ¶정오의 뉴스
⑬ …인. …이라는 ¶한 잔의 술
⑮ …와 같은. ¶무쇠의 주먹
⑯ …로 된. …로 만든. ¶순금의 반지

(6′)는 '의'의 문맥적 의미를 해당 문맥에서 대체할 수 있도록 '조사+용언의 관형사형'으로 고쳐본 것이다. 이러한 문맥적 의미에 기초한 '의' 용법을 사전의 뜻풀이에 포함시켜야 할 것이냐 하는 문제와는 별도로, 문법 용어를 사용한 (6′)가 (6)보다는 일반의 사전 이용자들이 훨씬 이해하기 쉬울 것이다. 뿐만 아니라 (6′)처럼 나타내면 문맥적 의미의 유형을 훨씬 단순화할 수도 있다. 조사에 따라 '…가 가진, …가 하는', '…를 하는', '…에(에게) 있는, …에 대한, …에서 생산되는', '…와 같은, …와 관계된', '…로 된, …로 만든', '…인, …이라는' 등으로 간단하게 유형화할 수도 있을 것이다.

사전은 기본적으로 표기 형태가 다르면 표제어로 올려야 하고 또한 표제어로 올린 것은 반드시 어떤 방식으로든지 뜻풀이를 해야 한다. 단순한 이형태 관계에 있는 것들도 마찬가지이다. 조사들 가운데 몇몇

은 받침있는 말 다음에 붙느냐 아니냐에 따라 '이/가, 을/를, 과/와, 은/는, 으로/로' 등에서 보는 바와 같은 이형태 관계를 가지는데 뜻풀이와 관련하여 이들에 대한 처리 문제를 잠시 생각해 보기로 한다. 기존의 국어 사전들에서 조사를 비롯한 문법 형태들의 이형태는 모두 표제어로 올린다. 그러나 이들에 대한 뜻풀이는 이형태 관계로서가 아니라 참고 어휘로 다루는 것이 관행으로 굳어 있다.

가【조】①(주로, 모음으로 끝나는 체언에 붙어) 그 말이 주격(主格)이 되게 하는 격조사. 존칭에는 '께서', '께옵서'가 쓰임. (용례 생략. 이하 마찬가지) ②어떤 것이 변하여 그것이 됨을 나타내는 격조사. '되다' 앞에 쓰여 앞의 체언을 보어(補語)로 만듦. ③그것이 아님을 나타내는 격조사. '아니다' 앞에 쓰여 앞의 체언을 보어(補語)로 만듦. ④주로 보조적 연결어미 '-지'에 붙어, 그 뜻을 강조하는 보조사. '않다', '못하다' 등의 부정어와 호응함. ▷이. ▶는.

이【조】①(자음으로 끝나는 체언에 붙어) 그 말이 주격이 되게 하는 격조사. ②어떤 것이 변하여 그것이 됨을 나타내는 격조사. '되다' 앞에 쓰여 앞의 체언을 보어(補語)로 만듦. ③그것이 아님을 나타내는 격조사. '아니다' 앞에 쓰여 앞의 체언을 보어(補語)로 만듦. ▷가. ▶는.

위의 '가'와 '이'에 대한 뜻풀이는 한 사전에서 뽑은 것이다. 각각 뜻풀이를 하고 둘 사이의 관계를 참고 어휘 앞에 두는 부호('▷')로 나타내고 있음을 볼 수 있다. 그런데 당연한 이야기겠지만 이들 사이에 의미 차이가 없다. 마치 '가'에만 있는 것처럼 보이는 ④의 보조사적 용법도 용언의 어말어미가 주로 모음으로 끝난다는 우연성에 기초한 것이다. 그러므로 '가'와 '이'는 이론적으로든 실제로든 한 형태소라 할 것인데 이것은 이들의 뜻풀이에도 반영하는 것이 좋다. 곧 하나를 대표형으로 정하여 용법을 기술하고 나머지는 그것의 이형태임을 분포 환경과 함께 기술하는 것이 좋을 것이다. 가령 주격조사의 경우라면 ④적인 용법이 더 있는 '가'를 대표형으로 하여 용법을 기술하고 '이'에 대해서는 "자음으로 끝나는 체언에 붙는 주격 조사 '가'의 이형태"임을 밝히는 것으로 족할 것이다.

4.

이 글에서는 조사와 같은 접사적 성격의 문법 요소는 문법의 기술 대상이지, 단어의 뜻풀이를 중심 내용으로 하는 일반 어휘 사전의 기술 대상은 원칙적으로 아니라는 입장에서 조사에 대한 사전적 처리가 어떠해야 할 것인가를 논의해 보았다. 조사는 접사적 성격을 가지기 때문에 그 단독으로 표제어로 선정하는 데는 여러 가지 이론적 문제가 있음을 말하였고, 조사가 통합된 모든 어형을 다 제시하기 어렵다는 현실적 이유 때문에 어쩔 수 없이 조사를 체언과 분리하여 그 단독으로 사전에서 다루어야 한다면 일반 어휘들과는 달리 조사의 경우는 단순 복합형까지도 표제어로 올려야 할 것임을 주장하였다. 또한 문법은 일반적으로 화자가 알고 있는 문법적 지식을 기술하는 것임에 비해 사전은 비록 문법적 지식에 관한 것이라고 하더라도 이용자가 모르고 있다고 가정하고 기술(뜻풀이)해야 한다는 점도 몇 가지 예를 통해 논의하였다.

참고문헌

김민수(외)(1991), 「국어대사전」, 금성출판사.
김창섭(1992), "파생 접사의 뜻풀이", 「새국어생활」 2-1, 국립국어연구원.
성광수(1992), "문법 형태소의 뜻풀이", 「새국어생활」 2-1, 국립국어연구원.
신기철·신용철(1985), 「새 우리말 큰 사전」, 삼성출판사.
이병근(1992), "사전 정의의 유형과 원칙", 「새국어생활」 2-1, 국립국어연구원.
이상복(1988), "국어 사전편찬과 문법형태소의 처리", 「사전편찬학연구」 2(남기심 외), 탑출판사.
한글학회(1992), 「우리말 큰 사전」, 어문각.

Ⅱ. 통보기능과 주제

양태 조사의 통보기능에 대한 연구
- {이}, {을}, {은}을 중심으로 -

1. 서론

1.1.

언어의 기능을 사고의 표현(expression of thought)으로 볼 것이냐, 아니면 통보의 수단(instrument of communication)으로 볼 것이냐에 대해서는 논자에 따라 그 견해를 달리 할 수 있겠지만[1] 이 두 가지 관점이 상호 배타적 선택의 위치에 서는 것이 아님은 명백하다. 왜냐하면 표현은 통보행위를 전제하는 것이고, 통보행위는 표현의 과정을 거칠 때에만 비로소 가능한 것이기 때문이다. 따라서 언어에 대한 연구도 단순히 개념이 소리와 어떻게 결합되는가에 한정할 것이 아니라,

---

[1] 이 두 관점은 철학 및 언어학에서의 해묵은 논쟁거리의 하나로서, 현대언어학에서는 각각 N. Chomsky 등의 formal paradigm과, F. de Saussure 및 Prague 학파의 언어이론을 이어받은 functional paradigm에 의해서 대변된다. 전자가 표현설에, 후자가 수단설에 기대고 있음은 잘 알려진 사실이다(Dik 1978:1-5 참조).

개념과 소리의 결합체를 화자가 통보상황과 관련시켜 어떻게 적절하게 사용하는가 하는 문제에까지 확장할 필요가 있다.[2] 특히 국어와 같이 통보상황이나 화맥에 비교적 민감한 언어[3]의 기술에 있어서는 화자 및 통보상황을 문법기술 속에 포함시킴으로써 보다 완전한 기술에 이를 수 있을 것으로 생각된다.

이러한 생각을 바탕에 깔고, 본고는 현대국어의 조사 {이}, {을}, {은}[4]과 이들 조사의 무표형 'ϕ'[5]를 언어의 통보기능과 관련하여 파악해 보려는 것이다. 우리는 먼저 국어 조사들의 구조적 특성을 고려하여, 조사를 기능단소(機能單素, monème fonctionel)에 속하는 기능조사와 양태사(modalité)에 속하는 양태조사로 분류하게 될 것이다[6](2장). 그리하여 우리는 {이}와 {을}이 통보·화용부에서 {은}과 교체하는 일종의 양태조사로서 하나의 체계를 구성한다는 사실을 확인하고(2.1.), 그러한 체계 속에서 'ϕ'가 파악되어야 한다는 것을 논구하게 될 것이다

---

[2] 언어이론을 언어의 사용문제에까지 확장시킬 때, 우리가 필연적으로 고려해야 되는 것은 행위계획(Handlungsplan)이다. Viewheger(1977:50-54, 79-82)는 합목적성을 지니는 여타의 다른 행위와 마찬가지로 언어행위도 행위계획에 의해 결정되며 행위계획을 지배하는 통보·화용부(komunicative-pragmatische Komponente)를 문법체계 속에 설정할 필요가 있음을 말하고 있다. 이러한 생각을 국어문법기술에 도입한 업적으로는 고영근(1981)을 들 수 있다.
[3] 국어의 문법적 특성에 대해 어순이 비교적 자유롭다라든가 화맥에 의한 어간성분의 생략이 용이하다고 말하는 것 등이 국어의 통보·화용론적 특성에 대한 구체적 언급들이라 할 수 있다(이익섭 외(1983:18-24) 참조).
[4] 각이형태(各異形態) '가', '를', '는' 등도 {이}, {을}, {은}으로 대표시켜 나타내기로 한다.
[5] 2.2.에서 구체적으로 밝혀지겠지만 여기서 우리가 'ϕ'로 표시하는 것은 조사생략이라든가 또는 zero-morph를 의미하지는 않는다. marked에 대립하는 unmarked의 개념이 우리의 'ϕ'에 보다 가깝다. 따라서 본고에서는 형태소 표시의 { }로 'ϕ'를 에우지 않는다.
[6] 기능단소(monème fonctionel), 양태사(modalité) 등의 용어는 A. Martinet의 개념에 따라 사용한다. 이들 용어에 대한 구체적인 개념은 Martinet(1961, 김방한 역 1978:110-120)을 참조할 것.

(2.2.). 3장에서는 2장의 논의를 바탕으로 {이}, {을}, {은}, '∅'의 기능을 통보기능량(communicative dynamism)[7]과 관계시켜 파악하게 된다. 그것이 통보기능량을 어떻게 표시해주는가(3.1.) 하는 것과 문장 속에서 각 요소들의 통보기능량은 어떻게 결정되는가(3.2. 및 3.3.) 하는 것 등을 살펴보는 점이 3장의 주된 내용이 될 것이다. 또한 3장에서는 {이}, {을}, {은}, '∅' 등이 가지는 다양한 양태적 의미에 대해서도 살펴볼 것인데, 우리는 그것을 통보기능량의 변화와 관련시켜 설명하게 된다(3.4. 및 3.5.). 4장은 {이}, {을}, {은}, '∅' 등과 국어 어순의 관계를 살펴보기 위한 것으로서, 주로 주제화(topicalization)가 관심의 표적이 된다. 우리는 국어 어순의 변화가 통보기능량과 밀접한 관련을 맺고 있다는 것을 밝힘으로써 국어 어순에 대한 이해가 깊어질 것을 기대한다. 5장은 본고의 전 논의를 휘갑하는 장이다. 거기서 우리는 본고의 내용을 요약하고, 남은 몇 가지 문제를 간단히 살펴보는 것으로써 전체 논의를 마무리하도록 할 것이다.

1.2.

앞에서 제시했던 본고의 과제를 살펴보기 위하여, 첫째로 우리는 조사들의 구조적 측면을 중시하기로 한다. 이것은 2장과 관계되는 것으로서, 조사들의 분포와 비례순서를 기능 파악의 출발점으로 삼는다는 것을 뜻한다. 두 번째 기능적 관점(functional view)[8]을 취하기로

---

[7] 흔히 communicative dynamism은 줄여서 CD라고 한다. FSP의 창안자인 V. Mathesius는 'degree of CD'를 '문장 속의 요소가 통보행위에 기여하는 정도'로 정의하고, CD의 기본 분포는 '인간사고의 특성과 언어의 선조성이라는 특성으로 말미암아 낮은 정도의 CD에서 점차 높은 정도의 CD로 배열되는 경향이 있다'고 한다(Firbas 1966:240).

[8] 본고에서 기능적 관점이라고 하는 것은 기본적으로 Prague학파의 FSP

한다. 이것은 이미 앞에서도 시사되었지만, 문장을 의미구조층위와 문법구조층위에 한정시켜 보지 않고 발화조직층위에까지 확대시켜 살핀다는 것을 의미한다.[9] 그리하여 우리는 문법체계 안에 통보·화용부를 두게 될 것이다.[10] 셋째로 우리는 하나의 형태에는 하나의 의미(기능)만을 부여하기로 한다.[11] 통보상황이나 화맥에 따라 생겨날 수 있는, {이}, {을}, {은}, 'ϕ'의 다양한 양태적 의미들은 '한 의미'속에서 파악될 수 있도록 해야 할 것이다.

본고가 기댈 이론 및 방법은 대체로 이상과 같은 것이지만, 우리가 무엇보다도 소중히 하는 것은 토박이화자(narrative speaker)로서의 직관이다. 이미 한 세기도 훨씬 더 전에 주시경(1910:64)은 '일의 뜻을 맘으로 살피어 풀' 것을 권고했거니와,[12] 국어의 어떤 현상을 설명함에 있어서 아무리 훌륭한 이론이나 방법에 입각했더라도 그 결과가 토박이 화자의 직관에 맞지 않을 때 우리는 다시 한 번 그 문제를 우리의 '맘'에게 되물어 보기를 주저하지 말아야 할 것이다.[13]

  (functional sentence perspective)에 불외한 것이지만, A. Martinet, S. Dik 등의 'functional'도 포괄하여 사용하기로 한다.
9 문장의 층위를 구별하여 문법기술을 하는 것에 대해서는 Daneš(1964), Novák(1966), Halliday(1970), Dik(1978:13-14) 등을 참고할 수 있다. 본고에서는 주로 Daneš(1964)에 기대었는데, Daneš는 이를 'A three-level approach to syntax'라 부르고, 구별해야 할 세 층위를 다음과 같이 제시하고 있다.
  (1) level of the grammatical structure of sentence
  (2) level of the semantic structure of sentence
  (3) level of the organization of utterance
  Daneš(1964)의 이론은 김방한(1967)에 잘 소개되어 있다.
10 통보·화용부를 설정하는 문법체계에 대해서는 Viehweger(1971:81), Wunderlich (1979:90), Motsch(1979) 등을 참조.
11 한 형태의 조사에 대해서 하나의 의미(기능)만 부여해야 한다는 것은 이숭녕(1966)에서 조사 분류의 한 원칙으로 제시되어 있다. 서태룡(1981)에서도 문법형태소의 기술은 '1형태 - 1의미'이어야 할 것을 말하고 있다.
12 주시경의 의미 해석 방법에 대해서는 고영근(1982)을 참조할 것.

2. {이}, {을}, {은}, 'ø'의 상관관계

2.1. {은}과의 교체항목으로서의 {이}와 {을}

{이}, {을}에 대한 전통적 견해는 그들을 각각 주격(조사), 대격(조사)이라 하여 격(조사)체계 속에서 파악하는 것이었다. 그러다가 격문법의 영향으로 내면격에 대한 인식을 하면서부터, 이들은 각각 주어표식(subject marker), 목적어표식(object marker)으로서, 내면격을 반영하는 {에}, {로}, {와} 등과는 구별되어야 한다는 주장이 대두되었다.[14] 그러나 이 두 견해는 {이}와 {을}이 문장 속의 체언이 가지는 통사론적 기능을 표시한다는 것을 전제로 하고 파악했다는 점에서는 일치하는 것으로 보인다. 그런데 {이}와 {을}은 체언뿐만 아니라, 부사 혹은 용언의 부사형에도 연결될 수 있고, 때로는 독립적인 문법단위가 될 수 없는 용언의 어간에까지 통합될 수 있다(임홍빈 1979)는 점을 생각한다면, 이들 조사에 대한 새로운 해석이 필요하게 된다.

(1) 나는 그 말이 싫지가 않았다.
(2) 그는 잠시도 가만히를 못 있어 했다.
(3) 가슴을 활짝 펴고 달려를 보라.
(4) 그의 인품이 그녀로 하여금 감격하게를 만들었다.
(5) 그림의 떡은 먹지를 못한다.

---

[13] 본고와 관련된 이론 및 방법에 대해서 필자는 많은 분들의 도움을 받았다. 본고에서 구체적으로 인용되었거나 암시를 준 논저들에 대해서는 참고문헌을 밝힘으로써 감사의 정을 표하겠거니와, 특히 여기에서 밝혀 사의를 표해야 할 분으로 지도교수이신 고영근 선생님, 본고를 끝까지 읽어 주시고 많은 미비점을 지적해 주신 안병희, 임홍빈 두 분 선생님, 그리고 언제나 격려를 아끼지 않으시는 이기문 선생님 및 여러 선생님들께 감사의 말씀을 드린다.
[14] 구체적인 연구사는 홍윤표(1979), 민현식(1982a)으로 미룬다.

(6) 비싸기는 하지만 우선 사고를 보자.
(7) 그분이 함께 하셔서 마음이 든든을 했다.

　(1)~(7)에서 밑줄 그은 것에 통합되어 있는 {이} 혹은 {을}을 격이나 통사론적인 기능을 하는 어떤 표식으로 보기는 어려울 것이다. 체언이 아닌 요소가 격을 가진다거나,[15] 혹은 주어나 목적어의 구실을 할 수 있다고 생각하기는 어려울 것이기 때문이다. 혹 (1)~(7)에서의 {이}와 {을}을 체언 뒤에 통합되는 {이} 및 {을}과 구별하여 기술하고자 할지도 모른다. 그러나 그러한 방법은 기술상의 한 방편은 될 수 있을지 모르겠으나, {이} 및 {을}의 기능에 대한 궁극적 해명이라고는 할 수 없을 것이다. 동일한 형태소를, 통합되는 선행어의 통사범주에 따라 구별한다는 것도 문제이지만, 체언 뒤에 통합되는 {이}, {을}이라 할지라도, {이} 혹은 {을}이 단순문 속에서 중출되기도 하고, 때로는 통사론적 기능을 하는 다른 조사들과 겹쳐서 나타나기도 하기 때문이다.

(8) 코끼리가 코가 길다.
(9) 최진사가 꽃분이를 며느리를 삼았다.
(10) 대구에가 사과가 많다.
(11) 영희는 반장으로보다는 부반장으로가 적당하다.
(12) 그는 여행 중에 고향에를 들렀다.

　체언 뒤에 통합되는 {이}와 {을}이라 할지라도, 이들을 주어 및 목적어와 관련시킬 때 (8)~(12)에 대한 설명이 쉽지 않다. 부사어가 아닌

15　Hockett(1958:234)에 의하면 '격은 명사를 동사와 관련된 구조성 속으로의 참여에 알맞도록 굴절시킨 형태'로 정의된다. Hockett의 이 정의에 의하면 체언이 아닌 요소 뒤에서도 연결될 수 있는 {이}나 {을}은 격(조사)일 수 없는 것이다.

성분으로 동일한 기능을 하는 말이 두 개 이상 나타난다든가, 하나의 요소가 동일한 차원에서 상이한 두 기능을 겸할 수 있다는 것은 개별 언어로서의 언어의 특성으로 돌리기에는 너무나 큰 논리적 괴리가 생겨나기 때문이다.

이러한 사정으로 우리는 {이}, {을} 등이 나타낸다고 했던 기능은 {이}, {을}이 아닌 요소, 곧 문장 속의 위치에 의해서 표시되는 것으로 보고[16] {이}와 {을}은 {은}과 대립하는 통보·화용부의 요소로 파악하려는 것이다.

(13) 영수는 온다.
(14) 영수가 위인전 읽는다.
(15) 달아맨 돼지 누운 돼지 나무란다.

(13)~(15)에서 밑줄 그은 부분은 {이}, {을} 없이도 모두 주어, 혹은 목적어 구실을 하고 있는데, 우리는 이것을 위치에 의해 그러한 기능이 보장되는 것으로 볼 수 있을 것이다. (15)의 경우, 만약 어순을 바꾸게 되면, 그것은 (15)와는 전혀 별개의 의미를 갖는다는 데서 우리는 위치의 통사론적 기능을 짐작해 볼 수 있다.

(15′) (*)누운 돼지 달아맨 돼지 나무란다.

(15′)는 (15)와는 명백히 다른 통보내용을 갖는다. 이것은 마치 '꽃집아가씨'라는 통합체에서 '꽃집'과 '아가씨'의 어순을 바꾸었을 때 생

---

16 위치가 통사론적인 기능을 표시할 수 있다는 것은 Martinet(1975:59) 참조, 정인상(1980:7-9)에도 A. Martinet의 이론이 소개되어 있다.

겨나는 차이와 유사하다. '꽃집아가씨'에서는 '꽃집'이 관형어가 되고, '아가씨꽃집'이라고 할 때는 '아가씨'가 관형어가 되는데, 그들이 각각 관형어임을 보장해 주는 것은 위치라고 할 수 있는 것이다. 마찬가지로 (15)에서는 '달아맨 돼지'가 주어, '누운 돼지'가 목적어가 되며, (15')에서는 그 역으로 되는 것은 문장 속의 위치에 의해서 그것이 표시된다고 할 수 있을 것이다.

이상에서 우리가 살펴본 바를 간단히 정리하면, 첫째, (1)~(12)의 예문들이 보여주는 바와 같이, {이}와 {을}은 각각 주어와 목적어를 표시하기 위한 충분조건이 될 수 없고, 둘째, (13)~(15)의 예문들이 보여주듯이, 그들 조사가 그와 같은 표시를 하기 위한 필요조건도 될 수 없다는 것이다.

그런데 우리는 (16), (16')와 같은 사실도 충분히 고려해야 할 것이다.

(16) 달아맨 돼지가 누운 돼지를 나무란다.
(16') 누운 돼지를 달아맨 돼지가 나무란다.

(16)은 (15)와 달리 어순이 바뀌어도 그 통보내용이 달라지지 않는다. (16')에는 주제화라는 또 다른 문법절차가 개재되어 있기는 하지만(후술), 어순에 관계없이 '달아맨 돼지가'는 주어의 구실을, '누운 돼지를'은 목적어의 구실을 유지하고 있다는 사실에서 {이}, {을} 등이 통사론적 어떤 기능과는 무관하다고 단언하기에 망설여지는 것이다. 만약 {이}와 {을}이 주어 및 목적어 표시와 어떤 관련성이 있다고 한다면, 우리는 그것을 Martinet(1961:121-122)의 설명처럼 단순히 {이}, {을}이 통사론적 기능 표시에 '도움을 준다'는 정도로 이해해야 할지, 아니면 {이}, {을}의 어떤 기능에 통사론적 기능이 '엉켜 있는' 것으로

이해해야 할지도 좀 더 검토를 해야 할 문제이다.[17] 여기서는 다만 {이}와 {을}의 기능을 통사론적인 기능에 한정시키는 선입견을 잠시 유보해 두고, 그들이 다른 조사들과 갖는 구조적 특성을 살펴봄으로써 새로운 해석의 가능성을 모색해 보기로 한다.

조사와 같은 문법형태소들은 그들 스스로가 어떤 경험내용(곧 의미)을 드러내지는 못한다. 이들은 경험을 표시하는 요소가 문맥과 맺을 수 있는 여러 가지 관계(relation)를 표시해 주거나, 아니면 어떤 요소가 표시하는 경험의 내용을 현실화하고 특수화하며 보완해주는 구실을 할 뿐이다.[18] 우리는 관계를 표시해주는 조사를 Martinet의 기능단소 (monéme fonctionel)로 이해할 수 있고, 후자의 구실을 하는 조사는 양태사(modalitè)로 파악할 수 있겠는데, 기능단소에 속하는 조사를 기능조사로, 양태사에 속하는 조사를 양태조사로 각각 부르기로 하겠다.

국어조사들 가운데 어떠한 것들이 기능조사이고, 어떠한 것들이 양태조사에 속하는 조사들인가 하는 것은 그들 조사의 구조적 양상을 고려하여 결정해야 할 것이다. 우리는 조사들의 구조적 양상을 이해하기 위하여 통합관계(syntagmatic relation)와 계열관계(paradigmatic relation)를 살펴보는 것이 효과적일 것으로 생각한다.

조사들의 구조적 양상을 살펴봄에 있어서 통합관계는 두 가지 측면으로 이용될 수 있다. 우선 임의의 조사가 통합될 수 있는 선행어의 통사범주가 고려의 대상이 된다. 임의의 한 조사가 기능조사이기 위해서는 그 조사와 통합관계에 놓이는 요소는 반드시 체언일 필요가 있다.

---

17 Martinet(1961, 김방한 역 1978:122)는 라틴어와 같이 일치가 있는 언어에서 양태사 '복수'의 signifiant/…es…nt/가 기능단소 '주격'의 signifiant과 서로 엉켜 있는 경우가 있음을 지적하고 있다.
18 Martinet(1961:110) 및 Mounin(1968, 오원교 역 1978:151) 참조.

국어의 부사어들은 문장 속으로의 통합에 있어서 어느 정도의 자율성(autonomie)을 가지거나('나는 학교를 간다.'라는 문장 속으로의 시간부사 '오늘'의 통합은 어떤 기능조사의 도움 없이도 '나는' 앞에, 혹은 '학교를'이나 '간다' 바로 앞에, 비교적 자유롭게 일어날 수 있다.), 아니면 '매우 빨리 달린다.'에서 '매우'처럼 위치에 의해서 그들의 기능이 표시되는 어휘들이다. 그리고 용언의 경우는 그들 스스로가 서술의 핵(noyau predicatif)이 되거나, 활용어미에 의해서 다른 요소와 통합되므로 기능조사의 도움을 별도로 요구하지 않는다.

통합관계로써 살펴볼 수 있는 또 다른 하나는 조사들이 서로 복합형을 구성하는 경우다. 만약 임의의 두 조사가 서로 통합관계에 놓일 수 있다고 한다면, 그 두 조사는 서로 다른 계열의 범주에 속해야 할 것이다.

한편 계열관계를 확인함에 있어서는 조사들의 배열순서가 이용될 수 있다. 만약 임의의 두 조사가 상호배타적 실현 위치에 있고, 또 배열순서가 같다고 한다면, 그 두 조사는 계열관계를 가진다.

이리하여 우리는 조사들을 분류하기 위한 기준을 (i)~(ii)와 같이 세울 수 있게 된다.

(ⅰ) 임의의 한 조사가 반드시 체언과만 통합될 수 있고, 그 조사가 통합된 통합체가 문장 속에 자율통합(syntagme autonome)을 하며, 또 자율통합을 위하여서는 그 조사가 'ϕ'와 교체할 수 없다고 한다면, 그 조사는 기능조사라 할 수 있다. 어휘적 의미(lexical meaning)를 갖지 않는 조사로서 앞서의 조건을 만족시키지 못하는 조사는 양태조사에 속한다.

(ⅱ) 임의의 두 조사가 상호배타적 선택 관계에 있고 또 배열순서가 같다면 그 두 조사는 같은 계열에 속할 것이다.

우리는 우선 (i)에 의해서 기능조사와 양태조사를 분류해낼 수 있다. 조사들 가운데서 체언과만 통합하는 것들로서는 {에}, {로}, {와}, {의} 등을 들 수 있다. 이들 가운데서 {에}, {로}, {와}는 'φ'와 교체하지 않으며(후술), 또 그들 조사가 통합된 통합체는 문장 속의 위치에 관계없이 어느 정도 자유롭게 나타날 수 있으므로 자율통합을 한다고 할 수 있다.

(17) 꽃이 <u>산에</u> 핀다.
(17′) <u>산에</u> 꽃이 핀다.
(18) 그 노인이 <u>바닷가로</u> 갔다.
(18′) <u>바닷가로</u> 그 노인이 갔다.
(19) 영수가 <u>영희와</u> 닮았다.
(19′) <u>영희와</u> 영수가 닮았다.

(17)~(19)에서 '산에', '바닷가로', '영희와' 등을 각각의 문장의 통보 내용을 바꿈이 없이, 통합되는 위치를 바꿀 수 있으므로, 그들을 자율 통합이라 할 수 있다. 따라서 {에}, {로}, {와} 등은 (i)에 부합되고, 그것들은 기능조사로 분류될 수가 있다. 한편 {의}의 경우, 이것이 비록 체언과만 통합하기는 하나 'φ'와 교체할 수 있다는 점을 생각한다면 기능조사로 볼 수는 없다. 우리는 {의}가 체언 뒤에서만 통합된다는 사실에 대해서는, 그것이 관형어 구성에만 나타난다는 분포상의 제약 때문인 것으로 생각한다. 나머지 조사들 가운데서 어휘적 의미를 갖지 않는 {만}, {도}, {이}, {을}, {은} 등은 체언이 아닌 요소들과도 통합될 수 있고, 'φ'와의 교체도 일반적으로 허용한다. 따라서 우리는 이들 조사는 양태조사로 분류할 수 있다. {의}도 앞서 말한 이유로 양태조사

에 속할 것이다.[19]

(ii)에 의해서, 기능조사와 양태조사는 더욱 세분될 수 있다. 이를 위하여 우리는 조사들 상호간의 통합관계를 조사해볼 필요가 있다 ((20) 참조). 우리가 기능조사로 분류한 {에}, {로}, {와} 등은 서로 통합될 수 있고, 배열순서도 다르므로 각각 다른 계열에 속해야 한다. 한편 양태조사들 가운데서 {이}, {을}, {은}, {의}는 배열순서가 같고 서로 배타적 선택을 하므로 동일한 계열에 속하는 것으로 볼 수 있다. 그런데 배열순서상으로 보면, {도}는 {만}과 같은 동아리에 묶일 수 있고, {이}, {을}, {은}, {의} 등과 함께 묶일 수도 있다. 그러나 {도}는 의미론적으로 전제와 관련하여 {만}과 밀접한 관련을 보이므로(채완 1977) {만}과 함께 파악해야 할 것이다.

(20) 조사들의 통합관계와 배열순서

배열순서 후/전	I	II	III	IV		V			
	에	로	와	만	도	이	을	은	의
에		에로	에와	에만	에도	에가	에를	에는	에의
로	X		로와	로만	로도	로가	로를	로는	로의
와	X	X		와만	와도	와가	와를	와는	와의
만	(만에)	(만으로)	X			만이	만을	만은	만의
도	X	X	X	X		X	X	X	X
이	X	X	X	X	X		X	X	X
을	X	X	X	X	X	X		X	X
은	X	X	X	X	X	X	X		X
의	X	X	X	X	X	X	X	X	

---

19 본고에서는 '에게, 에서, 이나, 이고 …'와 같은 복합형과 '까지, 마저, 조차, …'와 같이 어느 정도 어휘적 의미를 지니고 있는 조사들은 기술의 편의상 제외되었다. 이들 조사가 제외되더라도 본고의 내용에는 크게 영향을 미치지 않는다.

(20)은 세로축의 조사들이 가로축이 조사들보다 앞에서 통합되는 양상을 조사해 본 것이다. (20)이 보여 주듯이 대부분의 조사들은 일정한 배열순서를 유지하고 있으나 {만}의 경우는 항상 고정되어 있지는 않는 것 같다. 이것은 {만}이 접사와 조사 사이에서 동요(oscillation)를 보이기 때문인(고영근 1974) 것으로 생각된다.

이리하여 우리는 이들 조사를 (21)과 같이 분류할 수가 있다.

(21) 조사의 분류

    가. 기능조사 ┌ Ⅰ. 에
                   ├ Ⅱ. 로
                   └ Ⅲ. 와

    나. 양태조사 ┌ Ⅳ. 만, 도
                   └ Ⅴ. 이, 을, 은, 의

이제 우리는 본래의 목표로 돌아가서 {이}, {을}, {은}의 상관관계를 살펴보기로 하겠다. (20)에 의하면 {이}, {을}, {은}, {의}는 동일한 의미 범주에 있을 것으로 기대된다. 그런데 {의}의 경우, 앞에서 언급한 바와 같이 관형어 구성에서만 나타나며, 나머지 조사들 가운데 어느 것과도 교체하지 않기 때문에 {이}, {을}, {은} 등과는 구별된다. 또 {이}, {을}, {은} 가운데 {이}와 {은}은 서로 교체하지만, {이}와 {을}은 일반적으로 교체하지 않는다.

                 {가}   {*이}
(22) 꽃집아가씨 {*을} 꽃 {을} 판다.
                 {는}   {은}

(22)는 {이}, {을}, {은} 교체관계를 보여 주고 있는데, (22)가 보여주듯이 {이}와 {을}이 서로 교체하지 않는다는 사실은 명백히 통사론적인 의미를 지닌다. 따라서 우리는 {이}, {을}, {은}을 통사론적인 어떤 조건에 의해서 {이}와 {은}, {을}과 {은}이라는 두 개의 계열로 나누어 볼 수 있을 것이다. 그러나 {이}와 교체하는 {은}이, {을}과 교체하는 {은}과 구별될 수 없는 동일한 것이라고 한다면, 이들은 교체가 어떤 의미를 가지는 통보·화용부에서는 {이}와 {을}을 결국은 동일한 기능을 수행하는 요소로밖에 볼 수 없을 것이다. 이것은 마치 형태부에서 하나의 형태소인 {이}가 음운부에서는 음운론적 조건에 의해 /이/와 /가/로 나누어질 수 있는 것과 마찬가지로, 통보·화용부에서 동일한 기능을 하는 {이}와 {을}이 통사부의 어떤 조건에 의해서 구별되는 것으로 설명할 수 있을 것이다. 이리하여 우리는 필요한 경우, {은}을 통보·화용부의 요소라는 의미로서 [은으로 표시하기로 하고, 그 [은과 교체하는 {이}와 {을}을 함께 묶어 [이 | 을로 표시하기로 하겠다. [이 | 을에서 ' | '는 {이}와 {을}의 구별이 통사부의 어떤 조건에 매여 있다는 것을 나타낸다. 결국은 {이}, {을}, {은}은 통보·화용부에서 [이 | 을과 [은이 서로 교체하는 하나의 체계를 이룬다고 할 수 있을 것이다.

2.2. {이}, {을}, {은}의 체계와 'ϕ'

우리는 앞에서 [이 | 을과 [은은 서로 교체한다고 하였는데, 이 말은 화자가 통보상의 필요에 의해, 주어진 위치에서 그들 가운데 어느 하나를 선택한다는 말과 같다. 화자는 [이 | 을과 [은 가운데 어느 하나를 선택함으로써 어떤 의미를 표현하게 될 것이다. 그 같은 화자의 선택 행위에서, 우리가 이론적으로 생각해 볼 수 있는 것은 화자가

그들 가운데서 어느 것도 선택하지 않음으로써 그것에 상응하는 어떤 의미를 표현할 수도 있으리라는 것이다. 우리는 화자의 이 같은 선택 행위를 'ϕ'라 부르기로 하겠는데, 이 'ϕ'는 교체항목 [이 | 을과 [은 가운데서 어느 것도 선택하지 않았다는 것을 의미하는 것이다. 여기서 우리는 집합론(set theory)의 개념에 기대어 이 'ϕ'도 [이 | 을, [은이 이루는 체계의 한 요소로 파악하고 그것을 [ϕ]로 표시하기로 한다. 결국 {이}, {을}, {은}은 통보·화용부에서 [이 | 을, [은, [ϕ]를 교체항목을 가지는 하나의 체계를 이루는 것으로 이해될 수 있다.

'ϕ'에 대한 이상과 같은 이해를 바탕으로 하면, 'ϕ'의 인식범위는 화자가 통보상의 필요에 의해 선택하는 언어재료에 한정되어야 하며, 그것도 체계 속에서만 파악되어야 할 것이다. 기능조사와 같은 언어재료는 통보상의 필요에 의해 선택된다기보다는 문장의 의미 구조 및 문법구조에 의해 선택되는 것이므로 'ϕ'가 인식될 수 없으며, 또 실제로 그들은 'ϕ'와 교체하지 않는다.

(23) 영수가 학교ϕ 간다.
(24) 가. 영수가 학교에 간다.
    나. 영수가 학교로 간다.
    다. 영수가 학교를 간다.

흔히 (23)에서의 'ϕ'를 {에}, {로}, {을} 가운데 어느 하나가 생략된 것으로 보고, (23)을 (24)의 세 문장과 대응시키는 경우가 있다. 그런데 만약 (23)의 'ϕ'가 {에}, {로}, {을} 등이 생략된 것이라고 한다면, (23)은 적어도 (24)의 세 문장이 표시하는 세 가지 이상의 다른 의미를 가져야 할 것이다. 그러나 실제의 언어생활에서 (23)의 표현은 어떠한 중의성도 가지지 않는다. 더욱이 (23)의 'ϕ'를 생략으로 처리하면 복원성(recoverability)에 있어서 문제가 생겨난다. 우리는 (23)의 'ϕ'가 {에}, {로}, {을} 가운데 어느 하나로 쉽게 복원되리라고 생각하지 않는다. 복원되지 않는 생략이란 언어의 통보기능과 관련시켜 볼 때 지극히 비효과적인 언어행위가 될 것이다.

이러한 이유로 우리는 (23)의 'ϕ'를 어떤 조사의 생략으로 보지 않으며, 그것 자체로서 하나의 가치를 인정하려는 것이다.[20] 그리고 (23)의 문장이 대응하는 것도 (24)의 세 문장 모두를 상정하는 것이 아니라 (24다)와만 대응하는 것으로 파악한다. 실제로 우리가 {에}, {로}, {와} 등이 생략될 수 있다고 하는 위치를 검토해 보면, 대부분의 경우 그 위치에서는 {이}나 {을}이 실현될 수 있음을 확인할 수 있다.

① {에}와 'ϕ'

   (25) 꽃분이가 시집{에, 을, ϕ} 간다.
   (26) 꽃분이가 시집{에, 을, ϕ} 산다.
   (27) 봉황은 벽오동{에, *을, *ϕ} 앉는다.
   (28) 영수를 10시{에, *을, *ϕ} 만났다.
   (29) 양약은 입{에, *을, *ϕ} 쓰다.
   (30) 농부들이 가뭄{에, *을, *ϕ} 시달린다.

(25)~(30)은 {에}의 자리에서 'ϕ'에 실현이 {을}의 실현과 밀접한 관계에 있음을 보여준다. (25)~(26)에서 'ϕ'가 실현될 수 있으면 {을}도

---

20 'ϕ'의 가치를 적극적으로 인정하려고 한 논의로서 우리는 안병희(1966)의 '부정격'을 들 수 있다. 본고에서 'ϕ'에 대한 파악은 안병희(1966)에 힘입은 바 크다.

실현될 수 있고, (27)~(30)에서는 'ϕ'가 실현될 수 없으면 {을}도 실현되지 않음을 알 수 있는 것이다. 우리는 이것을 '가다' 동사와 '살다' 동사로서 좀 더 세밀하게 검토해 보기로 하자.

 (31) 암스트롱은 지구인으로서는 최초로 달{에, *을, *ϕ} 갔다.
 (32) 꽃분이는 심부름을 학교{에, ?*을, ?*ϕ} 갔다.
 (33) 졸업생들의 일부는 동창회가 끝난 후 모교{에, *을, *ϕ} 갔다.
 (34) 그는 면회하러 감옥{에, *을, *ϕ} 갔다.

(31)~(34)는 'NPα 가다'의 표현에서 α가 {을}이나 'ϕ'로 실현될 수 없는 경우인데, 이것은 NP가 구체적으로 간 장소를 나타내기 때문인 것으로 보인다.

 (35) 꽃분이는 가정형편에도 불구하고 서울로 학교{?*에, 을, ϕ} 갈 결심을 굳혔다.
 (36) 장발장은 빵 한 조각을 훔친 죄로 10년 동안 감옥{?*에, 을, ϕ} 갔다.

(35)~(36)은 (31)~(34)와는 달리 {에}가 실현될 수 없거나, 실현되면 부자연스러운 경우이다. 이것은 (35), (36)에서 '학교' 및 '감옥'이 어떤 구체적인 장소로서보다는, 그들과 관련된 어떤 속성을 문제 삼고 있기 때문인 것으로 보인다. (32)에서의 '학교'는 '심부름을 가는' 장소로서 둘 다 goal임에 비해 (35)의 '학교'가 '서울로 가는' 장소일 수 없고 (36)의 '감옥'도 '10년 동안 가는' 장소일 수 없으며, goal일 수는 더욱 없는 것이다. (35)의 '학교'나 (36)의 '감옥'은 '구경(을) 가다'류의 표현체에서 '구경'과 동일한 의미론적 기능을 하는 것으로 보인다. 이러한

사실은 (37)이 보다 분명하게 보여준다.

(37) 작년에 시집₁{*에, 을, ∅} 간 꽃분이는 아직 한 번도 시집₂{에, *을, *∅} 가지 않았다.

(37)에서 '시집₁'은 그것이 결코 '시가(媤家)'라는 장소를 의미할 수는 없다. 일반적으로 '시집가다'를 합성어로 처리하듯이 '시집(을) 가다' 전체가 '결혼하다'라는 하나의 의미를 가질 뿐이며, '시집'과 '가다'가 따로 인식되지는 않는 것이다.

이러한 점들을 고려한다면, 'NPα 가다'에서 비록 α가 {에}, {을}, '∅' 어느 것으로 실현될 수 있다고 하더라도 'NP∅ 가다'는 'NP을 가다'와만 대응되는 표현이라 할 것이다.

'NPα 살다'에서도 동일한 현상을 관찰할 수가 있다.

(38) 항아는 달{에, *을, *∅} 산다.
(39) 영희는 시부모님과 함께 시집{에, *을, *∅} 산다.
(40) 영희는 엄한 과장 밑에서 시집{*에, 을, ∅} 산다.

(38)에서는 '달'은 '살다' 동사와 관련하여 장소 외의 어떤 것으로도 파악되지 않는다. (39)에서의 '시집'도 '시부모님과 함께'라는 표현이 장소일 것을 요구하고 있다. 이때는 물론 {을}도 '∅'도 실현될 수 없다. 반면 (40)의 '시집'은 '과장 밑에서'라는 표현에 의해서 장소로서의 의미는 배제되고 있고, 이때 {에}의 실현을 불허하는 것이다. 따라서 우리는 'NP에 살다'와 'NP(을) 살다'는 각각 별개의 표현으로 보아야 할 것이며, 이러한 맥락에서 (41)~(43)도 이해해야 할 것이다.

(41) 영수는 남의 집{에, 을, ∅} 산다.
(42) 그는 셋방{에, 을, ∅} 산다.
(43) 그는 감옥{에, 을, ∅} 산다.

(41)~(43)에서 'NP에 살다'와 'NP(을) 살다'는 구별되는 표현으로서 전자의 경우 '남의 집', '셋방', '감옥' 등은 '사는 장소'를 의미하지만, 후자의 경우는 각각 '남의 집 살이(고용살이)를 하다', '셋방살이를 하다', '감옥살이를 하다' 등의 의미로 쓰이는 것이다.[21]

그런데 NP가 구체적인 지명을 나타내는 경우 'NP을 살다' 표현은 그렇게 자연스러워 보이지는 않는다.

(44) 영수가 서울{에, ?을, ∅} 산다.

그렇기는 하지만 '서울에 살다'와 '서울∅ 살다'의 의미 차이는 먼 것 같지 않다. 곧 '서울에 살다'는 거주지가 '서울'이라는 의미를 가지지만 '서울∅ 살다'는 '서울살이(서울생활)를 하다'라는 의미를 가지는 것이다.[22]

이와 유사한 의미 차이를 우리는 '서울에 있다'와 '서울∅ 있다'에서도 볼 수 있다.

(45) 영수는 서울{에, ?*을, ∅} 있다.

---

21 "셋방(을) 살다"류의 'NP(을) 살다' 구성에서 NP의 의미론적 기능은 '머슴(을) 살다'에서 '머슴'이 결코 장소를 의미할 수 없음(예 : *머슴에 살다)에 비추어 볼 때 '셋방(을) 살다'는 '셋방에 살다'와 구별되어야 하며, 또한 전자의 '셋방'이 장소를 의미하는 NP가 아님이 분명하다.

22 '?서울을 살다'류의 표현이 그렇게 자연스러운 것은 아니지만 '서울의 문화, 서울의 낭만 등을 즐기며 생활한다.'라는 의미로서는 그렇게 불가능한 것만도 아닌 것 같다.

(45)의 경우 'φ'에 대응하는 {을}의 성립이 의심스럽기는 하지만, {에}가 통합되었을 때와 'φ'가 선택되었을 때의 의미 차이는 (44)에서의 그것들의 차이와 다름없어 보인다. '서울에 있다'의 '서울'은 거주지(소재지)를 나타내지만 '서울φ 있다'는 '서울생활을 하고 있다'의 의미가 강한 것이다.

    (46) 남대문은 서울{에, *을, ?*φ} 있다.
    (47) 영수는 지금 마당{에, *을, *φ} 있다.

(46)에서는 (45)와 달리 'φ'가 허용되지 않는데, 그것은 '남대문'이 무정물이기 때문인 것으로 보인다. '서울φ 있다'가 '서울생활을 하다'로 해석되는 한 그것의 주어는 무정물일 수는 없을 것이다. 한편 (47)의 경우는 (46)과 달리 '마당생활'이라는 것을 구체적으로 상정하기 어려운 것에 기인하는 것으로 보인다. '서울생활'이라는 것은 '서울'이라는 장소에서의 생활이 아니라 '서울'이 내포하는 '도회지적인 생활'을 뜻하는 데 비해(각주 22 참조), '마당'은 그것이 장소 외의 어떠한 것도 내포하기 어려운 것이다.

그런데 NP 앞에 지시어가 올 때 또 다른 문제가 생겨난다.

    (48) 영수가 골목{에, *을, *φ} 산다.
    (49) 영수가 집{에, *을, *φ} 산다.
    (48′) 영수가 이 골목{에, *을, φ} 산다.
    (49′) 영수가 저 집{에, *을, φ} 산다.

(48), (49)에서는 'φ'의 실현을 불허하고 있지만 (48′), (49′)에서는 아무런 조사 없이도 '이 골목', '저 집' 등이 각각 '살다'에 통합될 수

있다. 이 경우 우리는 (48′)와 (49′)를 (45)와 마찬가지로 처리할 수 있을 것인가 하는 문제가 생겨난다. 결론부터 말한다면 (48′) 및 (49′)는 (45)와 같은 경우가 아니라는 것이다. (48′), (49′)에서 편의상 표시한 'ϕ'는 실제로 우리가 말하는 'ϕ'가 아닌 것이다. 이것은 (44)에서 '서울'이 자율성을 갖지 못하는 데 비해 (48′), (49′)에서 '이 골목'과 '저 집'은 자율성을 어느 정도 갖는 것으로 보이기 때문이다.

(48″) 이 골목 영수가 산다.
(49″) 저 집 영수가 산다.

그러므로 우리는 오히려 왜 자율성을 갖지 못하는 '골목', '집' 등이 지시어 '이', '저' 등이 통합됨으로써 자율성을 갖게 되는가에 더 관심을 가져야 할 것이다. 이것은 '이', '저' 등이 통합되면 '골목', '집' 등의 장소성이 더욱 부각되기 때문인 것으로 보인다. 실제로 통보상황에서 '이 골목'과 '저 집'은 각각 '여기', '저기'와 같은 지시어로 바뀌어도 전혀 문제가 생겨나지 않는다는 점이 이것을 뒷받침해 준다.

(48‴) 영수가 <u>여기</u> 산다. / <u>여기</u> 영수가 산다.
(49‴) 영수가 <u>저기</u> 산다. / <u>저기</u> 영수가 산다.

(48‴)과 (49‴)에서 지시어 '여기', '저기' 등이 자율성을 갖는 어휘들임은 재언을 요하지 않는다.[23]

---

23 '여기, 저기, …'와 같은 지시어들이 자율성을 가진다는 것은 정인상(1980:7-8) 참조.

② {로}와 'ϕ'

{로}가 생략되었다고 하는 자리에서의 'ϕ'도 {에}에서와 다를 바 없는 것으로 보인다.

  (50) 올챙이가 개구리{로, 가, ϕ} 된다.
  (51) 맹진사는 꽃분이를 며느리{로, 를, ϕ} 삼았다.
  (52) 영수는 무작정 서울{로, 을, ϕ} 갔다.
  (53) 영수는 정처없이 동쪽{으로, *을, *ϕ} 갔다.
  (54) 황무지가 옥토{로, *를, *ϕ} 변했다.
  (55) 그분은 새벽차{로, *을, *ϕ} 떠났다.
  (56) 기자단은 K선수를 MVP{로, *을, *ϕ} 뽑았다.

(50)~(52)는 'ϕ'가 실현될 수 있는 자리에서 {이}나 {을}이 실현될 수 있음을 보여주고, (53)~(56)은 'ϕ'가 실현될 수 없으면 {을}도 실현될 수 없음을 보여준다. 이것은 (50)~(52)에서의 'ϕ'도 {로}의 생략이 아니고, 앞에서 상정한 대로, {이}나 {을}과 교체하는 'ϕ'로 보아야 한다는 것을 의미한다.

③ {와}와 'ϕ'

  (57) 그이는 큰 바위 얼굴{과, 을, ϕ} 닮았다.
  (58) 영수는 영희를 영이{와, *을, *ϕ} 혼동했다.
  (59) 영수는 할머니{와, *을, *ϕ} 산다.
  (60) '아'는 '어'{와, *을, *ϕ} 다르다.

{와}의 자리에서도 {이}나 {을}이 실현될 수 있는 곳에서만 'ϕ'가 실현될 수 있다는 것은 앞서의 관찰과 크게 다르지 않다. 다만 현대국어에

서 (61)과 같은 예가 문제가 될 것이다.

(61) 영수가 곰{과, *이, ϕ} 같다.

그러나 우리는 (61)에서도 앞서와 같은 견해를 견지한다. 'NP와 같다'는 'NPϕ 같다'와 의미론적인 차이를 보일 뿐만 아니라, 현대국어에서는 'NPϕ 같다'에 대응하는 'NP이 같다'가 존재하지 않지만 중세국어에서는 'NP₁이 NP₂이 ᄀᆞᇀ다'라는 표현이 존재하기 때문이다.[24] 다만 우리가 문제로 삼는 것은 현대국어이기 때문에 이 경우 'NPϕ 같다'는 중세국어의 'NP₂이 ᄀᆞᇀ다'에 대응하는 'NP₂ϕ ᄀᆞᇀ다'가 그대로 굳어진 실용적 표현으로 처리할 수 있으리라 본다.

④ {은} 앞에서의 {에}, {로}, {와}와 'ϕ'
우리는 앞에서 'ϕ'가 {에}, {로}, {와} 등의 생략형일 수 없다는 것을 살펴보았는데, {은} 앞에서 조사가 생략될 수 있다는 것에 대해서도 마찬가지 입장에 선다.

(62) 가. 산에는 나무가 많다.
나. 산은 나무가 많다.
(63) 가. 나무가 산에는 많다.
나. *나무가 산은 많다.

{은}은 앞에서 {에}의 생략을 인정하게 되면 (62)에서는 {에}의 생략은 수의적이 되며, (63)의 경우에는 {에}가 생략되면 비문법적이 되므

---

24 김완진(1970) 참조.

로 그것의 생략을 금지하는 어떤 규칙을 설정해야 할 것이다. 여기에다가 만약 {이}, {을}의 생략까지 인정하게 되면, 그것은 필수적인 것이 되어야 할 것인데, 이렇게 되면, {은} 앞에서의 조사 생략을 국어문법 속에서 규칙화하는 작업은 지난(至難)한 일이 될 것이다. 우리는 앞에서 'ϕ'를 조사생략으로 보지 않았던 것처럼 {은} 앞에서의 조사생략이라고 하는 것도 달리 해석된다.

    (62′) 가. 산에 나무가 많다.
           나. 산이 나무가 많다.
    (63′) 가. 나무가 산에 많다.
           나. *나무가 산이 많다.

  (62′가, 나) 및 (63′가, 나)는 (62가, 나)와 (63가, 나)에 각각 대응하는 문장이라 할 수 있다. 그리하여 우리는 (62나)의 '산은'에서 {에}가 생략된 것이 아니라 {은}이, {이} 또는 'ϕ'와 교체한 것으로 보는 것이다. 이것은 (63나)와 (63′나)의 관계에서 뒷받침될 것이다. (63나)가 비문법적인 것은 (63′나)와 동일한 방법으로 설명되어야 한다. 이 둘은 생략될 수 없는 {에}가 {은과 {이} 앞에서 각각 생략됨으로써 비문법적인 것으로 되었다 할 것이다.
  마찬가지로 우리는 {은} 앞에서의 {로}와 {와}도 생략될 수 없는 것으로 본다.

    (64) 영수가 첫차로는 오지 않을 것이다.
    (64′) *영수가 첫차는 오지 않을 것이다.
    (65) 너와는 놀지 않겠다.
    (65′) *너는 놀지 않겠다.

이상에서 우리는 'φ'를 조사생략으로서가 아니라. [이 | 을, [은과의 교체체계 속에서 파악되어야 할 것임을 살펴보았다. 여기서 우리는 어린아이의 말투나, 국어에 익숙하지 못한 외국인의 말투에서 볼 수 있는 '조사생략'에 관해서 간단히 언급하고 넘어가기로 하겠다. 어린아이나 외국인들의 경우 언어습득 과정상 [이 | 을, [은, [φ]와 같은 정교한 체계를 정확히 익혔다고는 보기 어렵다. 그렇기 때문에 그들의 말투에 나타나는 조사생략은 진정한 의미로서의 조사생략이라고 할 수 있을지도 모른다. 그러나 그 생략도 국어문법이 허용하는 범위 안에서만 가능한 것이다. {에}, {로}, {와와 같이 생략될 수 없는 기능조사를 생략하게 되면 그것은 결코 온전한 문장이 될 수 없는 것이다. 우리는 이 사실을 김동리의 「무녀도」에서 외국인 선교사의 말을 인용하여 살펴보기로 하자.

(66) 여러 부모 형제 자매 우리 서로 보게 된 것 하나님 <u>앞에</u> 감사 드릴 것이요. 하나님, 우리를 만들었소. 매우 사랑했소. 우리 모두 죄인올시다. 우리 마음 속에 매우 흉악한 것 뿐이오. 그러나 예수 우리 위해 <u>십자가에</u> 못 박혔고. 그러므로 예수 그리스도 <u>믿음으로</u> 우리 구원 받을 것이오. 우리 매우 반가운 <u>뜻으로</u> 찬송 할 것이오. 하나님 <u>앞에</u> 기도 드릴 것이오. (밑줄-필자)

(66)에서 아무런 조사 없이 체언들이 문장 속에 직접 통합된 것들은 우리가 말하는 교체체계 속에서의 'φ'가 아님에 대해서는 별다른 설명을 요구하지 않는다. 다만 우리가 (66)에서 주목하는 것은 밑줄 그은 '앞에', '십자가에', '믿음으로', '뜻으로' 등에서는 조사 {에}, {로} 등이 실현되고 있다는 사실이다. 이것은 그들 조사가 화자의 선택범위 안에

있는 것이 아니라 국어문장의 문법구조 안에 있음을 시사해 주는 것이라는 앞서의 우리 주장을 뒷받침해 주는 예라고 할 수 있을 것이다.

3. {이}, {을}, {은}, '∅'의 기능

3.1. 통보기능량과 {이}, {을}, {은}, '∅'

문장 속의 각 요소는 필연적으로 그 문장 속의 다른 요소들과 관계를 맺게 된다. 그러나 그 관계는 우리가 문장을 어떠한 층위에서 바라보느냐에 따라 달라질 것이다.

　　(67) 농부는 농사를 짓는다.

문장의 의미구조층위에서 보면 (67)의 '농부', '농사', '짓다' 등은 각각 동작주(agent), 수동자(patient), 동작(action)의 기능으로 (67)의 문장에 참여하고, 문장의 문법구조층위에서 보면 '농부는', '농사를', '짓는다'는 각각 주어, 목적어, 서술어의 기능으로 문장에 참여하고 있다고 할 수 있다. 한편 발화조직층위에서 (67)의 문장을 보게 되면 '농부는', '농사를', '짓는다'는 각각 (67)의 통보행위에 기여하는 기여도로서 그들 사이의 관계가 파악될 수 있다. 이를테면 기여도가 낮은 요소를 주제어로 파악하고 높은 요소를 설명(comment)으로 파악하는 것 등이 발화조직층위에서 문장의 요소들의 기능을 파악하는 일이 되는 것이다.[25]

이러한 생각을 바탕으로, 우리는 발화조직층위에서 {이}, {을}, {은}, '∅' 등의 기능을 문장 속의 각 요소들의 갖는 통보기능량과 관련시켜

25　Daneš(1964), Dik(1978:13-14) 참조.

파악해 보려는 것이다. 여기서 우리는 통보기능량이라고 하는 것은 프라그학파에서 말하는 CD(communicative dynamism)와 같은 의미이다.[26]

물음과 대답의 형식으로부터 이 관계를 살펴보기로 하자.

(68) A : 영희가 누구니?
    B : 영희는 영수 동생이다.
(69) A : 누가 영희니?
    B : 영수 동생이 영희다.

(68B) 및 (69B)에서 '영희'의 통보기능량은 '영수 동생'이 갖는 통보기능량보다 작다고 할 수 있다. 왜냐하면 '영희'는 물음 속에 '주어진' 요소이고, '예측가능'한 '옛 정보'인 반면, '영수 동생'은 '이야기(discourse) 속에 등록'[27]된 요소가 아니며, 따라서 '예측 불가능'한 '새 정보'이기 때문이다. 그런데 여기서 우리가 주목하는 점은, (68B)에서 통보기능량이 낮은 요소인 '영희' 다음에서는 {은}이 선택된다는 사실이다. 우리는 이 사실을 좀 더 일반화하기 위하여 '영희α 오다'에서 α의 선택이 어떻게 결정되는가를 살펴보기로 하자.

(70) (영수가 아니라,) 영희 {가/*는/*φ} 온다.

---

26 앞의 각주 7 참조.
27 Kuno(1973:39) 참조.

                {가}
(71) (누군가 온다면,) 영희 {*는} 오겠지.
                {*φ}

(70)을 발화하는 화자의 통보의도(communicative intention)는, 괄호 속의 표현으로 미루어볼 때, '누군가가 온다'는 사실을 알려주려는 것에 있는 것이 아니라, '오는 사람이 누구인가'를 알려주려는 데 있다고 할 것이다. 그렇기 때문에 (70)의 통보행위에서 '영희'는 '오다'보다 더 큰 통보기능량을 가지며, 이때 {이}가 선택된다. 한편 (71)은 화자가 추정한 바를 알려주는 발화체라 할 수 있다. 그렇기 때문에 추정의 세계 속에 들어오는 요소가 다른 요소보다 통보기능량이 더 크리라는 것은 기정의 사실이라 할 것이다. 그런데 (71)에서 추정의 세계 속에 들어오는 요소는 '영희'뿐이다.

'오다'는 괄호 속의 표현에 이미 전제되어 있기 때문이다. 따라서 (71)에서 '영희'는 '오다'보다 통보기능량이 더 큰 요소이고, 이때 {이}가 선택되는 것이다.

                {(*)가}
(72) (내가 바쁠 때만 골라서,) 영희{는}   온다.
                {*φ}

                {*가}
(73) (다른 사람은 몰라도,) 영희{는}   오겠지.
                {*φ}

(72)가 불평을 나타내는 발화일 때는 일반적으로 {은}이 선택될 것이

다. '나의 바쁜 상황'에 문제가 되는 것은 '오는 사람이 누구냐'에 있지 않고 누가 오든 '오는 행위' 그 자체가 문제가 된다면, '영희'보다는 '오다'가 더 큰 통보기능량을 갖겠기 때문이다. 물론 이때, '오는 사람'이 문제가 된다면 {이}가 선택될 수도 있을 것이다. 한편 (73)은 (71)에서와는 달리 추정의 세계 속으로 들어오는 요소는 '오다'가 된다. 괄호 속의 '다른 사람'이라는 표현은 '영희'가 포함된 무리 가운데서 '영희'를 제외한 나머지 사람을 나타내므로 '영희'는 주어진 정보라 할 수 있는 것이다. 그렇기 때문에 '-겠'이 표시하는 추정의 대상은 '영희의 행위'이지 '오는 행위의 주체가 누구냐' 하는 데 있지 않다. 따라서 (73)에서의 '영희'는 '오다'보다 통보기능량이 더 낮다고 할 수 있으며, 이때 {은}을 선택하는 것이라 하겠다.

그러면 'ϕ'는 어떠한 조건에서 선택되는가? 이미 앞에서 언급한 바와 같이 [ϕ]는 [이 | 을과 [은 가운데서 어느 것도 선택되지 않는다는 의미이므로, 'ϕ'의 선택조건도, {이}나 {은}이 선택될 수 없는 조건과 일치할 것이다. 그런데 {이}나 {은}이 선택될 수 없는 조건은 두 요소 사이의 통보기능량이 동일할 때뿐이다.

(74) A : 누가 왔어요?
　　　　　{(*)가}
　　 B : 응, 영희{*는} 왔어
　　　　　{ϕ}

(74A)의 물음은 '누군가가 왔는지, 왔다면 온 사람이 누구인지'를 동시에 묻고 있는 것으로 보인다.[28] 그리하여 (74B)의 대답에서 '영희

28　(74B)의 의문문에 대해서는 일반적으로 '누(구)'를 부정칭으로 보아, 판정의문으

와 '오다'는 둘 다 청자에게서는 예측할 수 없는 정보가 되어, 화자의 판단여하에 따라서는 그 두 요소의 통보기능량을 동등하게 판단할 수도 있을 것이다.[29] 이때 물론 (74B)의 화자는 물음 속의 부정칭 '누(구)'에 이끌려 '영희' 쪽의 통보기능량을 더 크게 평가할 수도 있을 것이다. 이때는 {이}의 선택도 배제되지 않는다.

(75) 울면, 호랑이 {(*)가 / ϕ / *는} 온다.

(75)의 발화를 위하여, '울면, 무엇이 오니' 혹은 '울면, 호랑이가 어떻게 하니?'와 같은 의문문을 상정해보는 것은 적절한 것 같지 않다. 이것은 (75)에서 '호랑이'나 '오다'가 어떤 것에 의해서도 전제되지 않은 요소임을 의미한다. 이 경우 '호랑이'의 통보기능량은 기본분포에

로 처리한다. 그러나 (74A) 유형의 물음에 대한 대답 속에 부정사에 대응하는 정보가 결여되면 불충분한 대답이 된다는 점에서 일반적인 판정의문문과는 차이가 난다.
A : 어디 가십니까?
B : (가) ?*응.
　　(나) ?*응, 가네.
　　(다) 응, 부산 가네.
이것으로 미루어 보면 (74A) 유형의 의문문은 단순히 판정의문문으로서의 구실만 하는 것이 아니고 설명의문문의 구실도 겸하고 있는 것으로 보인다.

29　Firbas(1964)에 의하면 문장 속의 각 요소는 CD의 정도에 있어서 차이가 난다고 한다. Firbas의 이 가설에 충실하기 위하여 'ϕ'로 통합된 구성체를 통보·활용부에서는 하나의 요소로 파악하는 방법도 있을 수 있을 것이다. 그러나 그렇게 되면 통사부에서는 세 개의 요소로 파악되는 '나ϕ 밥ϕ 먹어.'와 같은 구성체는 통보·활용부에서는 단일 요소로 파악되어 불일치가 생겨난다. 그 역의 경우도 있을 수 있는데, 예컨대 '깨끗하다'는 통사부에서는 단일한 요소로 다루어질 가능성도 있는 것이다 (예 : 깨끗 하다). 이러한 사실은 통사부 및 형태부를 통보·활용부와의 유기적 관련 하에서 다루어야 할 것임을 말해준다.

의해 (3.2. 참조) '오다'보다 높은 것으로 평가되거나, 아니면 '위협'이라는 (75)의 언표내적 효력(illocutionary force)을 더욱 효과적으로 수행하기 위하여 양자의 통보기능량을 동일하게 파악할 수도 있을 것이다. 우리는 후자의 경우 'ϕ'가 선택되는 것으로 본다.[30]

지금까지 우리는 {이}, {은}, 'ϕ'의 선택조건을 통보기능량과 관련시켜 살펴보았는데, {을}이 나타날 수도 있는 자리에서 {을}, {은}, 'ϕ'의 선택조건도 크게 다르지 않다.

(76) A : 무엇을 먹니?
　　 B : 사과를 먹어.
(77) A : 사과를 어떻게 했니?
　　 B : 사과는 먹었어.
(78) A : 무엇 하니?
　　 B : 사과ϕ 먹어.

(76A)에서는 먹는 대상을, (77A)에서는 '사과'에 가해진 어떤 행위를 묻고 있으며, (78A)에서는 사태(state-of-affairs) 전체를 묻고 있다. 이것은 (76A)의 물음이 'B가 X를 먹고 있다.'는 것을 전제하고 있고, (77A)의 물음이 'B가 사과를 가지고 있었다'는 것을 전제한 것임에 비해 (78A)의 물음은 그와 같은 전제는 상정되지 않는다는 사실에서도 알 수 있다. 따라서 (76B)의 경우, 물음 속에 전제된 '먹다'보다는 '사과'의 통보기능량이 더 크다고 할 수 있으며, (77B)는 그 역이 될 것이다. 반면 (78B)의 경우는 '사과'와 '먹다' 두 요소 모두 어느 것도

---

[30] 이것은 'ϕ'가 현장 지시적이고 직접성이라는 양태적 의미를 가지는 것(3.4. 참조)과 무관하지 않은 것 같다. '지금 이리로 호랑이가 오고 있다'고 한다면 위협의 효과는 더욱 증대될 것이다.

전제되지 않았으므로 화자는 통보기능량을 동등하게 평가할 수 있을 것이다. 이상의 경우 '사과'와 '먹다'의 통보기능량의 비교에서 전자가 더 클 때에는 {을}, 후자가 더 클 때는 {은}, 두 요소의 통보기능량이 같을 때는 'φ'이 선택된다는 점은 {이}의 경우와 다르지 않다. 이것은 우리가 앞에서 {은}과의 교체라는 의미에서 {이}, {을}을 동일한 요소로 파악했던 한 근거가 된다.

지금까지의 관찰을 토대로 [이 | 을, {은}, [φ]의 선택조건을 (79)와 같이 나타내기로 한다.

(79) Y가 서술의 핵인 통합체 'XαY'에서
    가. XCD 〉 YCD   이면 α는 [이 | 을]
    나. XCD 〈 YCD   이면 α는 [은]
    다. XCD = YCD   이면 α는 [φ]
       (단, XCD 및 YCD는 각각 X, Y의 통보기능량을 표시함)

우리는 지금까지 α자리가 하나뿐인 통합체에서만 [이 | 을, {은}, [φ]의 선택조건을 살펴보았는데, α자리가 하나 이상인 통합체에서도 그 선택조건은 크게 다르지 않다. 다만 이 경우, 통보기능량의 비교를 어떤 요소들끼리 할 것인가가 문제될 것인데, 결론부터 말한다면, 비교대상이 되는 요소는 통합체 구성에 있어서 동등한 자격을 가져야 한다는 것이다. 우리는 이것을 구조언어학의 용어를 빌어, 직접구성요소(immediate constituent)들끼리 구조기능량을 비교해야 한다고 말할 수 있을 것 같다.

(80) 영수$α_1$ 위인전$α_2$ 읽는다.

(80)에서 a_2는 '위인전'과 '읽다' 통보기능량의 비교에 의해서 결정되어야 하며, a_1은 '영수a_2 읽다'와의 비교에 의해서 결정되어야 한다. 그렇기 때문에 a_2의 경우 두 요소 사이의 비교가 되어 앞의 (79)와 다를 바 없지만, a_1의 경우는 '영수', '위인전', '읽다' 세 요소의 통보기능량 모두를 고려해야 될 것이다. 우리는 여기서 a_2는 앞에서 본 바와 같으므로 생략하고, a_1의 선택조건에 대해서만 살펴보기로 하겠다.

(81) A : 누가 위인전을 읽니?
     B : 영수가 위인전을 읽는다.
(82) A : 영수가 무엇을 하니?
     B : 영수는 위인전을 읽는다.

(81A) 및 (82A)의 물음은 각각 'X가 위인전을 읽고 있다'와 '영수가 X-한다'라는 것을 전제하고 있다. 따라서 (81B)에서는 물음 속에 전제되어 있지 않은 요소 '영수'의 통보기능량이 전제된 나머지 요소들보다 더 크고, (82B)에서의 그 역이 되며, 이때 각각 {이}와 {은이 선택된다. 한편 a_1로 'ϕ'가 선택되는 경우는 {이}나 {은이 선택될 수 없는 경우, 곧 '영수'의 통보기능량이 '위인전' 및 '읽다'의 통보기능량과 동일할 때이다. 따라서 a_1이 'ϕ'이기 위해서는 a_2도 'ϕ'일 것이 요구된다.

(83) 영수ϕ 위인전{*은} 읽어.
                   {ϕ}

이것은 a_2가 {을}이나 {은을 선택하는 경우, '위인전'과 '읽다'의 통보기능량은 서로 달라야 하고, 그렇게 되면 '영수'의 통보기능량이 나머지

두 요소의 통보기능량과 같게 될 수 없기 때문인 것으로 해석된다. 이상의 관찰을 바탕으로 우리는 a_1의 선택조건을 (84)와 같이 나타낼 수 있다.

(84) Z가 서술의 핵인 통합체 'Xa_1 Ya_2 Z'의 직접구성요소가 [Xa_1 [Ya_2 Z]]로 분석될 수 있을 때,
가. XCD 〉 YCD ∩ XCD 〉 ZCD 이면 a_1은 [이 | 을].
나. XCD 〈 YCD ∩ XCD 〈 ZCD 이면 a_1은 [은].
다. XCD = YCD = ZCD 이면 a_1은 [ϕ].

3.2. 문장의 의미구조와 통보기능량

앞 절에서 우리는 [이 | 을, [은], [ϕ]의 선택이 통보기능량과 밀접한 관련이 있다는 것을 보았는데, 여기서는 그 통보기능량이 어떻게 결정되는가를 살펴보자.

Firbas(1964)에 의하면, 체코어의 경우 문장 속의 각 요소들은 통보기능량의 정도(degree of CD)에 있어서 각기 차이가 나는데, 그 차이를 결정하는 요인을 (i), (ii)의 두 가지로 들고 있다.

(i) 문장 속의 위치에 의해서 표시되는 통보기능량의 기본분포
(ii) 문장의 의미구조

그리하여 그는 문장 속의 각 요소가 모두 새 정보인 경우, 기본분포에 의해서 주어지는 통보기능량과 문장의 의미구조에 의해 주어지는 통보기능량은 일치하지만, 통보상황에 의해 어떤 조건이 주어지면, 통보기능량은 바뀔 수 있고, 그것에 의해 어순의 변화도 초래된다고

보았던 것이다(Firbas 1964:270).

그런데 Firbas의 이 같은 가설은 국어에 그대로 적용되지는 않는 것 같다. 이것은 국어의 어순이 비교적 자유롭다고 하나 체코어만큼 그렇게 'FSP에 민감한'(susceptibility to FSP) 언어는 아니라는 데에 기인하는 것으로 보인다. 체코어에서 어순은 통보기능량에 의해 결정되지만 영어에서의 어순 결정은 문법이 가장 중심된 요인으로 작용하는 것(Firbas 1966)이라고 한다면,[31] 국어는 FSP에 있어서, 영어와 체코어의 중간에 위치하는 언어라 할 수 있을 것이다. 국어의 이 같은 특성은 체코어의 어순이 담당하는 기능을 [이 | 를, [은, [φ] 등이 맡고 있는 데 기인하는 것으로 보인다.

이런 사정으로 우리는 비록 국어의 어순이 통보기능량과 밀접한 관련은 맺고 있지만(4장 참조), 문장 속의 위치에 의해서 통보기능량이 결정된다고 보지 않는 것이다.[32] 따라서 통보기능량을 결정하는 요인으로써 우리가 고려할 것은 문장의 의미구조와 다양한 통보상황의 조건들이 되겠는데, 본절에서는 우선 문장의 의미구조와 통보기능량의 관계에 대해 살펴보기로 하겠다.

문장의 의미구조는 서술어의 의미특성에 의해 결정된다(Chafe 1972:96-98). 국어 서술어를 몇 종류로 나눌 것이냐 하는 것은 좀 더 깊은 논의가 있어야 하겠지만, 그것은 본고의 범위에서 지나치게 벗어나는 것이므로, 여기서는 Dik(1979)의 DYNAMISM과 CONTROL을 이용하여 (85)의 세 가지 종류로 서술어를 나누기로 하겠다.[33]

---

31 어순 결정 방식에 대한 소개는 채완(1979, 1982) 참조.
32 앞의 각주 29 참조
33 Dik(1978:34)은 영어의 서술어를 action, process, position, state 등 네 가지로 나누고 있다. Dik에 의해 position으로 분류된 영어의 서술어는 'sit, stand, ……' 등이다. 정확히 이들에 대응하는 국어의 서술어는 '서 있다, 앉아 있다'와 같은

(85) 국어서술어의 분류
　　가. - dynamism → 상태서술어 ; 푸르다, 높다 ……NP-이다.
　　나. + dynamism, - controlled → 과정서술어 ; 되다, 늙다 ……
　　다. + dynamism, + controlled → 동작서술어 ; 가다,[34] 만들다 …

　이들 서술어들은 하나 이상의 체언을 논항(argument)으로 가질 수가 있는데, 이 논항에 대해서도 세분화된 의미기능을 부여할 수 있겠지만[35] 서술어를 통제할 수 있느냐 없느냐에 따라 동작주(agent)와 수동자(patient) 두 가지로만 나누기로 하겠다.
　상태(state)를 나타내는 서술어가 단 하나의 체언을 가질 때, 그 체언은 일반적으로 수동자가 되며, 그것의 통사론적 기능은 일반적으로 주어이다.

(86) 하늘이 푸르다.

　(86)에서 상태서술어 '푸르다'에 대해 '하늘'은 수동자가 되고, 그것의 통사론적 기능은 주어이다. 그런데 지시성이 결여된 문맥이라면 (86)의 '하늘' 다음에는 항상 {이}가 선택되므로 수동자 '하늘'은 상태

　　복합형이며, '서다, 앉다, ……' 등은 action으로 분류되어야 할 것이다. 한편 Chafe(1972:98-104)는 state, process, action, ambient 등 네 가지 의미자질로써 영어의 서술어를 모두 여섯 가지로 분류하고 있다. 그런데 case incorporation이 없는 국어의 경우, ambient라는 의미자질은 불필요한 것으로 보인다(국어가 case incorporation이 없는 언어라는 것은 손호민(1974)을 참조할 것).
34　서술어들의 의미론적 기능은 문장 속에서 파악되어야 한다. 동일한 어형의 동사라고 하더라도 문장에 따라 의미론적 기능은 달라질 수 있다.
　　예) 가. 영수가 <u>간다</u>. 〈action〉
　　　　나. 맛이 <u>간다</u>. 〈process〉
35　논항(argument)들의 구체적인 의미론적 기능에 대해서는 Chafe(1972), Dik(1978:37-39)을 참조할 것.

'푸르다'보다 통보기능량이 더 크다고 할 수 있다. 그런데 기능적 관점에서 보면, 통보기능량이 높은 요소에서부터 문장이 시작될 때는 보다 낮은 요소를 선행시키는 경향이 있다. 국어의 경우 일반적으로 주제를 취함으로써 이 문제를 해결한다.[36]

   (87) 가을은 하늘이 푸르다

  (87)에서 '가을'은 '푸르다'에 의해서 의미론적 기능이 결정되는 요소는 아니다. 이것은 통보상의 필요에 의해서 선택된 요소로서 그것의 통보기능량은 일반적으로 수동자 주어보다 작다.
  한편 상태서술어로 처리한 'NP-이다'의 경우는 다소 특이한 양상을 보인다.

   (88) 손님은 왕이다.

  (88)과 같은 문장에서 '손님'을 일반적으로 주어로 처리하고 있지만, 서술어 '왕이다'에 의해 그것의 의미론적 기능이 결정되지는 않는다. (89)가 이 점을 보다 분명하게 보여준다.

   (89) 가. 나는 밥이다.
       나. 불이야!

---

[36] 이숭녕(1969), 임홍빈(1972), 김영희(1980) 등에서 한결같이 지적하고 있는 바와 같이 {이} 중출문이 상태성(혹은 정태성) 문장에 국한된다는 사실은 이들 문장의 통보기능량 분포와 밀접한 관계를 가지는 것으로 보인다.

(89가)에서 '밥이다'에 의해서 결정될 수 있는 '나'의 의미론적 기능은 상정하기가 쉽지 않다. 뿐만 아니라 (89나)의 경우는 아예 어떤 기능을 상정해 볼 대상조차 없는 것이다.[37] 이러한 사실은 (88)이나 (89가)의 문장이 (86)과 같은 유형의 문장이 아니고 (87)과 같은 유형의 문장이라는 것을 시사해주는 것이다. 곧 (88)의 '손님은'이나 (89가)'나는'은 (87)의 '가을은'과 같은 기능을 하는 요소라 할 수 있는 것이다. 그렇기 때문에 지시성이 결여된 문맥에서의 '손님'의 통보기능량은 '왕이다'보다 언제나 낮은 요소라 할 수 있을 것이다.[38]

과정을 나타내는 서술어들도 단 하나의 체언만을 실현시킬 때, 그것은 수동자이고 일반적으로 주어로 실현된다.

　(90) 벼가 자란다.

(90)에서 '벼'는 서술어 '자라다'에 대해 수동자이며, 지시성이 결여된 문맥에서는 항상 {이}가 선택되므로 서술어보다 더 큰 통보기능량을 가진다. 따라서 (90)과 같은 유형의 문장도 (86)과 마찬가지로 주제어를 실현시킬 수 있다.

　(91) 여름은 벼가 자란다.

이때 주제어로 선택되는 요소는 서술어에 의해 의미론적 기능이 결정되지 않으며, 통보기능량도 수동자인 주어보다 작아야 할 것이다.

37　(89나)는 이익섭 외(1983)에서 취한 것이다. 이 예문의 특성에 대해서는 이익섭 외(1983:23)를 참조할 것.
38　박순감(1970)은 (88)문형의 주어를 'NP₁은 NP₂-이다'에서 NP₂로 잡고 있다. 이 견해는 통보기능량의 기본분포와 관련시켜 볼 때 매우 시사적인 것이라 하겠다.

그런데 과정서술어들 가운데, '되다'와 같은 서술어는 일반적으로 두 개의 수동자를 요구한다.

　　(92) 올챙이가 개구리가 된다.

(92)의 경우 전통문법에서는 '올챙이는'을 주어, '개구리가'를 보어로 처리하는 것이 일반적이다. 이것은 (92)의 '올챙이'는 (91)의 '여름'과 달리 서술어에 의해서 의미론적 기능이 결정된다는 점에서 어느 정도 합리적이라 할 수 있겠다. 그런데 (92)와 같은 유형의 문장에서 각 요소들 사이의 통보기능량의 결정은 쉽지가 않다. 지시성이 결여된 문맥에서 (92)의 '올챙이' 다음에 {이}가 선택되는지에 대해 우리의 직관이 쉽게 미치지 않기 때문이다. 그러나 앞에서 수동자는 과정서술어보다 더 큰 통보기능량을 갖는다는 것을 관찰했는데, 이 경우도 그것은 다르지 않은 것 같다. (92)의 '개구리' 뒤에서는 특정의 통보상황이 주어지지 않는 한, 항상 {이}가 선택된다는 점이 그것을 뒷받침한다. 다만 이 경우 주어로 실현된 수동자와 보어로 실현된 수동자 중 어느 쪽이 더 큰 통보기능량을 가지느냐가 문제가 되는 것이다. 여기서 우리는 한 가지 추론을 해볼 수가 있다. 과정을 나타내는 서술어로 이루어진 문장이라 하더라도 (92)는 (91)처럼 주제어를 쉽게 실현시키지 않는다는 사실을 고려하면, (92)에서는 문장 속의 한 요소가 주제어의 구실을 하고 있다는 것을 암시해 준다. 만약 (92)의 문장에서 어떤 요소가 주제어의 구실을 하고 있다면 그것의 후보는 주어로 실현된 요소만이 가능하다. 우리의 이런 추리가 정당하다고 한다면 과정서술어가 두 개의 수동자를 실현시킬 때, 주어로 실현된 것은 보어로 실현된 것보다 통보기능량이 낮은 요소라고 할 수 있을 것이다.

작동서술어들은 일반적으로 동작주를 요구한다는 점에서 앞의 상태서술어나 과정서술어들과는 구별된다. 수동자는 가질 수도 있고 안 가질 수도 있는데 흔히 우리는 타동사라고 하는 것은 대부분 동작주와 함께 수동자를 가진다.

  (93) 영수가 간다.
  (94) 영수는 학교를 간다.
  (95) 영수는 의자를 만든다.

동작 '가다'의 경우 수동자가 필수적인 것이 아니지만, (95)에서처럼 '만들다'류의 경우는 지시성이 결여된 문맥에서라면 반드시 하나 이상의 수동자를 실현시킨다. 동작서술어가 수동자를 실현시키는 경우, 이 수동자는 서술어보다 더 큰 통보기능량을 가질 것으로 기대된다. 특정한 통보상황이 주어지지 않는 한 (95)의 '의자' 다음에서는 언제나 {을}을 선택하는 것이 그것을 뒷받침해준다. 한편 동작주의 통보기능량은 (92)에서와 마찬가지로 추정이 가능하다. 동작주가 주어로 실현되는 문장은 일반적으로 문장 밖의 요소를 주제어로 선택하지 않는다는 사실을 고려한다면, 동작주 주어가 지시성이 결여된 문맥에서 일반적으로 주제어 구실을 하리라는 것과 그것의 통보기능량은 수동자보다 작을 것이라는 것을 추정해 볼 수 있다.

 그런데 (93)의 경우 동작주 '영수'와 통보기능량을 비교할 수 있는 요소가 서술어 하나밖에 없다는 것이 문제가 된다. 실제로 (93)의 문장에서는 두 요소가 모두 새 정보일 때 {이}의 선택이 보다 일반적인 것으로 보인다. 이 사실은 동작주 주어의 통보기능량은 수동자보다는 낮지만, 서술어보다는 더 클 것이라는 것을 암시해준다.

이상에서 우리는 문장의 의미구조와 통보기능량 사이의 관계를 대략적으로 살펴보았는데, 거기서 우리는 하나의 일반적인 사실을 발견할 수 있다. 곧 서술어가 두 개의 체언을 실현시켰을 때, 서술어에 가까이 있는 체언(이것은 일반적으로 '수동자'이다.)이 먼 쪽에 있는 체언보다 통보기능량이 크다는 사실이다. 또 단 하나의 체언만 실현되었을 경우는 체언문('NP-이다'문)의 경우를 제외하고는 체언이 서술어보다 더 큰 통보기능량을 가진다고 할 수 있다. 이 사실들을 우리는 (96)과 같이 유형화시켜 나타내기로 하겠다.

(96) 통보기능량의 기본 분포
　　가. NP$_1$(은) NP$_2$-이다 (NP$_1$: 주제)
　　나. (NP$_1$(은)) NP$_2$(이) V (NP$_1$: 주제, NP$_2$: 주어)
　　다. NP$_1$(은) NP$_2$(이) V (NP$_1$: 주제 NP$_2$: 보어)
　　라. NP$_1$(은) NP$_2$(을) V (NP$_1$: 주제 NP$_2$: 목적어)

우리는 앞에서 국어에서의 통보기능량의 결정에 대해 문장 속의 위치가 어떤 작용을 할 것이라는 것을 유보했는데, 그렇기는 하지만 (96)이 보여주는 바와 같이 어순과 통보기능량의 관계에 대해서만은 부인할 수 없을 것이다.

3.3. 통보상황과 통보기능량

문장의 의미구조에 의해 주어지는 각 요소들의 통보기능량은 그 문장이 놓이는 문맥이나, 다양한 통보상황에 의해 바뀔 수가 있다. (97)의 이야기 상황으로 이것을 살펴보기로 하자.

(97) A₁ : 누가 왔어요?
　　 B₁ : 영희 {가} 왔단다.
　　　　　　 {*는}
　　 A₂ : 영희가요?
　　 B₂ : 왜?, 영희 {가} 오면, 안 되니?
　　　　　　　　　 {는}
　　 A₃ : 그게 아니고요, 평소에 오지 않던 영희 {가} 왔으니, 하는
　　　　　　　　　　　　　　　　　　　　　　 {*는}
　　 말이죠.

(97)의 대화 속에서, B₁의 경우는 문장의 의미구조와는 상관없이 {이}만 선택될 수 있다. 그것은 청자(곧 A₁의 화자)가 원하는 정보를 구성함에 있어서 '영희'가 보다 중요한 구실을 하기 때문이다. 반면 B₂가 가벼운 '질책'을 담고 있는 말이라고 한다면, 그 질책의 내용은 {이}가 선택된 경우, '온 사람이 영희어서는 안되느냐'는 의미가 강하고, {은}이 선택된 경우는 '영희의 행동이 오는 것이어서는 안 되느냐'는 의미가 더 강하게 느껴진다. 어떠한 뉘앙스로 말할 것이냐 하는 것은 화자가 선택할 문제라고 한다면, B₂에서의 {이}나 {은}을 선택하는 것은 화자의 통보의도(communicative intention)에 의해 좌우된다고 할 수 있을 것이다.

한편 A₃에서는 {은}을 선택할 수 없고 {이}만 선택되는데, 그것에 작용하는 요인은 앞의 두 경우와 또 다른 요인이 있는 것으로 보인다. A₃에서 문제의 구문이 수행하는 기능은 A₂의 반문에 대한 이유를 설명하는 것이라 할 수 있다. 문제의 구문에서 이유를 구성하는 데 보다 중요한 역할을 하는 것은 '누군가가 왔다'는 사실이 아니라 '온 사람이 영희'라는 사실이라고 한다면, A₃에서 {이}가 선택하는 요인은 청자나

화자보다 통보내용(message) 그 자체가 된다고 할 수 있는 것이다.

이상에서처럼 어떤 문장이 놓이는 통보상황은 통보기능량의 결정에 다양한 영향을 미칠 수 있는데, 우리는 그러한 통보상황의 요인을, 청자, 화자, 통보내용 등 세 가지로 나누어 볼 수 있다.[39]

청자가 통보기능량의 결정에 영향을 미친다는 것은, 이미 앞에서 보았던 다양한 문답형식을 통해서 살펴본 바와 같다.

(98) A : 어느 계절이 하늘이 푸르냐?
　　　B : 가을이 하늘이 푸르다

(98B)에서 '가을'은 (87)에서 '가을'과 마찬가지로 주제어이다. 그런데 (87)에서처럼 지시성이 결여된 문맥에서 실현된 주제어는 통보기능량이 낮은 요소이었는데, (98B)에서는 높은 요소로 나타나고 있다. 이것은 (98)에서 A(곧, B의 청자)가 알고 싶어 하는 정보가 '가을'이기 때문인 것으로 볼 수 있다. 그리하여 (98B)에서는 통보기능량이 낮았던 요소가 청자에 의해 높은 요소로 변화하게 된 것이다. 실제로 대부분의 이야기 상황은 화자가, 청자가 관심을 가지고 있거나 가지고 있을 것이라고 믿는 사실에 대해서 어떤 정보를 알려주기 위해서 구성된다는 사실을 생각한다면, 통보기능량의 결정에 청자가 영향을 미치리라는 것은 당연한 사실이라 하겠다.

통보기능량의 결정에 화자의 통보의도(communicative intention)도 큰 변수로 작용한다. {이}, {을}, {은}, '∅'가 이루는 체계를 운용하는

---

[39] 화자, 청자, 통보내용 등의 세 요소는 통보행위의 가장 일반적인 유형인 양방적 통보행위를 구성하는 필수적인 것들이라 할 수 있다. 양방적 통보행위에 대한 설명은 고영근(1981:5) 참조.

궁극적인 주체는 화자일 것이므로, 화자는 자신의 특별한 통보의도를 위하여, 문장의 의미구조에 의해서 주어진 통보기능량을 자의적으로 바꿀 수 있는 것이다.

 (99) 가. 이미 그대는 가고, 나는 홀로 남았어라.
   나. 이미 그대는 가고, 내가 홀로 남았어라.

(99가, 나)는 둘 다 시인 이영도의 〈머언 생각〉이라는 시조의 둘째 수의 초장이다. 둘째 구의 첫머리는 처음 발표 당시 '나만'이었던 것이 '나는'으로 개작되었다가, 다시 '내가'로 개작되었던 것인데, 여기서 우리가 주목하는 것은 '나는'일 때와, '내가'일 때의 양태적 의미 차이가 매우 뚜렷하다는 것이다. 이러한 차이는 우리가 이미 ($97B_2$)에서도 보아 온 것인데, 시인(곧 화자)이 자신이 의도하는 어떤 특별한 효과를 얻기 위해서 {이} 또는 {은}을 자의적으로 선택한 결과로 볼 수 있을 것이다.

세 번째 요인인 통보내용도 통보기능량의 결정에 영향을 미친다는 것은 이미 언급한 대로이다. 여기서 우리는 논점을 보다 분명하게 하기 위해서 접속문에서 그것을 살펴보기로 하자.

 (100) 가. <u>영수가 오거든</u> 이 책을 주게.
   나. <u>영수는 오거든</u> 이 책을 주게.

(100)에서 밑줄 그은 부분은 후행문에 대한 조건의 구실을 하고 있다. 이때 '영수' 다음에서 {이}가 선택될 것이냐, {은}이 선택될 것이냐 하는 것은, '영수' 및 '오다'의 두 요소 가운데서 어느 것이 조건을 구성

하는데 필수적인 역할을 하느냐에 달려있는 것으로 보인다. '책을 주기 위한 조건으로 오는 사람이 반드시 '영수'이어야 한다면, 이때는 {이}가 선택될 것이다. 그러나 책을 주기 위한 조건으로 '영수'의 행위가 문제가 된다면, 이때는 {음이 선택될 것이다. 이것은 (100가, 나)가 가지는 함의(entailment)를 조사해 보면 보다 분명하게 드러난다.

(100') 가. 영수가 아닌 사람이 오거든 이 책을 주지 말게.
나. 영수는 오지 않으면 이 책을 주지 말게.

곧 (100'가)에서 부정되는 것은 '영수'이고, (100'나)에서는 '오다'라는 사실은, (100가)에서 조건을 구성하였는데 필수적인 요소는 '영수'이고, (100나)에서는 '오다'임을 말해준다.

(101) 학(鶴)이 곡곡하고 우니 황새도 곡곡하고 운다.
(102) 영수는 말을 잘하니 변호사를 시켜야겠다.

(101), (102)에서 밑줄 그은 부분은 후행문에 대한 이유를 나타내고 있다. (101)에서 '황새의 곡곡하고 우는 이유를 그렇게 우는 것이 뱁새가 아니라 '학'인 것으로 파악했다면, 이유를 구성함에 있어서, '학'은 '곡곡하고 울다'보다 더 큰 통보기능을 가진다고 할 수 있을 것이다. (102)의 경우, '변호사를 시켜야겠다.'고 마음먹은 이유가 '영수'라는 특정 인물 그 자체에 있지 않고, '말을 잘하는 그의 재능'에 있다고 한다면, '영수'의 통보기능량은 '말을 잘하다'보다 낮은 것이고, 이때 {음이 선택된다고 할 수 있는 것이다.

이상에서 우리는 의미구조에 의해 주어진 통보기능량을 변화시킬 수 있는 통보상황 세 가지 요인에 대해 살펴보았는데, 여기서 한 가지 덧붙일 것은 주어진 통보상황에서 앞서 말한 세 가지 요인이 구별되어 나타나는 것이 아니라 복합적으로 나타난다는 사실이다. 예를 들어 (97B$_2$)에서 {이}를 선택할 것이냐 {은}을 선택할 것이냐 하는 것은 화자의 의도에 의해서 결정된다고 하였지만, 거기에서 실제로 A$_2$(B$_2$의 청자)의 반문도 영향을 미치고 있고, 또 질책에 대한 변명으로서의 B$_2$의 통보내용도 관여하고 있다고 보아야 한다. 그렇기는 하지만 어떤 특정한 문맥 속에서 그 세 가지 요인 가운데서 어느 것이 가장 중요한 구실을 하는가를 분간하는 일은 기술상의 여러 가지 이점을 제공해 줄 수 있으리라고 생각한다.

3.4. {이}, {을}, {은}, 'ϕ'의 양태의미

문장의 의미구조에 의해 주어지는 통보기능량이 통보상황의 다양한 요인들에 의해 변화될 때, 여러 가지 양태적 의미를 수반하게 된다.

(103) 물이 차다.
(104) 말이 유용한 동물이다.

(103)과 (104)에서 밑줄 그은 부분은 똑같이 {이}가 실현되어 있기는 하지만, 그것의 양태적 의미에서는 차이가 난다는 사실은 누구나 느낄 수 있다. 신창준(1975)에서는 (103)의 {이}를 지정서술, (104)의 {이}를 선택지정으로 각각 명명해 놓고 있는데, 동일한 {이}가 이 같이 다른 양태적 의미를 가지는 것은 통보기능량의 변화에 의해서 초래되는 것으로 보인다. (103)의 '물'의 경우 수동자이므로 상태서술어 '차다'

보다 높은 통보기능량을 가지는 요소이다. 그러므로 (104)의 {이}가 선택된 것은 원래 낮은 통보기능량을 가졌던 요소 '말'이 어떤 조건에 의해서 높은 통보기능량을 갖게 된 결과로 볼 수 있는 것이다. 따라서 우리는 선택지정이라는 의미는 낮은 통보기능량에서 높은 통보기능량으로의 변화에 의해 초래되는 것으로 볼 수 있을 것이다.

앞에서 우리는 {은}과의 교체라는 의미에서 {이}와 {을}을 동일한 의미로 파악했었지만, 실제로 그 둘의 양태적 의미는 언제나 같은 것은 아니다.

(105) <u>영수가</u> <u>유리창을</u> 깼다.

(103), (104)에서 {이}의 양태적 의미가 차이가 났듯이 (105)에서 {이}와 {을}의 양태적 의미도 차이가 난다. 임홍빈(1972)에서는 이 둘의 차이를 각각 '배타적 대립'과 '비대조적 대립'으로 구별하고 있는데, 이 경우 양자의 차이는 앞의 선택지정과 지정서술의 차이와 같은 원인에 말미암은 것으로 보인다. 곧 (105)의 '유리창'은 동작서술어 '깨다'에 대해 수동자이므로 서술어보다 높은 통보기능량을 갖는 요소이다. 그러므로 {을}의 선택은 통보기능량의 변화에 의해 선택된 것이 아니라, 의미구조에 의해 처음부터 주어진 {을}이다. 반면 (105)의 '영수'는 동작주 주어로서 '유리창을 깨다'보다는 낮은 통보기능량을 갖던 요소인데, (105)에서 {이}가 선택된 것은 그것의 통보기능량이 어떤 요인에 의해 높아졌다는 것을 의미한다. 따라서 {은}과의 교체라는 의미에서 {이}와 {을}은 동일한 의미를 가지지만, (105)에서 그 둘의 양태적 의미는 달라지는 것이다.

일반적으로 (103)의 '물'이나 (105)의 '유리창'과 같이 서술어에 대해 수동자인 요소들이 의미구조에 의해서 주어진 통보기능량보다 더 높은 통보기능량을 가질 때는 강세(stress)로서 그것을 표시하게 된다.

(103′) 물′이 차다
(105′) 영수가 유′리창을 깼다.

(103′)의 {이}와 (105′)의 {을}에서 느낄 수 있는 양태적 의미는 (103)의 {이}와 (105)의 {을}이 가지는 양태적 의미와 크게 다른 것으로 보이지 않는다. 이것은 (103′)의 '물'과 (105′)의 '유리창'이 갖는 통보기능량이 의미구조에 의해서 주어졌던 것보다 더 큰 양으로 변화를 겪은 결과로 풀이할 수 있을 것이다. 실제로 (103′)나 (105′)가 쓰이는 통보 상황을 상정해 보면 이 점은 더욱 분명해진다.

(106) A : 물과 불 가운데서 어느 것이 차냐?
       B : 물′이 차다.
(107) A₁ : 영수가 유리창을 깼어.
       B₁ : 뭐라고? 영수가 유리병을 깼다고?
       A₂ : 아니, 유리병이 아니라, (영수가) 영수가 유′리창⁽″⁾을 깼어.

(106B)에서 '물'은 (106A)에서 제시된 두 요소 '물'과 '불' 중에 '물'을 선택했다는 의미를 가진다. 또 (107A₂)에서 '유리창'은 (107B₁)에서의 '유리병'을 수정해서 알려주는 요소이다. 그렇기 때문에 (107A₂)의 '유리창'은 (107A₁)에서의 '유리창'보다 더 큰 통보기능량을 갖게 되는 동시에, (107B₁)의 '유리병'과는 배타적으로 대립되고 있다고 할 수 있을 것이다.

종래 {은}에 대해 부여했던 '대조', '상이' 등의 의미에 대해서도 동일한 방식으로 설명할 수 있다.

(108) <u>영수는</u> 위인전을 읽는다.
(109) 영수가 <u>위인전을</u> 읽는다.

흔히 (108)의 {은은 주제를 표시하는 {은으로 설명되고, (109)의 {은은 대조의 의미를 갖는 {은으로 설명된다. 동일한 {은이 이처럼 차이를 보이는 것은 통보기능량의 변화와 관계된 것이다.

(108)의 {은은 '영수가 동작주로서 낮은 통보기능량을 갖기 때문에 선택된 것이다. 반면 (109)의 {은은 높은 통보기능량을 갖던 수동자 '위인전'이 어떤 요인에 말미암아 낮아짐으로써 선택된 것이다. 그렇기 때문에 (108)의 '영수'가 더 낮은 통보기능량으로 변화하게 되면 이때는 일반적으로 {은 위에 강세를 수반하게 된다.

(108′) <u>영수는′</u> 위인전을 읽는다.

(108′)의 {은은 대조의 의미도 수반하는데, 이것은 (108′)에서 '영수'의 통보기능량이 의미구조에 의해 주어졌던 것보다 더 작아졌기 때문으로 설명할 수가 있다. 그런데 (108′)에서의 강세의 위치는 (103′)와 (105′)에서의 그것의 위치와 차이가 난다는 사실에 주목할 필요가 있다.

일반적으로 강세의 의미론적 기능은 어떤 요소를 강조해 주는 효과가 있다고 한다면, 강세가 놓이는 요소의 통보기능량은 높아야 할 것이다. 따라서 (103′)와 (105′)에서 '말'과 '유리창'이 통보기능량이 높아질 때 강세를 수반하는 현상은 지극히 자연스러운 현상이라 할 수 있다. 그러나 (108′)의 경우는 사정이 달라진다. (108′)에서 '영수'의 통보기능량은 낮은 것이 더 낮아진 것이므로, 통보기능량을 높여주는 강세가 올 수 없는 것이다. 그러므로 (108′)에서의 강세가 통보기능량이 더 낮아졌다는 것을 표시하기 위하여 쓰였다면, 이 경우에는 {은}위에 강세가 놓이는 것이 가장 자연스러운 일이 될 것이다. 왜냐하면 {은}은 통보기능량이 낮다는 것을 표시해주는 요소이므로, 그 {은}을 강조해줌으로써, 더 낮아졌다는 것을 의미할 수 있겠기 때문이다.

한편 (110)~(112)와 같은 접속문의 경우에서의 {은}은 (109)나 (108′)에서와 같은 대조로는 볼 수 없다.

(110) 바깥은 춥지만 안은 따뜻하다.
(111) 입은 거지는 먹어도 벗은 거지는 못 먹는다.
(112) 낮말은 새가 듣고 밤말은 쥐가 듣는다.

(110)~(112)에서 '바깥-안', '입은 거지-벗은 거지', '낮말-밤말' 등이 서로 대조되지 않는 것은 아니다. 그러나 이들의 대조는, (109)나 (108′)의 대조와는 다른 원인에 의해서 생겨나는 것으로 보인다. 이들의 대조는 {은}의 효과라 하기보다는 뒤에 오는 요소, 이를테면 (110)의 '춥다-따뜻하다', (111)의 '먹다-못먹다', (112)의 '새가 듣다-쥐가 듣다' 등의 비교에 의해서 생겨나는 효과라 할 것이다. 그렇기 때문에 (112)의 경우, {은}을 {을}로 교체하더라도 여전히 대조의 의미는 있는 것이다.

(112′) 낮말을 새가 듣고, 밤말을 쥐가 듣는다.

따라서 우리는 (110)~(112)의 대조를 (109), (108′)의 대조와 구별할 필요가 있는데, 이를 위해 우리는 대비라는 말을 쓰기로 하겠다.

이 대비는 종래 '상이(相異)'(최현배 1977:638)에 가까운 의미라 하겠다. 그러면 이러한 대비문에 현저하게 {은}이 나타나는 이유는 무엇인가? 우리는 앞에서 '바깥-안'이 대조되는 원인을 후행요소 '춥다-따뜻하다'의 대비에서 찾았다. 이 말은 피대비항들보다 그것을 대비시켜주는 후행요소들이 더 큰 통보기능량을 가진다는 것을 의미한다. 대비문에서 현저하게 {은}이 선택되는 이유는 바로 여기에 있다 할 것이다.

한편 'ϕ'를 선택함으로써 얻을 수 있는 양태적 의미는 무엇인가? 우리는 앞에서도 계속 그렇게 해왔었지만, 여기서도 부정론법(否定論法)으로밖에 설명할 수 없을 듯하다. 곧 {ϕ}는 [이 | 을]이나 {은}을 선택하지 않았다는 뜻이므로, 'ϕ'의 양태적 의미도 {이}, {을}, {은} 등이 선택됨으로써 생겨날 수 있는 의미에 대해 중립적(neutral)이라고 할 수 있을 것이다.

(113) A : 영수 {*가 / *는 / ϕ} 있어요?

B : 영수 {*가 / (*)는 / ϕ} 없다.

만약 (113)의 A의 물음이 '영수'의 소재에 대한 단순한 확인이라고 한다면, (113)의 두 문장에서 {이}와 {은}은 선택되지 않는 것이 일반적이다. {이}나 {은}을 선택하게 되면 그것들이 가지는 양태적 의미가 수반될 수 있기 때문이다.

양태적 의미에 있어서 'ϕ'가 중립적인 것은 'ϕ'를 전후한 두 요소의 통보기능량이 동일한 것에 기인하는 것으로 그 이유를 찾을 수 있을 것 같다. 만약 어느 한 쪽의 요소가 통보기능량이 크거나 작으면, 큰 쪽이 상대적으로 부각됨으로써 앞에서 보아왔던 {이}, {을}, {음} 등이 갖는 다양한 양태적 의미를 수반했는데, 두 요소의 통보기능량이 같게 되면 어느 쪽도 부각되지 않고, 그 두 요소는 마치 하나의 개념처럼 밀착하게 되는 것으로 볼 수 있는 것이다.

(114) 가. 영수가 온다.
나. 영수는 온다.
다. 영수∅온다.

(114다)에서 동작주 '영수'와 동작 '오다'가 개별적으로 분리되어 인식되는 경우는 거의 없어 보인다. 이것은 (114가)가 '누군가가 온다. 그는 영수다'로 분석될 수 있고, (114나)의 문장이 '영수라는 사람이 있다. 그는 온다'로 분석될 수 있는 것과 구별된다.

또 (114가)와 (114나)는 실제로 현장에 '영수'가 오고 있지 않더라도, 앞으로 올 것이라는 화자의 강한 확신을 나타내기 위해서 사용될 수 있음에 비하여, (114다)는 앞의 두 문장보다는 훨씬 더 현장 지시적이고 직접성(immediateness)[40]을 가지고 있는 것으로 보인다.

'∅'의 이 같은 속성이 가장 잘 드러나는 것이 '시집∅가다'류의 합성어 구성에서라 할 수 있다. 합성어를 의미론적으로 서로 다른 두 개념이 단일개념화한 것이라고 할 수 있다면 앞서와 같은 '∅'의 그러한

---

[40] '∅'가 선택된 (114다)가 {이}나 {음}이 선택된(114가, 114나)보다 현장 지시적이고 직접성이 있다는 것은 Ross의 장형과 단형에 대한 가설을 연상시켜 준다(손호민 (1978) 참조).

기능이 합성어 구성과 가장 잘 맞아떨어지기 때문일 것이다.

3.5. 체언이 아닌 요소 뒤에서의 {이}, {을}, {은}, 'φ'

체언이 아닌 요소 뒤에서의 {이}, {을}, {은}, 'φ'의 양태적 의미도 크게 다를 바가 없는 것으로 보인다. 다만 이 경우, 특정한 통보상황이 주어지지 않는 한, 언제나 'φ'로 실현되는 까닭에 {이}, {을}, {은 가운데 어느 하나가 실현되면 그만큼 더 양태적 의미도 뚜렷해진다.

체언이 아닌 요소로서 {이}를 실현시킬 수 있는 환경은 그렇게 흔하지가 않다. '-음, -기' 명사형과 인용구의 경우를 제외하면 '-지' 부사형 다음으로 한정되는 것이 아닌가 한다.

      {가}
(115) 나는 그 제안이 싫지{는} 않았다.
      {φ}

(115)에서 '싫지'와 '않았다' 사이는 특정한 통보상황이 주어지지 않는 한 언제나 'φ'가 실현되는 자리이다. 그렇기 때문에 그 자리에서 {이}나 {음의 실현은 언제나 선행요소의 통보기능량의 변화를 의미하게 되고, 거기에 상응하는 양태적 의미를 수반하게 된다. 만약 (115)에서 {이}가 선택되면 그것은 선행요소, 곧 부정(否定)되는 내용의 통보기능량이 높아졌다는 의미를 갖게 되고 그것의 양태적 의미는 부정(否定)되는 내용에 대한 강조가 될 것이다. 또 {음이 선택될 때는 부정(否定)되는 내용의 통보기능량이 낮아졌다는 것을 뜻하고 그것의 양태적 의미는 대조 혹은 후행하는 요소, 곧 부정(否定) 그 자체를 강조하는

효과를 가지게 된다.
 한편 대부분의 용언의 부사형 다음에서 {을}, {은}, 'φ'의 교체는 가능한 것으로 보인다.

       {를}
(116) 그 약도 먹어{는} 보았다.
       {φ}

      {를}
(117) 영수도 오게{는} 했다.
      {φ}

       {를}
(118) 그 아이는 울지{는} 않는다.
       {φ}

      {를}
(119) 고향에 가고{는} 싶다.
      {φ}

 (116)~(119)의 경우도 특정한 통보상황이 주어지지 않는 한, 항상 'φ'가 실현되는 것이므로 {을}이나 {은}의 실현은 선행요소의 통보기능량의 변화를 반영하게 되고, 또한 그것에 상응하는 양태적 의미를 수반하게 된다. (116)의 '보았다'가 어떤 행위의 시도를 나타내고, (117)~(119)의 '했다', '않는다', '싶다' 등이 각각 허락, 부정(否定), 원망(願望) 등을 의미한다고 한다면, {을}이 선택되었을 때는 각각 시도, 허락, 부정(否定), 원망(願望) 등의 내용(곧 선행요소)을 강조하게 되

고, {음}이 실현되었을 때, 시도, 허락, 부정(否定), 원망(願望) 그 자체를 부각시킨다고 할 수 있을 것이다.

한편 우리는 접속어미 뒤에서 종종 {음}이 실현되는 경우를 볼 수 있다. 이 {음}도 근본적으로 [이∥을], [은], [φ] 체계 속의 {음}임에는 다를 바 없는 것으로 보인다. 그러나 접속어미 다음에서 {이}나 {을}이 실현되는 경우는 거의 없다는 점, 그리고 {음}의 실현도 지극히 제한되어 있다는 점 등을 고려하면, 접속어미 다음에서도 [이∥을], [은], [φ]가 교체한다고 할 수 있을 것 같지는 않다. 우선 접속어미 '-고' 다음에서의 {음}의 실현과 그 의미를 살펴보기로 하자.

(120) 서울은 눈이 오고{*을/*는/φ} 부산은 비가 왔다. 〈나열(羅列)〉

(121) 눈이 오고{*을/*는/φ} 동시에 비가 왔다. 〈동시(同時)〉

(122) 눈이 오고{*을/는/φ} 이어서 비가 왔다. 〈계기(繼起)〉

(120)~(122)에서 볼 수 있듯이 접속어미 '-고'가 나열, 동시 등의 접속문을 이끌 때는 {을}은 물론이고 {음}도 실현될 수 없으며, 그것이 계기일 때만 {음}의 실현이 가능하다. (120)~(122)에서 왜 이러한 현상을 보이는가 하는 것에 대해서, 우리는 아직 그것을 정확히 설명한

처지에 있지 못하다. 다만 {을}이나 {은}의 선택이 그것을 전·후한 두 요소 사이의 통보기능량이 서로 다를 때 가능하다는 앞서의 해석 방식을 원용하여, 그 원인을 추측해 볼 수는 있을 것 같다. 곧, 나열이나 동시의 경우, 전·후행문이 나타내는 사태는 그것들이 완전히 독립된 사태이거나((120)의 경우), 아니면 완전히 단일 사건이어서((121)의 경우), 전·후행문의 통보기능량의 비교가 쉽게 이루어질 수 있을 것 같지는 않지만, 계기의 경우, 시간상의 선후에 의해 그러한 비교가 이루어질 수도 있을 것 같다는 것이 그것이다. 실제로 우리는 (122)에서 {은}이 실현되면 선행문이 나타내는 사태는 후행문이 나타내는 사태에 대한 일종의 배경(setting) 구실을 하고 있음을 볼 수 있다. 계기적 관계에 있는 두 사태에서, 시간상으로 앞선 사태만이 다른 한 사태의 배경구실을 할 수 있다고 한다면 (122)에서 {을}이 선택될 수 없는 이유도 어느 정도 설명이 되는 셈이다.

의미론적으로 선행문이 후행문의 배경의 구실을 하는 접속문들로서 우리는 조건, 원인 등을 나타내는 것들을 더 들 수 있다.

(123) 까치가 울면은 반가운 사람이 온다.
(124) 너가 우니까는 나까지 슬퍼진다.
(125) 그가 와서는 일을 그르치게 된다.
(126) 그렇게 놀다가는 언젠가 후회할 것이다.

(123)~(126)에서 선행문들은 조건, 이유, 원인 등을 나타내는데, 이들 선행문이 각각의 후행문보다 시간상으로 앞설 수밖에 없는 것이고, {은}의 선택 가능성도 그러한 맥락에서 이해될 수 있으리라 본다.[41][42]

4. {이}, {을}, {은}, 'ϕ'와 주제화

우리는 앞에서 {이}, {을}, {은}, 'ϕ' 등이 통보기능량을 표시하는 것에 대해서 살펴보았다. 그런데 이 같은 통보기능량은 (96)이 보여주는 바와 같이 어순과 밀접한 관계를 가지고 있다. 그리하여 본고에서는 흔히 '국어의 어순은 비교적 자유롭다'고 하는 현상을 통보기능량과 관련시켜 설명해 보려고 한다.

국어의 어순을 변화시키는 요인에 대해서는 이미 임홍빈(1972), 채완(1980) 등에서 그것이 주제화에 기인한다는 점을 시사하고 있다. 그러므로 우리가 여기서 관심을 가지는 것은 주제화와 통보기능량과의 관계가 된다. 이 문제를 다루기 위하여 우리는 우선 주제와 주제화에 대한 용어의 정의에서부터 출발하기로 한다.[43]

주제는 '이야기의 출발점이 되는 요소'로서 서술어에 의해 선택되지 않는 문장 밖의 요소이다. 인간 사고의 특징과 언어의 선조성이라는 특성 때문에 주제는 일반적으로 통보기능량이 낮은 요소일 것이 요구된다. 따라서 주제는 이미 알려져 있는 요소이거나, 한정성, 총칭성 등의 의미특성을 가지는 요소가 실현된다. 한편 주제화는 서술어에 의해 그 의미기능이 한정될 수 있는 요소가 통보상의 필요에 의해 주제의 자리로 옮겨가는 현상을 가리킨다. 그러므로 주제어는 기저에

---

41 '중단'의 '다가'가 조건의 의미를 가질 수 있다는 것은 서태룡(1979) 참조.
42 체언이 아닌 요소로써 {을} 또는 {은과 통합될 수 있는 것들로서는 부사, 용언의 어간 등을 더 들 수 있다. 이들에 대한 논의는 유구상(1981), 임홍빈(1979)으로 미룬다.
43 주제 혹은 주제화라는 용어가 학파나 문법가들에 따라 조금씩 다른 개념으로 사용되고 있다는 것은 잘 알려진 사실이다(채완(1980) 참조). 본고는 주로 Firbas(1966)의 'theme'의 개념을 취하고, Dik(1978)를 참고하여 용어를 사용한다.

서 실현된 주제어와 주제화에 의해 실현된 주제어가 있을 수 있다.

(127) 코끼리는 코가 길다.
(128) 위인전은 영수가 읽는다.

(127)과 (128)에서 밑줄 그은 요소들은 모두 주제어이지만, (127)의 '코끼리는'은 기저에서 실현된 주제어이고, (128)의 '위인전은'은 목적어가 주제화에 의해 주제어로 되었다고 보는 것이다.

(127′)

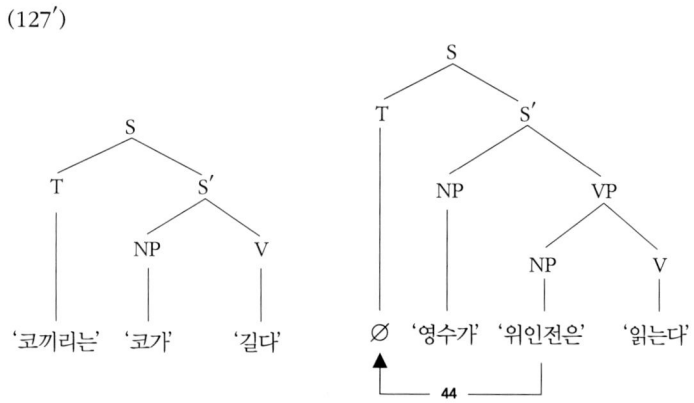

이미 앞에서도 말한 바이지만(3.2.) (127)의 '길다'와 같은 상태서술어는 통보기능량이 높은 수동자를 주어로 실현시키므로 기저에서 주제어를 실현시킬 수 있지만, (128)의 '읽다'와 같은 작동서술어는 동작주를 주어로 선택하고, 그 주어가 주제어 구실을 겸할 수 있어서 별도의 주제어를 요구하지 않는다.

44　성분의 위치이동을 화살표로 표시한 것은 Bowers(1981:50)의 co-occurrence transformation을 따른 것이다.

그런데 그 동작주가 통보상황의 어떤 요인에 의해 통보기능량이 목적어로 실현되는 수동자의 통보기능량보다 더 높아질 경우, 동작주보다 통보기능량이 상대적으로 낮은 요소가 주제의 자리로 이동함으로써, 언술의 출발점이 갖추어야 할 통보상의 요구를 만족시켜 주게 된다. 따라서 기저에서 주제어가 실현된 문장에서는, 자율통합을 하는 부사어들을 제외하고는 문장 속의 어떤 요소가 주제어보다 앞에서 실현되는 경우는 거의 없다고 할 수 있다.

(129) 생선은 도미가 맛있다.
(129′) *도미가 생선은 맛있다.
(130) 가을은 하늘이 푸르다.
(130′) *하늘이 가을은 푸르다
(131) 여름은 벼가 자란다.
(131′) *벼가 여름은 자란다.

기저에서 실현된 주제어가 통보상의 어떤 요인에 의해, 통보기능량이 높아지더라도 주제어가 아닌 요소가 주제어보다 앞으로 이동하는 것은 관찰하기가 쉽지 않다.

(132) 가을이 하늘이 푸르다.
(132′) *하늘이 가을이 푸르다.

그런데 경우에 따라서는 (133)과 같은 표현도 쓰일 수가 있는 것 같다.

(133) 하늘은, 가을이 푸르다.

(133)의 경우 우리는 '하늘은'을 주제화에 의해 실현된 주제어로 볼 것인가 하는 문제가 생겨난다. 이 문제에 답하기 위해서는 (133)에서의 휴지(pause)를 충분히 고려해야 할 것이다. (129)~(130)에서는 주제어로 실현된 요소들 뒤에 휴지를 반드시 요구하는 것은 아님에 비해 (133)에서는 '하늘은' 다음에 휴지가 항상 필요하다는 것을 고려한다면, (133)은 (133′)와 같은 구조를 갖는 것으로 볼 수 있다.

(133′)

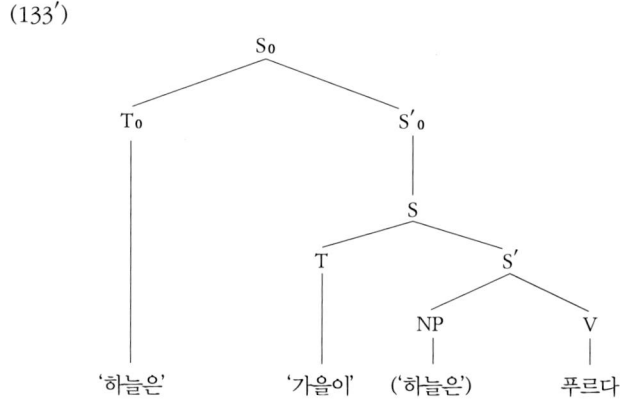

곧, (133)의 '하늘은'은 상위문(S_0)의 주제어로 실현된 것이고, 주어 '하늘은'은 생략된 것으로 볼 수 있을 것이다.

주제와 주제화에 대한 이상과 같은 인식을 바탕으로 할 때 우리가 어순의 변화와 관련시켜 주제화를 살펴볼 문형은 (96다, 라)의 문형이 된다.

(96) 다. NP_1{은} NP_2{이} V (NP_1 : 주제, NP_2 : 보어)
　　　라. NP_1{은} NP_2{을} V (NP_1 : 주제, NP_2 : 목적어)

서술 편의상, 우리는 (96라)의 문형부터 살펴보기로 하겠다.

(134) 영수가 위인전을 읽는다.
(134′) 위인전을 영수가 읽는다.
(135) 영수가 위인전은 읽는다.
(135′) 위인전은 영수가 읽는다.
(136) 영수는 위인전을 읽는다.
(136′) *위인전을 영수는 읽는다.
(137) ?영수는 위인전은 읽는다.
(137′) *위인전은 영수는 읽는다.

(134)~(137′)에서 우리가 관찰할 수 있는 것은 '영수'와 '위인전'의 통보기능량에 따라 '위인전'의 주제화가 가능하기도 하고, 가능하지 않기도 하다는 사실이다. 이것은 국어의 어순변화가 통보기능량과 밀접한 관계가 있다는 것을 암시하는데, 우리는 (134)~(137′)에서 '영수' 및 '위인전'의 통보기능량을 개조해 봄으로써, 어떤 규칙성을 발견할 수 있다. 우리가 앞에서 각 요소들 간의 통보기능량과 {이}, {을}, {은}, 'ø'의 관계를 규칙화했던 (79) 및 (84)를 이용하여 '영수'와 '위인전'의 통보기능량을 비교해 보면 '위인전'의 주제화가 가능한 (134)와 (135)는 '영수'의 통보기능량보다 '위인전'의 통보기능량이 더 낮지만, '위인전'의 주제화가 일어날 수 없는 (136)과 (137)에서는 그 역의 관계에 있음을 알 수 있다.

이 사실은 수동자가 두 개 실현되는 (96다)의 문형에서도 확인된다.

(138) 하늘이 색깔이 푸르다.
(138′) 색깔이 하늘이 푸르다.

(139) 하늘이 색깔은 푸르다.
(139′) 색깔은 하늘이 푸르다.
(140) 하늘은 색깔이 푸르다.
(140′) *색깔이 하늘은 푸르다.
(141) ?하늘은 색깔은 푸르다
(141′) *색깔은 하늘은 푸르다.

(138)~(141′)에서도 '색깔'의 통보기능량이 '하늘'의 그것보다 낮은 (138), (139)에서는 주제화가 일어날 수 있지만, '색깔'의 통보기능량이 더 높은 (140)과 (141)에서는 '색깔'의 주제화가 쉽지 않음을 볼 수 있다.

그런데 수동자가 두 개 실현되는 경우, 그 두 수동자 사이에 어떤 방향성이 있게 되면, 어순변화에 제약이 생겨나는 것으로 보인다. 이 사실을 '되다' 동사에서 살펴보기로 하자.

(142) 김계장이 과장이 되었다.
(142′) ?*과장이 김계장이 되었다.
(143) 김계장이 과장은 되었다.
(143′) ?과장은 김계장이 되었다.
(144) 김계장은 과장이 되었다.
(144′) *과장이 김계장은 되었다.
(145) ?김계장은 과장은 되었다.
(145′) *과장은 김계장은 되었다.

(142)~(145′)에서 (142), (143)의 '과장'은 '김계장'보다 통보기능량이 낮은 요소이므로 주제화가 가능할 것으로 기대되지만, 실제의 경우 주제화가 잘 일어나지 않는 것 같다. 이것은 '되다' 동사가 실현시키는

두 개의 수동자 사이의 의미론적 관계에 그 원인이 있는 것 같다. 우리는 서술의 편의상 '되다'가 실현시키는 두 개의 체언을 모두 수동자로 처리했지만, 좀 더 세분시켜 말하면, 주어로 실현되는 것은 일반적으로 source이고, 보어로 실현되는 것은 goal인 경우가 많다.

  (146) 올챙이가 개구리가 된다.
  (146′) 올챙이에서 개구리로 된다.

두 개의 체언이 source와 goal 같은 방향성이 있는 의미론적 관계에 놓일 때, 그 두 체언의 어순은 바뀌지 않는 것이 일반적인 것으로 보인다.

  (147) 그는 서울에서 부산으로 갔다.
  (147′) ?*그는 부산으로 서울에서 갔다.
  (148) 처음부터 끝까지 일관성을 유지했다.
  (148′) *끝까지 처음부터 일관성을 유지했다.

이러한 점을 염두에 두고 다시 (142)로 돌아가자. (142)에서 '김계장'은 source는 아니다.

  (142″) ?*김계장에서 과장으로 되었다.
  (142‴) 김계장이 (계장에서) 과장으로 되었다.

(142‴)가 보여주듯이 source에 해당하는 체언은 실현되지 않은 것으로 보아야 할 것이다. 그렇기는 하지만 '김계장'과 '과장' 사이에 어떤 방향성은 여전히 유지되고 있다. 그것은 '김계장'이 실현되지 않은

source와 의미론적으로 지시 관계에 있기 때문일 것이다. 어쨌든 '김 계장'과 '과장' 사이에 방향성이 있다고 한다면 (142′)나 (143′)의 부자연스러움은 그 방향성의 파괴에 의해 생겨난 것으로 볼 수 있다.

(142)에서와 같은 의미로서의 방향성은 아니지만, 어순변화에 제약으로 작용하는 또 다른 방향성을 우리는 (149)에서 볼 수 있다.

{을}
(149) 그분이 자기 자서전{은} 읽는다.

{을}
(149′) *자기 자서전{은} 그분이 읽는다.

(149)에서 '자기 자서전'은 '그분'보다 통보기능량이 작지만 주제화가 가능하지 않다. 이것은 (149′)처럼 어순을 바꾸면 주어 '그분'과 재귀대명사 '자기' 사이의 지시 관계가 파괴되기 때문인 것으로 보인다. 이러한 현상은 재귀대명사의 경우에만 한정되는 것이 아니고, 상호 지시 관계에 있는 요소들 사이에는 대부분 적용된다.

(150) 영수가 순희$_i$에게 그녀$_i$의 책을 주었다.
(150′) (*)영수가 그녀$_i$의 책을 순희$_i$에게 주었다.

(150′)가 성립할 때는 '순희≠그녀'일 때만 가능한 것으로 보인다.

(151) 장미가 두 송이가 피었다.
(151′) (*)두 송이가 장미가 피었다.
(152) 영수가 커피를 석 잔을 마셨다.

(152′) (*)석 잔을 영수가 커피를 마셨다.

(151)의 '두 송이가'와 (152)의 '석 잔을'은 각각 '장미가' 및 '커피를' 동격 관계를 이루는 요소로서(이익섭 1973), 선행요소와 상호 지시 관계를 갖는다. 그렇기 때문에 (151)과 (152)는 어순을 바꿀 수 없다. (151′)와 (152′)는 바른 문장으로 성립할 수도 있는데, 이때의 그들 각각의 문장은 (151) 및 (152)와 동의성을 갖지 못하는 것으로 보인다. 이를테면 (151′)는 '꽃이 여러 송이가 피었는데, 그 가운데 두 송이가 장미가 피었다.'는 의미를 가지고, (152′)는 '영수가 마실 것을 여러 잔 마셨는데, 그 가운데 석 잔을 커피를 마셨다'는 뜻을 갖지만, (151) 과 (152)는 그러한 의미는 갖지 않는 것이다.[45]

지금까지 우리는 통보기능량이 낮은 요소가 높은 요소보다 앞으로 이동해 가는 현상을 주제화로 해석하고, 주제화가 일어날 수 없는 몇 몇 경우도 살펴보았다. 이제 우리는 앞에서 유보해 두었던 (15), (16) 에 대해 주제화와 관련하여 살펴봄으로써 본 장을 끝맺기로 하겠다.

(15) 달아맨 돼지 누운 돼지 나무란다.
(15′) (*)누운 돼지 달아맨 돼지 나무란다.
(16) 달아맨 돼지가 누운 돼지를 나무란다.
(16′) 누운 돼지를 달아맨 돼지가 나무란다.

---

45 (152′)가 성립하는 경우는 '영수가 석 잔을 커피를 마셨다'의 문장에서 유도되었을 때이다. 이 문장이 (152)와 동의성을 갖지 않는다는 사실은 다음의 두 문장을 비교해 보면 알 수 있다.
(가) 영수가 마실 것을 석 잔을 마셨다.
(나) ?*영수가 석 잔을 마실 것을 마셨다.
(나)가 부자연스러운 것은 '마신 것은 석 잔 이상인데, 그 중에서 석 잔이 마실 것이었다.'라는 의미를 함의하기 때문인 것으로 보인다.

(16)과는 달리 (15)에서는 주제화가 일어나지 않는다. 이것에 대해 통보기능량만으로 설명하면 (16)의 경우는 '누운 돼지'가 '달아맨 돼지'보다 통보기능량이 낮은 요소이므로 주제화 조건에 부합되나, (15)에서는 두 요소의 통보기능량이 같으므로 ((84다) 참조), 주제화의 조건을 만족시켜주지 못한다고 할 수 있을 것이다. 그런데 문제는 'NP$_1$(이) NP$_2\phi$ V'에서도 'NP$_2\phi$'의 주제화가 쉽지 않다는 데 있다.

(153) 달아맨 돼지가 누운 돼지ϕ 나무란다.
(153') ?*누운 돼지ϕ 달아맨 돼지가 나무란다.

(153)에서 '누운 돼지'는 '달아맨 돼지'보다 통보기능량이 낮은 요소이지만 주제화가 쉽지 않다. 이러한 현상은 어디에서 오는 것일까?

우리는 앞에서 'ϕ'가 선후 두 요소를 의미론적으로 매우 밀착시키는 효과가 있어서, 합성어 구조에서도 매우 관여적임을 말한 적이 있다 (3.4.). (153)과 같은 경우 '누운 돼지ϕ 나무란다'가 합성어일 수는 없지만 'ϕ'에 의해서 그 두 요소 사이의 관계가 매우 밀착되어 마치 합성어처럼 행동한다고 볼 수 있을 것이다. 'NPϕ'의 주제화가 잘 일어나지 않는 이유를 우리는 'ϕ'의 그 같은 기능으로 파악할 수 있으리라 본다.

5. 결론

지금까지 우리는 {이}, {을}, {은}, 'ϕ'를 통보기능량(CD)과 관련시켜 살펴보았는데, 그 내용을 요약하면 다음과 같다.

1. {이}, {을}, {은}은 양태사(modalité)의 일종으로서 통보·화용부에서 [이 | 을], [은], [∅]를 교체 항목으로 하는 하나의 체계를 이룬다.

2. 구성체 'XαY'(서술의 핵은 Y)에서 'X'가 'Y'보다 통보기능량이 클 때, α는 [이 | 을]이 선택되고, 작을 때, α는 [은]이 선택되며, 'X'가 'Y'의 통보기능량이 같을 때, [∅]가 선택된다.

3. 문장의 의미구조에 의해 결정되는 통보기능량의 기본분포는 'NP$_1$[은 NP$_2$[이 | 을] V'로 표시할 수 있다.

4. 통보기능량의 기본분포는 화자, 청자, 통보내용 등과 같은 통보상의 여러 요인에 의해서 변화할 수 있다. 통보기능량이 기본분포에 의해서 주어진 것보다 높아질 때는 '배타적 대립'(혹은 '선택지정')과 같은 양태적 의미가 수반되고, 더 낮아질 때는 '대조'와 같은 양태적 의미가 생겨난다.

5. 국어의 어순변화는 주제화에 의해 일어나고, 주제화는 통보기능량이 낮은 요소가 주제의 위치로 이동하는 현상으로 정의할 수 있다.

6. 'NP$_1$α$_1$ NP$_2$α$_2$ V'에서 'NP$_2$α$_2$'가 주제화될 수 있는 조건은 'NP$_2$'가 'NP$_1$'보다 통보기능량이 낮을 때이다. 그러나 'NP$_1$'과 'NP$_2$'가 의미론적으로 'source-goal'과 같은 관계에 있거나, 지시 관계에 놓일 때는 어순 변화가 일어나지 않는다.

이상과 같은 우리의 결론이 좀 더 타당성을 얻기 위해서는 해결되어야 할 많은 문제들을 남겨 놓고 있다.

첫째로, 우리는 {이}와 {을}을 {은}과의 교체라는 차원에서 동일한 기능을 하는 것으로 파악했는데, 이것은 순수하게 통보·화용부에서의 해석이다. 따라서 통사부에서의 {이}와 {을}이 어떤 기능을 할 수 있는지, 할 수 있다고 한다면, 그것은 {이}와 {을}의 고유한 기능인지 아니면 통보·화용부의 기능과 엉켜 있는 것인지에 대한 해석의 문제가 남는다.

둘째로, 우리는 은연중에 'φ'와 휴지(pause)를 구별해서 기술했는데, 실제로 어디까지 휴지를 인정해야 하는가 하는 문제가 남아있다. 이 문제는 조사생략('φ'가 아닌)과도 밀접한 관계에 있는 것으로 보인다.

셋째로, {이}, {을}, {은}과 다른 조사들과의 관계에 대해서도 천착이 있어야겠다. 이를테면 {만}이나 {도} 등에 의해서 유도되는 주제화 문제[46]에 대해서도 통보기능량과 관련해서 파악되어야 할 것이다.

이외에도 사적인 검토도 있어야 하겠고, 또 우리가 조사 분류에서 고려하지 않았던 '에게, 에서, 이며, 이나, ……' 등과 같은 복합형이나, '까지, 마저, 조차, ……' 등과 같이 아직도 어느 정도 어휘적 의미를 지니는 조사들과의 고려 아래에서 조사 분류상의 {이}, {을}, {은}의 위치를 정하는 문제도 남아있는 것이다. 그러고 보면 본고는 처음 의도와는 달리 많은 미비한 점과 논리적 허점을 남긴 셈인데, 이러한 제문제는 앞으로 보완해 나가야 할 필자의 과제가 될 것이다.

참고문헌

고영근(1968), "주격조사의 한 종류에 대하여", 「이숭녕 박사 송수기 기념회」(남기심 외 공저 1975 소수(所收)).
_____(1974), 「국어접미사의 연구」, 백합출판사.
_____(1976), "특수조사의 의미분절", 「문법연구」 3.
_____(1981), 「중세국어의 시상과 서법」, 탑출판사.
_____(1982), "주시경의 문법이론에 대한 형태·통사적 접근", 「국어학」 11.

---

46 {만}, {도} 등에 의해 유도되는 주제화에 대해서는 박승윤(1981:246-254) 참조.

고영근・남기심(공편)(1983),「국어의 통사・의미론」, 탑출판사.
김방한(1965), "한국주격어미「이」고 재론",「학술원논문집」5.
_____(1967), "프라그학파의 언어이론",「어학연구」3-2.
김민주(1970), "국어의 격에 대하여",「국어국문학」49.50 합병호.
김영희(1974), "한국어 조사류어의 연구",「문법연구」1.
_____(1978), "겹주어론",「한글」169.
_____(1980), "정태적 상황과 통사현상",「한글」169.
김완진(1970), "문접속의 '와'와 구접속의 '와'",「어학연구」6-2. (남기심 외 공편 1975 소수(所收)).
김완택(1972), "주어격조사의 표현기능에 대한 연구",「이재수박사환력기념논문집」.
김한곤(1967), "A Semantic Analysis of the Topic Particles",「어학연구」3-2.
남기심・고영근・이익섭(공편)(1975),「현대국어문법」, 계명대출판부.
마르틴 프로스트(1981), "조사생략 문제에 대하여",「한글」171.
민현식(1982 a), "현대국어의 격에 대한 연구",「국어연구」49.
_____(1982 b), "국어조사에 대한 화용론적 연구",「이범최학근교수화갑기념논총」.
박순감(1970), "격문법에 입각한 국어의 겹주어에 대한 고찰",「어학연구」6-2.
박승윤(Sung-Yun, Bak)(1981), Studies in korean Syntax : Ellipsis, Topic and Relative Construction, Ph, D.Dissertation, Hawaii Univ.
서정수(1978),「국어구문론 연구」, 탑출판사.
서태룡(1979), "국어접속문에 대한 연구",「국어연구」40.
_____(1981), "문법형태소 중심의 통사론연구에 대하여",「한국학보」, 25.
성광수(1974), "국어 주어 및 목적어의 중출현상에 대하여",「문법연구」1.
_____(1979)「국어조사에 대한 연구」, 형설출판사.
손호민(Ho-Min, Sohn)(1974), "Case Incorporation in English Verbs with Reference to Korean Structure," from Working Paper in Linguistics 6-4.
_____(1978), "긴 형과 짧은 형",「어학연구」14-2. (고영근 외 공편 1983 소수(所收)).
_____(1981), "Multiple Topic Constructions in Korean",「한글」173.174.
신창정(1975 a), "국어의 주어문제 연구",「문법연구」2.
_____1975 b), "국어조사의 연구",「국어국문학」67.
_____(1976), "국어조사의 연구(Ⅱ)",「국어국문학」71.
_____(1979), "국어통사론의 몇가지 기본문제",「문법연구」4.
신현숙(1982), "목적격 표지 '를'의 의미연구",「언어」7-1.

안병희(1966), "부정어(Casus Indefinitus)의 정립을 위하여", 「동아문화」 6(남기심 외 공편 1975 所收).

양인석(In-Seok, Yang)(1972), Korean Syntax: Case Markers, Delimiters, Complementation and Relativization, 백합출판사. (Ph. D. Dissertation Univ. Hawaii, 1971)

_____(1973), "Semantics of Delimiters in Korean", 「어학연구」 9-2.

유구상(1980), "부사와 '는'의 결합관계", 「한글」 173·174.

이기문(1972) 「개정 국어사개설」, 민중서관.

이상규(1980), "'을/를'의 범주와 기능", 「문학과 언어」 1.

이숭녕(1966), "조사설정의 재검토", 「동양문화」 5.

_____(1969), "주격 중출의 문장구조에 대하여", 「어문학」 20.

_____(1981), 「중세국어문법」, 을유문화사.

이익섭(1973), "국어수량사구의 통사직능에 대하여", 「어학연구」 9-1.

_____(1978 a), "피동성 형격사문의 통사구조", 「국어학」 6.

_____(1978 b), "한국어의 재귀대명사에 대하여", 「인문논총」 1, 서울대.

이익섭·임홍빈(1983), 「국어문법론」, 학연사.

이필영(1982), "조사 '가/이'의 의미분절", 「이범최학근교수 화갑기념논총」.

임홍빈(1972), "국어의 주제화 연구", 「언어연구」 29.

_____(1974 a) "주격 중출론을 찾아서", 「문법연구」 1.

_____(1974 b) "'로'와 선택의 양태화", 「어학연구」 10-2.

_____(1979) "용언의 어근분리현상에 대하여", 「언어」 4-2.

_____(1980), "{을/를}조사의 의미와 통사", 「한국학논총」, 국민대.

장석진(1973), "A Generative Study of Discourse", 「어학연구」 9-2(별권).

정인상(1980), "현대국어의 주어에 대한 연구", 「국어연구」 44.

주시경(1910) 「국어문법」, 박문서관(「주시경전집(하)」 1976 소수(所收)).

채 완(1976), "조사 '는'에 대하여", 「국어학」 4.

_____(1977), "현대국어 특수조사의 연구", 「국어연구」 39.

_____1980), "화제의 의미", 「관악어문」 4.

_____(1982), "국어수량사구의 통시적 연구", 「진단학보」 53-54.

최현배(1977), 「우리말본」, 정음사.

홍윤표(1978), "방향성 표시의 격", 「국어학」 6.

_____(1979), "국어의 조사 (공동연구)", 「언어」 4-2.

Bowers, John S. (1981), *The Theory of Grammatical Relations,* Cornell Univ.

Press.

Chafem Wallacei L.(1970), *Meaning and The Structure of Language,* The Univ, of Chicago Press.

_____(1976), "Givenness, Contrastiveness, Definiteness, Subjects, Topics and Point of View," in Li ed.(1976)

Danes, F. (1964), "A Three-level Approach to Syntax," in Vachek ed.

Dik, Simon C. (1978), *Functional Grammar*, Amsterdam : North Holland Publishing Company.

Firbas, Jan(1964), "On Defining the Theme in Functional Sentence Analysis," in Vachek ed.(1964)

_____(1966), "Non-thematic Subjects in Contemporary English," in Vacheck ed.

Halliday, M.A.K (1967-68) "Notes on Transitivity and Theme in English," *JL* 3-1~2, *JL* 4-1.

_____(1970), "Language Structure and Language Function," in *New Horizons in Linguistics,* ed. by John Lyons, Pellican Books.

Hockett, Chares F. (1959), *A Course in Modern Linguistics,* The macmillan Company

Kuno, Susumu(1973), The Structure of the Japanese Language, MIT Press.

Li, Charles N. ed (1976), *Subject and Topic*, New York : Academic Press.

Li, Charles N. Sandria A. Thompson(1976), "Subject and Topic : A New Typology of Language," in Li ed.(1976)

Martinet, A.(1961), Éléments de linguistique générale, Paris. (김방한 역, 1978.「일반언어학개요」, 일조각.)

_____(1975), *Studies in Functional Syntax*, München : Wihelm Fink Verlang.

Motsch, W.(1978), "Sprache als Handlungsinstrument, "*Studia Grammatica* 17, Berling : Academie Verlag.

Mounin, G.(1968), *Clef pour la linguistique,* Paris : Seghers. (오원교 역, 1978,「언어학안내」, 신아사.)

Novak, Pavel(1966), "On the Three-level Approach to Syntax," in Vacheked.

Ramstedt, G. J.(1939), *A Korean Grammar*, Helsinki.

Shibatani, M.(1976), "Relational Grammar and Korean Syntax,"「어학연구」12-2.

_____(1977), "Grammatical Relations and Surface Cases," *Language* 53-4.

Vachek, Josef(ed.)(1964), *Travaux linguistiques de Prauge*(Ⅰ), Univ. of Alabama Press.

_____(ed.)(1966), *Travaux linguistiques de Prauge*(Ⅱ), Univ. of Alabama Press.

Viehweger, D.(1977), *Probleme der semantischen Analyse*, Berlin : Academie Verlag.

Wunderlich, D.(1979), *Foundations of Linguistics,* Cambridge Univ. Press.

국어의 목적어이동과 주제화

1.

본고는 현대국어의 목적어이동 현상을 발화조직층위(level of the organization of utterance)에서 주제구성과 관련시켜 파악해 보려는 것이다.

주지하는 바와 같이 국어 평서법의 타동사문은 주어+목적어+서술어 순의 기본어순과 목적어+주어+서술어 순의 변이어순을 가질 수 있다.[1]

(1) 고양이가 쥐를 잡았다.
(2) 쥐를 고양이가 잡았다.

(1)은 기본어순을 취한 문장이고 (2)는 변이어순을 취한 것인데, 이

---

[1] '고양이가 잡았다, 쥐를.'과 같은 발화는 변이어순으로 다루지 않는다. 변이어순에 대한 엄격한 규정은 Steele(1978)을 참조할 것.

들을 순수하게 문장의 문법구조층위(level of grammmmatical structure of sentence)에서만 보면, 두 문장의 어순 차이에 의해 변별될 수 있는 통사적 의미가 쉬 드러나지 않는다. 즉, (1)과 (2)의 두 예문은 그들의 어순에 관계없이 '고양이가'가 주어, '쥐를'이 목적어로 해석되는 동일한 내용의 명제일 뿐만 아니라, 어순의 변화에 의한 문체법의 변화도 일어나지 않는다.

그리하여 국어의 어순에 대한 종래의 논의는 어순의 차이에 의해 변별될 수 있는 어떤 통사적 의미에 대한 추구보다는 기본어순에서 변이어순으로 유도되는 절차 문제에 더 관심을 두게 된다.

기본어순에서 변이어순으로 유도되는 절차에 대해서는 김민수(1964:192)에서 비교적 요령을 얻은 설명을 하고 있는데 그곳에서는 국어의 성분배열에 대해 (1)과 같은 '순열'(順列, 전통문법에서의 '정치(正置)')과 (2)와 같은 '도열'(倒列, 곧 '도치(倒置)')이 있음을 지적하고, 도열에 대해 '힘주려는 성분이 <u>정한 제자리</u>를 벗어나서 앞으로 나오는 것'(밑줄-필자)으로 설명하고 있다. 여기서 '정한 제자리'라는 말은 기본어순의 문장과 변이어순의 문장 사이의 상호 관련성을 염두에 둔 것으로 보여 주목되는데, 이는 오늘날 변형생성문법의 틀 안에서 다음과 같이 '목적어 이동 규칙'을 설정하는 것과 견주어 볼 만한 것이다.

```
        NP  —  X  —  NP  —  V
                                OPT
        1      2      3      4   →
    3   1      2      ∅      4
```
                            (남기심 외 1981:82)

위에서 구조기술된 부분은 앞의 '정한 제자리'에 대응하고, 화살표이하의 구조변이의 부분은 '앞으로 나오는 것'이라는 문장적 설명에 대한 기호화의 다름 아닌 것이다.

그런데 앞의 두 논의는 변이어순이 기본어순에서 유도된다는 사실 및 그 절차에 대해서는 간결한 설명을 해 주고 있지만 그러한 현상이 뜻하는 통사적 의미에 대해서는 특정의 성분이 앞으로 이동해 갈 수 있다는 사실 외에 어떠한 명시적 설명도 하고 있지 않다. 이는 곧 이동해 가는 자리가 어떠한 구실을 하는 자리인가를 설명해 주지 않고 있다는 것과 무관하지 않다. 앞의 두 인용한 설명에서 김민수(1964)는 막연히 '앞으로' 이동해 간다고 하고 있고, 남기심 외(1982)에서는 좀 더 구체적으로 주어(곧 1로 지표(指標)된 NP) 앞의 자리를 이동의 위치로 상정하고 있으나, 역시 그 자리가 어떠한 의미를 갖는 자리인지는 불분명하게 처리되어 있다. 이러한 문제점은 이들 논의가 국어의 어순에 대한 문제를 파악함에 있어, 구별했어야 할 층위인 문법구조층위와 발화조직층위를 구별하지 않았거나, 아니면 순수히 전자의 층위에 한정하였기 때문인 것으로 보인다.[2]

그러나 국어에서의 어순의 문제는 발화조직층위에서 논의될 때, 그 의미가 보다 선명히 드러날 수 있는 현상이다. 이에 대해서는 Daneš(1967)의 교조적 설명을 원용하지 않더라도 국어의 어순에 대한 전통적 설명들에서도 암시를 받을 수 있다. 앞서 김민수(1964)에서의 '힘주려는 성분'이라는 말이 이미 순수 문법구조층위적인 설명이 아니며, 전통적으로 도치의 효과를 '강조' 또는 '어조의 고름'이라고 하는 설명[3]들이 모두 발화조직층위에서 논의될 수 있는 것들이다.

---

2 문장의 층위에 대한 논의는 Daneš(1967) 참조.
3 최현배(1977:785~786).

국어의 목적어이동과 주제화 147

국어의 어순을 발화조직층위에서 다루어야 한다는 관점은 유동석(1984:66~67)에서도 취한 바 있는데, 그곳에서는 조사 {이}, {을}, {은}의 통보기능과 관련시켜 목적어의 이동을 주제화의 한 현상으로 해석했었다.[4] 그러나 유동석(1984)의 관심이 주로 그들 조사의 양태적 의미에 있었던 까닭에 목적어의 이동을 주제화로 해석하는 일에 있어서도 논증의 범위가 그것에 국한될 수밖에 없었다. 그래서 본고는 유동석(1984)에서 미처 다루지 못했던 사실을 들어 목적어의 이동을 주제화로 해석하는 앞서의 입장을 더욱 강화하는 한편 목적어이동에 대한 일반적 사실을 포착해 보고자 하는 것이다.

2.

주제화(topicalization)는 용어 그 자체가 암시하고 있는 바와 같이, 주제가 아닌 어떤 성분이 주제 구실을 하게 된다는 것을 뜻한다. 그러므로 목적어의 이동을 주제화의 한 현상이라고 한다면, 주제 구실을 하지 않던 목적어가 이동의 결과 주제 구실을 하게 된다는 것을 뜻하고, 더 나아가 이동의 방향은 주제 구실을 할 수 있는 자리로 향하여야 할 것이다. 그리고 그 자리는 기능적 관점에서 주제를 정의하는 일반적 통설에 따른다면 흔히 문두라고 일컫는, 주어보다 앞선 자리가 된다. 여기서 좀더 유추한다면 목적어가 주제의 자리로 이동하기 위해서는 그 자리는 비어 있어야 한다는 조건을 생각해 볼 수 있을 것이다. 이 조건은 비교적 간단한 방법으로 그 타당성을 검증해 볼 수 있다. 곧 이미 주제가 실현되어 있는 문장과 그렇지 않은 문장에서의 목적어

---

4   Mandarin의 어순에 대해 같은 관점을 취한 해석은 Li & Thompson(1975) 참조.

이동의 양상을 조사해 보면 될 것이다. 이를 위하여 (3)~(6)부터 보기로 하자.

    (3) ㄱ. 영수는 형이 팔을 다쳤다.
        ㄴ. *영수는 팔을 형이 다쳤다.
        ㄷ. *팔을 영수는 형이 다쳤다.
    (4) ㄱ. 김 노인은 며느리가 효부상을 받았다.
        ㄴ. *김 노인은 효부상을 며느리가 받았다.
        ㄷ. *효부상을 김 노인은 며느리가 받았다.
    (5) ㄱ. 영수의 형이 팔을 다쳤다.
        ㄴ. 팔을 영수의 형이 다쳤다.
    (6) ㄱ. 김 노인의 며느리가 효부상을 받았다.
        ㄴ. 효부상을 김 노인의 며느리가 받았다.

  (3)과 (4)는 각각 '영수'와 '김 노인'이 주어 앞에 주제로 실현되어 있는 것들인데, 이들에서 목적어가 주어 앞으로 이동해 가면 매우 부자연스러운 문장이 됨을 볼 수 있다. 반면, (5)와 (6)은 명제내용에 있어서는 각각 (3) 및 (4)와 동일하면서 문제의 '영수'와 '김 노인'은 관형어로 실현되었는데, 이 경우, 목적어의 이동은 자연스럽게 일어날 수 있음을 보여 준다. (3)과 (4) 및 (5)와 (6)에서의 이러한 차이는 목적어의 이동이 주제의 실현 여부와 밀접한 관련을 맺고 있음을 말해 주는 것이다.
  그런데 (7), (8)은 주제가 이미 실현되어 있어도 목적어가 이동한다.

    (7) ㄱ. 영수는 어머니가 숙제를 (대신) 했다.
        ㄴ. 영수는 숙제를 어머니가 (대신) 했다.

ㄷ. ?*숙제를 영수는 어머니가 (대신) 했다.
(8) ㄱ. 김 노인은 며느리가 상을 (대신) 받았다.
　　　ㄴ. 김 노인은 상을 며느리가 (대신) 받았다.
　　　ㄷ. ?*상을 김 노인은 며느리가 (대신) 받았다.

　　(7), (8)도 주제가 이미 실현되어 있는 경우인데, 앞에서 본 (3), (4)와는 달리 목적어가 앞으로 이동할 수 있음을 보여 주고 있다. 그리고 이때 목적어의 이동 위치는 주어보다는 앞이지만 이미 실현되어 있는 주제보다는 뒤가 된다. 그런데 우리가 앞에서 목적어의 이동 위치는 주제의 자리일 것이라고 했는데, 이러한 해석을 (7), (8)의 문장에도 적용시킬 수 있기 위해서는 이미 실현되어 있는 주제와 주어 사이에 잠재적으로 실현될 수 있는 또 다른 주제의 자리가 있다고 가정해야 한다. 바꾸어 말하면 (7), (8)의 문장은 주제가 둘 이상 실현될 수 있는 문장으로 가정해야 하는 것이다. 국어에서 주제가 둘 이상인 문장의 예를 찾는 것은 그리 어려운 일도 아니며, 또 하나의 문장에 둘 이상의 주제가 있을 수 있다[5]는 것은 쉽게 생각해 볼 수 있는 논리이지만, 실제로 (7), (8)이 그러한 문장일 것이라는 것은 증명하기 어려운 문제로 보인다. 다만 이들 문장은 (3), (4)의 것들과는 달리 서술어 앞에 '대신(代身)'이라는 부사어를 보충하면 의미 해석에 있어 훨씬 명확해짐을 볼 수 있는데, 이 사실에서 (7), (8)의 문장을 (7'), (8')와 같이 복합명제로 분석할 수 있고, 다시 그것에서 두 개의 주제가 실현될 수 있는 가능성을 찾아 볼 수 있다.

　　(7') 영수는 <u>숙제를 했는데</u>, 어머니가 대신 그 숙제를 했다.

5　임홍빈(1985:95~96) 참조.

(8′) 김 노인은 상을 받았는데, 며느리가 대신 그 상을 받았다.

(7′), (8′)의 선행절의 서술부(밑줄 친 부분)는 후행절에 되풀이되는 것으로서, 생략하면 (7′), (8′)는 (7), (8)로 환원된다. 그런데 이들 (7′), (8′)에서의 목적어의 이동은 (7), (8)에서의 그것과 평행적인 관계를 보임이 주목된다.

(7″) ㄱ. 영수는 숙제를 했는데, 그 숙제를 어머니가 대신 했다.
　　 ㄴ. *그 숙제를 영수는 숙제를 했는데, 어머니가 대신 했다.
　　 ㄷ. ?*숙제를 영수는 했는데, 어머니가 그 숙제를 대신 했다.
(8″) ㄱ. 김 노인은 상을 받았는데, 그 상을 며느리가 대신 받았다.
　　 ㄴ. *그 상을 김 노인은 상을 받았는데, 며느리가 대신 받았다.
　　 ㄷ. ?*상을 김 노인은 받았는데, 며느리가 그 상을 대신 받았다.

(7″ㄱ) 및 (8″ㄱ)은 후행절의 목적어가 주어 앞으로 이동한 것으로서, 이때 선행절의 서술부를 생략하면 (7), (8)에서 목적어가 주어와 주제 사이로 이동한 것과 같은 문장이 된다. 한편 (7), (8)에서 목적어는 주제보다 앞으로 이동할 수 없었는데, (7″)와 (8″)에서도 선행절의 목적어이든, 후행절의 목적어이든 선행절의 주어 앞으로 이동해 갈 수 없음을 보여주고 있는 것이다.

이상의 사실들에서 우리는 (7′), (8′)의 문장은 선행절과 후행절이 각각의 주제를 가진다고 상정해 볼 수 있겠는데, 이때 선행절의 주제는 각 문장의 '영수는'과 '김 노인은'이 될 것이고, 후행절은 주제의 자리가 비어 있어, 그곳으로 목적어가 이동해 간다고 할 수 있는 것이다. 그리고 (7′), (8′)의 이러한 양상이 (7), (8)에 그대로 반영된 것이라고 한다면, 앞서 (7), (8)에서 목적어가 이동해 가는 자리로 확인한 주제와 주어 사이의 위치는 또 다른 주제의 자리일 것으로 상정하는 일이 가능해지는 것이다.

이상에서 우리는 목적어가 이동해 갈 수 있는 위치가 실현되지 않은 주제의 자리임을 확인했는데, 이는 관계관형절에 의해서도 확인된다. 종종 국어의 관형절에서도 목적어의 이동이 제약됨을 볼 수 있다.

(9) ㄱ. 영수가 옷을 준
　　ㄴ. *옷을 영수가 준 } 소녀를 안다.

(10) ㄱ. 영수가 그 소녀에게 옷을 준
　　ㄴ. 옷을 영수가 그 소녀에게 준 } 사실을 안다.

(9), (10)은 관형절을 안은 문장으로서, (9)는 관형절 안에서 목적어가 이동할 수 없음에 비해, (10)은 쉽게 이동할 수 있음을 보여 준다. 목적어의 이동과 관련하여, (9), (10)이 보여주는 이러한 차이는 전자가 관계절이고, 후자가 보문절이라는 사실로써 설명될 수 있다.

이홍배(1979:33-36)는 Kuno(1973)의 일본어 관계화에 대한 가설을 받아들여, 관계화될 수 있는 명사구를 주제조사 '는'이 붙은 명사구로 보고 그 명사구는 관계화된 후에도 원래 있던 자리에 흔적을 남긴다고 지적하고 있다. 이 가설을 (9)의 문장에 적용시켜 보면 이것에 안겨 있는 관계관형절은 관계화가 일어나기 전에 '소녀'를 주제로 실현시켰던 문장이라 할 수 있다. 그리고 관계화가 일어나면서 주제이었던 '소녀'는 관계화 명사구로 이동해 가지만, 그 주제의 자리에 여전히 흔적을 남기고 있어서 목적어의 이동이 제약된다고 할 수 있는 것이다.

관계절에서의 목적어의 이동에 대한 제약 현상이 주제의 흔적 때문이라는 설명은 앞 절에서 본 (3)과 (7)을 각각 관계화시킨 (11), (12)에서도 확인된다.

(11) ㄱ. 형이 팔을 다친 } 영수
　　 ㄴ. *팔을 형이 다친

(12) ㄱ. 어머니가 숙제를 한 } 영수
　　 ㄴ. 숙제를 어머니가 한

　(11)은 (3)의 문장을 관계화시킨 것이고, (12)는 (7)의 문장을 관계화시킨 것이다. 그런데 (11)의 경우는 관계절 안에서 목적어의 이동이 일어날 수 없지만 (12)는 그것이 가능하다. 이러한 현상은 앞에서 (3)의 문장은 목적어의 이동이 일어날 수 없었지만, (7)은 주어와 이미 실현되어 있는 주제 사이로 이동해 갈 수 있었던 사실과 정확히 일치하는 것이다.
　이상의 사실은 관형절에서의 목적어이동도 주제의 자리가 비어 있을 때만 가능하다는 사실을 말해 주는 것이다.

3.

　지금까지 우리는 주제가 이미 실현되어 있는 문장에서나, 주제의 흔적을 남기고 있는 관계절에서는 목적어의 이동이 제약되는 현상을 보았는데, 이는 국어의 목적어이동을 주제화로 해석할 수 있는 하나의 근거가 되는 것이다. 이제 이를 보강할 수 있는 또 다른 증거를 문장강세와 관련시켜 살펴보기로 한다.[6]
　국어의 문장강세의 위치는 비교적 자유롭다. 그러나 가장 일반적인 문장강세의 패턴은 그것이 문장의 중위부(中位部)에 놓이는 것이다.

6　어순과 문장강세의 상관관계에 대해서는 Seilier(1962) 참조.

이는 김종택(1973)에서 통계조사로 확인한 바 있는데, 삼 어절 문장의 경우, 둘째 어절에 강세가 놓이는 것이 가장 일반적인 패턴인 것이다. (1)로써 말한다면 '쥐를'에 강세가 놓이는 것이 가장 일반적인 문장강세 패턴이 된다. 우리는 이러한 패턴을 국어 문장강세의 기본형이라 부르기로 하고, (13)과 같이 나타내기로 하겠다.

(13) 문장강세의 기본형

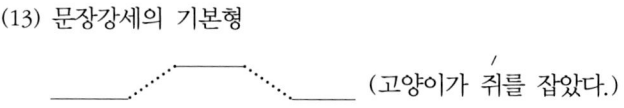 (고양이가 쥐를 잡았다.)

국어 문장강세의 기본형이 (13)과 같음은, 국어가 발화조직층위에서 주제-설명(topic-comment), 또는 주제-초점(topic-focus) 구조를 취한다는 사실과 무관하지 않은 것으로 보인다. 주제는 '이야기의 출발점(point of departure)'으로서, '한정성(definiteness)' 등의 의미 특성을 갖는다.[7] 따라서 문장에서 가장 낮은 정도의 통보기능을 하게 되어 일반적으로 문장강세가 놓이지 않는 것이다. 그러므로 문두 실현의 주제를 가지는 국어로서는 (13)형의 문장강세 패턴이 가장 적합할 수밖에 없다.

그런데 (13)의 기본형은 여러 가지 통보상황에 의해 첫 어절 또는 마지막 어절로 강세의 위치가 옮겨 갈 수 있다. 강세의 위치가 변동된 것을 우리는 기본형에 대해 문장강세의 변이형이라 부르기로 하겠다.

---

7   채완(1979) 참조.

(14) 문장강세의 변이형

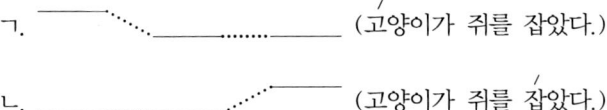

(14ㄱ)의 패턴은 이를테면 (1)을 '무엇이 쥐를 잡았느냐?'에 대한 대답으로 상정할 때 기대할 수 있는 것이고, (14ㄴ)은 '고양이가 쥐를 어떻게 했느냐?'는 물음의 대답에서 나타날 수 있는 패턴이다.

그런데 이러한 문장강세는 문법구조를 바꾸는 것과 같은 기능은 하지 못하지만, 화용론적으로는 의미를 지니는 바, 우리는 그것을 초점(focus)이라 할 수 있다. 강세가 놓인 이 초점 요소는 부정에 의해 직접 부정되는 요소로 확인된다.

(15) ㄱ. 고양이가 쥐를 잡은 것이 아니라 (고양이가) <u>다람쥐를</u> 잡았다.
ㄴ. 고양이가 쥐를 잡은 것이 아니라 <u>개가</u> (쥐를) 잡았다.
ㄷ. 고양이가 쥐를 잡은 것이 아니라 (고양이가 쥐를) <u>놓쳤다</u>.

(15ㄱ)은 문장강세가 기본형인 문장을 부정문으로 바꾼 것인데, '아니라'에 의해 직접 부정되는 요소가 '쥐를'임은 대립하는 요소 '다람쥐를'에 의해 확인된다. (15ㄴ)과 (15ㄷ)은 각각 문장강세가 (14ㄱ) 및 (14ㄴ)의 패턴인 문장을 부정한 것인데, 이때도 강세가 놓인 초점의 요소가 부정됨은 각각에서 밑줄 친 요소들의 대립에 의해 확인될 수 있는 것이다.

문장강세가 놓인 요소가 부정에서 직접 부정된다는 위의 사실은 역으로 문장강세를 확인하는 원리로 쓰일 수 있다. 이에 의해 (2)의 문장강세를 조사해 보자.

(16) 쥐를 고양이가 잡은 것이 아니라,
   ㄱ. *다람쥐를 잡았다.
   ㄴ. 개가 잡았다.
   ㄷ. ?놓쳤다.

(16ㄱ)의 연결은 매우 부자연스러운 반면, (16ㄴ)과 (16ㄷ)은 둘 다 허용될 수 있다. 그러나 그 정도에 있어서 (16ㄷ)보다 (16ㄴ)이 훨씬 자연스러운데, 이는 (2)에서 '고양이가'에 강세가 놓이는 것이 가장 일반적이고 경우에 따라서는 '잡았다'에도 강세가 놓일 수 있다는 것을 의미한다.

이제 우리는 (1)과 (2)의 가능한 강세 패턴을 모두 조사해 보았는데, 여기서 이들 강세 패턴에 의해 확인될 수 있는 (1)의 기본어순과 (2)의 변이어순 사이의 관계에 대해 생각해 보기로 하자.

만약 (2)가 (1)에서 유도된 것이라고 한다면, 그것은 (1)이 (14)와 같은 변이형의 강세 패턴을 보일 때이다. 왜냐하면 (16)에서 확인된 바와 같이 (2)에서 강세가 놓일 수 있는 요소는 '고양이가'와 '잡았다'인데, 이들 요소에 강세가 나타나는 것은 (1)이 (14)의 변이형 강세 패턴을 보일 때이기 때문이다.

따라서 우리는 일단 목적어이동이 일어날 수 있는 문장은 문장강세가 변이형일 때, 좀더 구체적으로는 목적어에 문장강세가 없을 때의 것이라고 할 수 있다.

그러면 문장강세가 변이형일 때 목적어가 이동하여 얻는 효과는 무엇인가? 우리는 이를 위해 목적어가 이동하면 문장 강세 패턴이 어떻게 변하는가를 도시화(圖示化)해서 보기로 하자.

(17) ㄱ. ∅ 고양이가 쥐를 잡았다. (⌐‾‾‾‾⌐......⌐‾‾‾‾)

　　　ㄴ. 쥐를 고양이가 ∅ 잡았다. (‾‾‾‾......⌐‾‾‾‾⌐......⌐)

(18) ㄱ. ∅ 고양이가 쥐를 잡았다. (⌐‾‾‾‾⌐......⌐‾‾‾‾)

　　　ㄴ. 쥐를 고양이가 ∅ 잡았다. (‾‾‾‾......⌐‾‾‾‾⌐)

(17)의 경우는 '고양이가'에 강세가 있는 경우인데, 이때 목적어의 이동은 (14ㄱ)과 같은 변이형의 문장강세 패턴이 (13)의 기본형으로 바뀌는 효과를 가지고 옴을 볼 수 있다. 이는 바꾸어 말하면 '주제-초점' 구조에서 벗어나는 패턴의 문장강세가 목적어의 이동에 의해 '주제-초점' 구조에 적합한 패턴으로 바뀌었다고 말할 수 있는 것이다. 이것은 목적어의 이동을 주제화의 한 현상으로 보는 우리의 논의에 대한 한 증거가 될 수 있는 것이다.

그런데 (18)의 경우는 강세 패턴이 (14ㄴ)과 같이 '잡았다'에 강세가 놓이는 변이형의 경우로서, 목적어의 이동에 의한 강세 패턴의 변화라는 효과를 거두지 못하고 있다. 그렇지만 (18)이 보이는 이러한 결과가 (17)에 대한 우리의 해석에는 아무런 영향도 주지 못한다. 왜냐하면 (18)이 취하고 있는 문장강세의 패턴은 '주제-초점' 구성의 강세 패턴이라는 점에서 (13)의 기본형과 다를 바 없기 때문이다. 다만 '주제-초점' 구성의 강세 패턴을 보이는 (18)이 굳이 목적어를 이동시켜 얻을 수 있는 효과라면 주제가 '고양이가'에서 '쥐를'로 바뀌었다는 것이고,[8]

이에 부수되는 화용론적 의미로는 '강조' 정도를 생각해 볼 수 있을 것이다.

4.

지금까지 우리는 국어의 목적어이동 현상을 발화조직층위의 한 문제인 주제화로 해석해야 할 것임을 말하고 이에 대한 몇 가지 증거를 살펴보았는데, 요약하면 다음과 같다.

① 목적어가 이동해 가는 위치는 주제가 실현될 수 있는 자리이다. 이에 대한 증거로는, 첫째 주제의 자리가 비어 있는 문장에서는 목적어가 주어 앞으로 이동할 수 있지만, 이미 주제가 실현되어 있는 문장에서는 목적어의 이동이 제약된다는 점, 둘째 관형절에서 그것이 보문절인 경우 목적어 이동은 자유롭지만, 주제의 흔적을 가지는 관계절의 경우에는 그렇지 않다는 점 등을 들 수 있다.

② 국어의 목적어이동은 문장강세가 문장의 첫머리인 주어에 놓이는 문장에서 일어나는 것이 일반적이다. 따라서 목적어가 주어 앞으로 이동하게 되면, 그 결과 문장강세는 문장의 중위부에 위치하게 되어 '주제-초점' 구성의 문장강세 패턴과 일치하게 된다.

이상으로 목적어의 이동을 주제화와 관련시킨 우리의 논의는 일단 끝나는 것이지만, 여기서 한 가지 부기(附記)해 둘 것이 있다. 그것은 곧 목적어 외의 다른 명사구에 대해서도 동일한 방법의 설명을 할 수 없겠는가 하는 것이다. 논리적으로 말한다면, 우리는 주제의 자리

---

8   Kiss(1981)에서도 (18)과 유사한 Hungarian의 예문을 다루고 있는데, 그곳에서는 주어와 목적어 둘 다를 주제로 해석하고 있다.

를 주어 왼편에 위치하는 것으로 가정하였기 때문에 주어도 그 자리로 이동해 갈 수 있다고 상정하는 것이 타당할 것 같다.[9] 그렇게 함으로써 우리는 국어에 대한 경험적 사실 하나를 합리적으로 설명할 수도 있다. 즉 우리는 경험적으로 국어는 '주어+목적어+서술어' 순의 기본어순이 '목적어+주어+서술어' 순의 변이어순보다 월등히 많이 발화된다는 사실을 알고 있다.[10] 뿐만 아니라 대부분의 기본어순의 문장은 주어가 주제를 겸하고 있다는 사실도 알고 있는 것이다. 이러한 사실을 합리적으로 설명하기 위해서는 주어의 주제 자리로 이동을 상정하는 것이 전혀 무의미한 일만도 아닐 것이다. 물론 이때 아무런 문제가 없는 것은 아니다. 주어의 이동을 상정한다고 할 때, 이동 전의 문장과 이동 후의 문장이 표면적으로는 어떠한 차이도 드러나지 않기 때문에, 그 이동규칙은 공연쇄규칙(空連鎖規則, string-vacuous rule)이 되고 마는 것이다.[11] 이런 문제는 보다 신중히 검토되어야 할 사항이지만, 국어 명사구의 이동을 포괄적으로 논의할 수 있기 위해서는 주어의 주제화도 이동규칙으로 다루는 것이 편리하리라 생각한다.

---

[9] 이환묵(1979)은 주어 명사구는 이동할 수 없다고 말하고 있다. 이는 이동의 결과가 가시적으로 드러나지 않는 데서 나온 해석으로 보인다.
[10] 국어의 경우 기본어순의 문장과 변이어순의 문장의 발화 비율에 대해서 구체적으로 조사된 바 없지만, 일본어의 경우는 Kuno(1973:4)에 따르면 17:1의 비율로 실현된다고 한다.
[11] string-vacuous rule의 설정 가능성과 그 문제점에 대해서는 Clements, et al.(1983) 참조.

참고문헌

김민수(1964), 「신국어학」, 일조각.
김종택(1973), "어순변환에 따른 표현가치의 변환에 관한 연구", 「논문집」 9, 대구교대.
남기심·이정민·이홍배(1981), 「언어학개론」, 탑출판사.
이환묵(1979), "국어 명사구 이동변형", 「어학교육」 4, 전남대.
임홍빈(1985), "국어의 문법적 특징에 대하여", 「국어생활」 2.
유동석(1984), "기능조사의 통보기능에 대한 연구, ―(이)·(을)·(은)을 중심으로", 「국어연구」 60.
채완(1979), "화제의 의미", 「관악어문연구」 4.
최현배(1977), 「우리말본」, 정음사.
Clements, George N., James McClosky, Joan Maling and Annie Zaenen(1983), "String-Vacuous Rule Application", *Linguistic Ingquiry* 141, pp.1-17.
Daneš, F.(1964), "A Three-level Approach to Syntax", *Travaux Linguistique de Praque(I)*, J. Vachek(ed.), Alabama: University of Alabama Press., pp.225-240.
Kiss, Katalin É.(1981), "Structural Relations in Hungarian, a Free Word Order Language", *Linguistic Inquiry* 12-2, pp.185-213.
Kuno, Susumu(1973), *The Structure of Japanese Language*, Cambridge: MIT Press.
Li, Charles N. and Sandra A. Tompson(1975), "The Semantic Function of Word Order: A Case Study in Mandarin", *Word Order and Word Order Change*, Charles N. Li(ed.), Austin: The University of Texas Press., pp. 163~195.
Seilier, Hansjakob(1962), "On the Syntactic Role of Word Order and of Prosodic Features", *Word* 18, pp.121-131.
Steele, Susan(1978), "Word Order Variation: Typological Study", *Universals of Human Language 4. Syntax*, Joseph H. Green-berg(ed.) Stanford: Stanford University Press, pp.585-623.

Ⅲ. 조사의 의미

조사 {로}의 이질성 극복을 위하여

1.

  1.1.

현대국어에서 조사 {로}는 그것과 관련된 통사·의미상의 이질성이 항상 문제로 되어 왔다.

먼저 통사론적 측면에서의 이질성은 {로} 통합 NP가 수의성분과 필수성분으로 갈린다는 점을 들 수 있다.

  (1) 목수가 <u>나무로</u> 의자를 만든다.
  (2) 목수가 나무를 <u>의자로</u> 만든다.

일견, (1)과 (2)는 동일한 통사구조를 갖는 것처럼 보이지만, (1)의 '나무로'는 생략이 가능한 수의성분이고 (2)의 '의자로'는 생략할 수 없는 필수성분인 것이다. 한편 의미론적인 측면에서의 이질성이란 흔히 {로}에 부여하는 다양한 의미를 두고 하는 말이다.

주지하는 바와 같이 {로}는 방향, 방편(도구), 재료, 원인, 자격, 변성 등의 여러 의미와 관련되어 있다. 물론 이들 의미 가운데 방편(도구), 재료 등과 같이 어느 정도 동질성을 보이는 것들도 있지만, 방향과 원인 등은 쉽게 묶여질 수 없어 이질성을 잘 보여주는 것들이다. 그리하여 문법가에 따라서는 이들 의미 가운데 어느 하나만을 특징적으로 취하여 조격(造格)이나 구격(具格), 혹은 방편격(方便格)이라는 이름으로 {로}의 전체 의미를 포괄하기도 하고 때로는 세분화하여 방향처소격, 도구격, 자격격, 변성격[1] 등으로 구별하기도 했던 것이다.

조사 {로}가 보이는 의미상의 이질성을 극복하려는 노력은 임홍빈 (1972)에서 본격적으로 펼쳐졌다. 임홍빈(1972)은 앞에서와 같이 {로}에 다양한 의미를 상정하는 것은 지나치게 관계의미에 집착한 결과로 보고, {로}에 대해 새로운 접근을 시도했는데, 그것은 화용론적인 접근이었다. 그리하여 {로}가 사용되는 여러 상황이 검토되고, 또 {로}가 나타나는 구문들의 다양한 특성이 조명된 후 {로}는 [+선택적]이라는 의미를 가진다고 결론지었다.

{로}가 [+선택적]이라는 의미를 가진다는 것은 국어 화자의 직관에도 부합되는 것으로 보인다. 그러나 문제는 그것이 화용론적 의미라는 것이다. 임홍빈(1972)에서도 지적한 것처럼 앞에 상정된 {로}의 다양한 의미들이 관계의미에 '집착한 결과'라 한다면, 그들 의미는 화용론적 의미인 [+선택적]이라는 의미로는 포괄될 수 없기 때문이다. 그리하여 {로}의 의미가 보이는 이질성은 [+선택적]이라는 화용론적 의미까지 추가하여 여전히 남아 있는 것이다.

---

1   최현배(1977:651-652)의 조사 일람표 참조.

이상에서 우리가 살펴본 {로}의 이질성은 어떻게 하든 극복되어야 할 국어문법연구의 한 과제이다. 그러나 여기서 이질성의 극복이라는 것이 어떤 단일 명칭을 부여한다거나, 아니면 하나의 술어로써 다양한 {로}의 기능을 포괄해야 한다는 말은 아니다. 그와 같은 작업은 실제로 가능할 것 같지도 않으며, {로}에 관한 한 그렇게 의미가 있을 것 같지도 않다.

그리하여 우리는 {로}의 그같은 이질성을 액면 그대로 인정하기로 하고, 그러한 이질성이 어떻게 생겨났는가 하는 문제에 초점을 맞추어 보기로 하겠다.

1.2.

본격적인 논의로 들어가기 전에 먼저 {로}가 나타나는 구문들의 일반적인 특성을 이질성과 관련시켜 개관해 볼 필요가 있다.

먼저 필수성분의 구실을 하는 {로} 통합 NP가 나타나는 구문들부터 살펴보기로 하자.

(3) 돌이 <u>금으로</u> 되었다/변했다/바뀌었다.
(4) 마이다스왕은 돌을 <u>금으로</u> 만들었다/변화시켰다/바꾸었다.

(3)~(4)에 나타나는 {로}는 흔히 '변성'의 의미를 가진다고 말해 왔다. 여기서 '변성'이라는 것은 서술어 '되다', '만들다' 등의 의미와 관련시켜 취한 것으로 보인다. 이 서술어들은 모두 상태변화와 관련된 것들이기 때문이다. 그런데 이들 서술어에 통합된 NP들 가운데 {로}가 통합된 '금은 변성의 결과를 나타내는 것이고 {이} 혹은 {을}이 통합된

'돌'은 변성을 입은 것이다. 여기서 변성을 입은 것을 A, 그 결과를 B라 한다면, (3)과 (4)는 (3')~(4')와 같은 도식으로 그릴 수 있다.

(3')~(4')   A $\xrightarrow{\text{(되다, 만들다)}}$ B

위의 도식에서 화살표는 변화의 방향을 나타낸다.

(5) ㄱ. 우리는 영수를 <u>대표로</u> 삼았다.
    ㄴ. 김씨는 낚시를 <u>취미로</u> 삼았다.

(5ㄱ)에서 밑줄 친 '대표로'는 흔히 자격의 의미를 갖는다고 한다. 그러나 여기서 자격이란 서술어 '삼다'와의 관계에서 파악되는 의미라 기보다는 체언 '대표'가 내포하고 있는 어휘적 의미에 끌린 것이다. 이것은 (5ㄴ)의 '취미로'에서 자격의 의미를 읽을 수 없다는 데서도 알 수 있다. 그런데 (5)의 서술어 '삼다'는 일반적으로 대격 NP와 {로} 통합 NP를 필수성분으로 갖는다. 이때 대격 NP는 보통 '삼는' 행위를 입는 대상이 되고 {로} 통합 NP는 그것을 입은 결과를 나타내는 말이다. 이것은 (5)의 {로} 통합 NP에 대해서도 앞에서의 변성이라고 했던 것들과 같은 의미로 파악할 수 있다는 것을 뜻한다. 그리하여 우리는 변성의 대상을 A, 그 결과를 B라고 한다면, (5)에 대해서 (5')와 같은 도식을 그릴 수 있다.

(5')   A≠B $\xrightarrow{\text{(삼다)}}$ A=B

다만, (3), (4)에서의 변성은 물리적·화학적인 것인데 비해 (5)에서의 변성은 심리적 혹은 인식상의 변성이라는 차이가 있다. 이 차이는 (3′)~(4′)의 A와 B가 'A=B'인 관계를 보여 주지 않는 데 비해, (5′)는 'A=B'의 관계를 보여주는 것과도 관련이 있다.

(6) 사람들은 그를 영웅으로 알았다/여겼다……

(6)도 그 의미 파악에 있어서는 (5)와 그렇게 차이가 나지 않는다. 다만 (6)에서의 'A=B'의 관계는 간접인용 형식으로 환치될 수 있다.

(6′) 사람들은 그를 영웅이라고 알았다/여겼다……[2]

이제 {로} 통합의 NP가 수의성분인 경우를 살펴보자.

(7) <u>낫으로</u> 풀을 벤다.(도구)
(8) 우리는 어려운 고비를 <u>정신력으로</u> 극복하였다.(방편)
(9) <u>콩으로</u> 메주를 쑨다.(재료)

(7)~(9)의 {로} 통합의 NP들은 모두 수의성분으로서, 명실상부한 부사어들이다. 이들은 각각 도구, 방편, 재료의 의미를 가지며 {로} 뒤에 '써'가 실현될 수 있다.

(10) 그이는 우리의 <u>대표로</u> 일한다.

---

[2] 이러한 특성을 보이는 동사들에는 '말하다, 부르다, 생각하다, 간주하다' 등을 추가할 수 있다(임홍빈(1972:154) 참조).

(10)의 {로}는 자격의 의미를 가진다. 여기서 '대표로'는 '대표의 자격으로'의 의미인 것이다. 이같은 자격의 {로} 다음에는 '서'가 실현될 수 있다.

    (11) 영수는 <u>산길로</u> 학교에 갔다.(경유)
    (12) 요즈음은 <u>아침저녁으로</u> 찬바람이 분다.(시간)

(11)~(12)에 나타나는 {로} 통합 NP들은 (7)~(10)과 같은 방식으로 뜻매김을 한다면 각각 '경유', '시간'이라 해야 할 것들이다. 그런데 이들 뒤에는 '하여' 또는 '해서'가 나타나는 (11′)~(12′)와 같은 예문들이 있다.

    (11′) 영수는 <u>산길로 하여/해서</u> 학교에 다닌다.
    (12′) 요즈음은 <u>아침저녁으로 하여/해서</u> 찬바람이 분다.

(11′)~(12′)처럼 '하여/해서'가 실현될 수 있는 것에는 원인의 {로}를 추가할 수 있다.

    (13) 그는 <u>감기로</u> 결석했다.(원인)
    (13′) 그는 <u>감기로 하여/해서</u> 결석했다.

(11′)~(12′)를 비롯하여 (13′)에 나타나는 '하여/해서'는 '써'와 마찬가지로 문법화된 요소로 생각되는데, 이에 대해서는 다시 검토할 기회가 있을 것이다.

(14) 우리는 바다로 갔다.

(14)는 다양성을 가진다. '바다로'가 경유로 해석될 수도 있고 방향으로도 해석될 수 있기 때문이다.³ 전자의 경우, (11')에서 보았던 것처럼 문법화된 '하여/해서'가 나타날 수 있고 후자의 경우, 역시 문법화된 것으로 생각되는 '향하여'가 나타날 수 있다.

(14') ㄱ. 우리는 <u>바다로 하여/해서</u> 갔다.(경유)
ㄴ. 우리는 <u>바다로 향하여</u> 갔다.(방향)

(14'ㄱ)에서 '바다로'는 경유로만 해석되고 (14'ㄴ)에서는 방향으로만 해석된다. 그렇다면 (14)가 가지는 다양성은 '하여/해서', '향하여' 등과 같은 문법화된 요소들의 실현과 밀접한 관련을 가졌을 가능성이 깊다.

한편, 앞의 원인 표시의 {로} 다음에는 '향하여'와 비슷한 성질을 갖는 '인하여'가 실현될 수 있음도 주목해 둘 필요가 있다. 서술의 편의상 (13)을 번호를 바꾸어 다시 보이면 (15)와 같다.

(15) 그는 <u>감기로</u> 결석했다.(원인)
(15') 그는 <u>감기로 인하여</u> 결석했다.

또 이 원인의 {로} 다음에는 역시 문법화된 것으로 생각할 수 있는 '말미암아'도 실현될 수 있다.

---

3   (14)의 다양성에 대해서는 홍윤표(1978:121) 참조.

(16) 이번 비로 농촌의 피해가 컸다.
(16′) 이번 비로 말미암아 농촌의 피해가 컸다.

(14′)~(16′)의 '향하여', '인하여', '말미암아' 등은 선행하는 {로} 통합 NP를 성분으로 가지는 서술어로 파악할 수도 있다. 이것은 그들이 관형사형을 취하고 있는 (14″)~(16″)와 비교해 보면 더욱 그렇다.

(14″ㄴ) 바다로 향하는 우리의 발걸음
(15″) 감기로 인한 결석
(16″) 이번 비로 말미암은 피해

그런데 (14″ㄴ)~(16″)의 '향하는', '인한', '말미암은' 등이 탈락할 수 없는 것들임에 비해 (14′)~(16′)의 부사형을 취하고 있는 것들은 (14)~(16)에 비추어 보아 탈락이 가능함을 알 수 있다. 이점은 곧 '향하여' 등이 이미 문법화되어 서술어의 기능을 상실했음을 말해주는 것이다. 그렇다면 (14′ㄴ)~(16′)의 밑줄 친 곳에서의 {로} 통합 NP와 (14″ㄴ)~(16″)에서의 그것은 성분의 자격이 달라졌다고 보아야 한다. 곧 후자에서는 그것들이 '향하는' 등에 통합한 필수성분이지만, 전자의 것들은 이미 문법화되어 서술어의 기능을 상실함으로써 '향하여' 등에 통합하는 것이 아니라, '갔다' 등에 통합하여 수의성분의 구실을 한다고 보아야 한다.

이상에서 우리는 {로}가 통합된 NP들이 나타나는 구문들의 특성을 개략적으로 살펴보았는데 그것에서 특별히 흥미를 끄는 것은 수의성분인 {로} 통합 NP 뒤에 용언의 '-아' 부사형에서 문법화된 것으로 보이는 요소들이 나타날 수 있다는 사실이다. 만약 우리가 이들 문법화된 요소들을 첨가되는 것으로 보지 않고, 탈락되는 것으로 볼 수만 있다면,[4] 즉 (11)~(16)에서 (11′)~(16′)가 된 것이 아니라 그 역의 과정으로 된 것으로 볼 수 있다면 이는 수의성분인 {로} 통합 NP들의 소종래(所從來)에 대한 설명의 실마리를 제공해 줄 수 있는 것이다. 이 점은 (14)~(16), (14′ㄴ)~(16′), (14″ㄴ)~(16″)의 관계가 선명히 암시해 주고 있는데, (14″ㄴ)~(16″)에서 필수성분의 {로} 통합 NP들이 (14′ㄴ)~(16′)에서 서술어의 문법화라는 절차를 거쳐 (15)~(16)에서는 완전히 수의성분으로 변해버린 것이다.

2.

2.1.

{로}와 관련된 이질성의 소종래를 캐기 위한 논의를 우선 (17)을 검토하는 것에서 시작하기로 하자.

(17) <u>시청을 중심으로</u> 10km 이내가 도심이다.

(17)과 같은 유형의 문장은 종래의 {로}에 대한 논의에서 간과되었던 것으로 보이는데, 이런 류의 문장에서 밑줄 친 것과 같은 'N₁을 N₂로'가 문장 속에 통합되는 방식은 매우 특이하다.
(17)에서 대격형을 취하고 있는 '시청을'의 경우, 이것을 통합할 수 있는 서술어가 표면적으로는 드러나 있지 않다. 현대국어에서 대격형

---

[4] 임홍빈(1972)에서의 논의는 실제로 '써'와 '서'가 첨가되는 것이 아니라 탈락되는 것임을 전제로 하고 펼쳐졌다.

을 취한 NP가 체언서술어에 통합할 수 없음은 상식이라 할 것인데, (17)에는 표면적으로 서술격조사에 의한 체언서술어만 나타나 있는 것이다.

한편 (17)의 의미로 볼 때 '시청을'과 '중심으로'는 주술관계(nexus)를 가지면서 그 전체가 마치 부사절과 같은 구실을 하고 있다. 이것은 '중심으로'가 '시청을'과 통합하는 일종의 통합의 핵 구실을 한다는 것을 뜻한다. 그리하여 '시청을 중심으로'는 마치 부사절처럼 (17)의 문장에서 일차통합을 하고, '시청을'은 일단 '중심으로'에 통합한 후, (17)의 문장 속에 통합하는 이차통합의 방식을 취하고 있는 것이다. 그런데 이때도 여전히 '시청을'의 대격이 문제로 남는다. 현대국어에서 {로} 통합의 NP가 다른 체언의 격을, 그것도 대격으로 결정한다는 것은 어느 모로 보나 불합리한 것이기 때문이다. 그리하여 우리는 (17)에서 '시청'의 격을 결정해 주는 요소를 겉으로는 드러나 있지 않은 어떤 다른 것으로 상정해 볼 수밖에 없는데 다행히 (17′)와 같은 문장이 존재한다.

(17′) 시청을 중심으로 하여 10㎞ 이내가 도심이다.

(17′)는 (17)과의 의미 차이를 조금도 보이지 않으면서, (17)이 가지는 특이성을 어느 정도 설명해 줄 수 있는 것이다. (17′)에서 밑줄 친 부분은 '하여'를 서술어로 하는 부사절로서 (17′)의 문장에 통합한다. 그리고 '시청을'과 '중심으로'는 '하여'에 의해서 격이 결정되며, (17′)의 문장 속으로의 통합도 '하여'에 일차통합을 한 후, 주절의 문장 속으로 통합하는 이차통합 방식인 것이다.

이러고 보면 (17)은 (17′)에서 '하여'가 탈락하여 된 형식임이 드러나는데, 이 과정에서 우리가 주목해 두어야 할 점은 '중심으로'가 (17′)에서는 '하여에 먼저 통합된 후, 다시 문장 속에 통합하는 이차통합 방식이었는데, '하여'가 탈락한 (17)에서는 일차통합으로 바뀌었다는 사실이다.

부사절을 이끄는 '하여'와 같은 서술어가 어떻게 탈락할 수 있는가 하는 점이 문제로 남지만, 'N₁을 N₂로'의 표현이 (17)과 같은 방식으로 문장 속에 통합되는 예는 현대국어에서 의외로 많이 찾아볼 수 있다.

(18) 그 영화는 <u>월남전을 배경으로 (하여)</u> 사랑과 모험을 그렸다.
(19) 영수는 <u>1등을 목표로 (하여)</u> 열심히 공부했다.
(20) 그 사람은 <u>신용을 밑천으로 (하여)</u> 마침내 성공했다.
(21) 태공들은 <u>떡밥을 미끼로 (하여)</u> 잉어를 낚는다.
(22) 우리회사는 <u>고산식물을 원료로 (하여)</u> 사탕을 만든다.
(23) 이번에는 <u>종이를 재료로 (하여)</u> 바구니를 만들어 보겠습니다.
(24) 그 사건은 <u>증거불충분을 이유로 (하여)</u> 기각되었다.
(25) 두 사람은 <u>그 일을 계기로 (하여)</u> 몹시 가까워졌다.

(18)~(25)에서 밑줄 그은 부분은 모두 'N₁을 N₂로 (하여)'의 형식을 가지고 있는데, 괄호 속의 '하여'는 쉽게 탈락할 수 있다.

이처럼 부사절의 모습을 하고 있는 'N₁을 N₂로 하여' 표현에서 '하여'가 탈락하는 일은 현대국어에서 매우 흔한 현상인 것이다.

그런데 이 '하여'의 탈락현상은 앞에서 개관해 본 수의성분의 {로} 통합 NP들의 소종래에 대해 강한 시사(示唆)를 던져 주고 있다. 곧 앞에서 수의성분의 {로} 통합 NP들은 그것 뒤에 '써, 하여, …' 등과 같은 용언의 '-아' 부사형의 모습을 한 요소들을 실현시킬 수 있음을 말했었는데, 이들 현상에서 그러한 요소들은 첨가된 것이 아니고 탈락한 것임을 말해 준다. 그리고 더 나아가 그러한 요소들을 실현시킬 수 있는 {로} 통합의 NP, 곧 수의성분인 {로} 통합의 NP들은 기원적으로는 부사절에서 유도된 것임을 시사해 주는 것이다.

우리는 지금까지 'N₁을 N₂로 하여'의 '하여'가 탈락하는 현상을 살펴보았는데 여기서 한 가지 궁금한 점은 절을 이끄는 서술어가 어떻게 하여 탈락할 수 있는가 하는 것이다. 적어도 현대국어에서 서술어 탈락이란 결코 심상한 일이 아니며, 앞의 그러한 경우를 제외하면 쉽게 생각해 볼 수 있는 일도 아닌 것이다. 그렇다면 'N₁을 N₂로 하여'에서의 '하여'는 진정한 의미에서의 서술어는 아니라고 보아야 할 것이다. 즉 원래는 서술어이었겠지만, 그것이 탈락에까지 이르렀을 때는 서술어의 자격을 상실하고 '써'와 마찬가지로 이미 문법화되었거나 적어도 문법화 과정에 있는 것으로 보아야 할 것이다. 그리하여 여기서 우리는 이 점에 초점을 맞추어 과연 '하여'의 본 모습이 어떠한 것인가를 살펴보기로 하겠다.

앞에서 말한 '하여'가 문자 그대로 서술어의 구실을 할 때, 그것은 대동사(代動詞)이었을 것으로 생각된다. 왜냐하면 'N₁을 N₂로 하여'의 '하여'에서 우리는 서술성 이외의 어떤 다른 어휘적 의미도 읽을 수 없기 때문이다. 그렇다면 과연 그것이 어떤 동사의 대동사인가가 궁금해진다. 이 점은 '하여'에 통합하는 대격형 NP와 {로}가 통합된 NP가 모두 필수성분이라는 것에서 접근의 실마리를 얻을 수 있다. 우리가 이미 앞에서 본 대로 {로} 통합 NP를 필수성분으로 가지는 것들은 주로 변성과 관계되는 동사들이었다. 그런데 그들 동사 중에서 타동성을 가지는 것들, 곧 대격 NP를 성분으로 요구하는 것들은 (4)~(6)의 '만들다, 삼다, 알다' 따위로 한정된다. 그래서 이들 동사를 중심으로 '하다'와 쉽게 바꾸어 쓸 수 있는 것을 조사해 보면 '삼다'가 그것에 가장 가까움을 알 수 있다.[5]

---

5   서정수(1975:55-56) 참조.

(4′) ?마이다스왕은 돌을 금으로 했다(←만들었다).
(5′) ㄱ. 우리는 영수를 대표로 했다(←삼았다).
     ㄴ. 김씨는 낚시를 취미로 했다(←삼았다).
(6′) ?사람들은 그를 영웅으로 했다(←알았다).

(4′)~(6′) 가운데 지시성이 결여된 문맥에서도 본래의 의미로 복원될 수 있는 것은 '하다'가 '삼다'를 대신하여 쓰인 (5′)만이다. 그런데 이 '삼다'와 통사적으로나 의미적으로나 거의 비슷한 것들로서 '정하다, 잡다, …' 따위를 더 들 수 있다.

(26) 정부는 금년도 추곡수매량을 백만 섬으로 잡았다/정했다.

(26)이 보여 주듯이 '잡다, 정하다'도 대격형 NP와 {로} 통합 NP를 필수성분으로 하면서, 또 (26′)와 같이 '하다'로 쉽게 대용할 수도 있는 것이다.

(26′) 정부는 금년도 추곡수매량을 백만 섬으로 했다(←잡았다/정했다).

그리하여 우리는 '잡다, 정하다' 등과 같이 대격형 NP와 {로} 통합 NP를 필수성분으로 가지면서, '하다'로 쉽게 대용할 수 있는 동사들을 편의상 '삼다'류 동사로 부르기로 하겠다.
여기서 우리는 '삼다'류 동사와 관련하여 특별히 '쓰다(用)'에 대해 언급해 둘 필요가 있다.

(27) 이번 실험에서는 백금을 촉매로 썼다.

(27′) 이번 실험에서는 백금을 촉매로 했다.

(27), (27′)가 보여주듯이 '쓰다'도 'N₁을 N₂로 V'의 형식을 가지면서, 쉽게 '하다'로 대용할 수 있는 동사이다.

'하여'가 '삼다'류, 혹은 '쓰다' 동사의 대동사라는 점은 무엇보다도 (18)~(25)가 잘 보여준다. 편의상 서술어 기능을 분명하게 보여주는 종지법(終止法)으로 바꾸어 그것을 보기로 하자.

(18′) 그 영화는 월남전을 배경으로 했다(←삼았다).
(19′) 영수는 1등을 목표로 했다(←삼았다/정했다/잡았다).
(20′) 그 사람은 신용을 밑천으로 했다(←삼았다).
(21′) 태공들은 떡밥을 미끼로 한다(←쓴다).
(22′) 이 사탕은 고산식물을 원료로 했다(←썼다).
(23′) 이번에는 종이를 재료로 하겠습니다(←쓰겠습니다).
(24′) (판사는) 증거불충분을 이유로 했다(←삼았다).
(25′) 두 사람은 그 일을 계기로 했다(←삼았다).

(18′)~(25′)는 (18)~(25)에서 탈락하는 '하여'가 '삼다'류 동사의 대동사임을 분명히 보여준다.

이처럼 '삼다'류 동사의 대동사이었을 '하여'가 어떤 연유로 문법화되었는가 하는 점이 자못 궁금하다. 이 점을 확실히 밝히려면 국어사적인 측면에서 이를 조명해 보아야 할 것이나, 이것은 본고의 범위 밖이다. 그리하여 여기서는 다만 '하여'의 문법화가 거의 {로} 다음에 한정되어 일어나는 현상임을 통하여, 그것의 기능과 {로}의 기능이 중복되는 것에 연유하는 것이 아닐까 추측해 보는 것으로 그치고자 한다.

아무튼 '하여'가 문법화되어 탈락하는 현상은 앞에서 시사한 대로 수의성분인 {로} 통합 NP들의 소종래, 더 나아가서는 {로}가 가지는 이질성의 원인에 대한 해결의 실마리를 제공해 줄 수 있는 것으로 보인다. 특히 앞에서 '하여'의 탈락현상을 보이기 위해 들었던 예문들 중 (20)~(25)에 대응하는 (28)~(33)이 그러한 해결의 가능성을 강력히 시사해 주고 있는 것이다.

(28) 그 사람은 <u>신용으로</u> 마침내 성공했다. 〈(20)〉
(29) 태공들은 <u>떡밥으로</u> 잉어를 낚는다. 〈(21)〉
(30) 우리 회사는 <u>고산식물로</u> 사탕을 만든다. 〈(22)〉
(31) 이번에는 <u>종이로</u> 바구니를 만들어 보겠습니다. 〈(23)〉
(32) 그 사건은 <u>증거불충분으로</u> 기각되었다. 〈(24)〉
(33) 두 사람은 <u>그 일로</u> 몹시 가까워졌다. 〈(25)〉

(28)과 (29)의 밑줄 친 {로} 통합 NP는 방편 혹은 도구의 의미를 가진다. 그런데 이들에 대응하는 (20)~(21)의 밑줄 친 '신용을 밑천으로 (하여)'와 '떡밥을 미끼로 (하여)'에서도 같은 의미를 읽을 수 있다. 다만 (28)~(29)에서의 방편의 의미는 {로}에 의해서 표시되는 추상적인 것이라고 한다면, (20)~(21)에서의 그것의 의미는 '밑천', '미끼' 등과 같은 구체적인 어휘에 의해서 나타난다는 차이가 있다. 또 (30)~(31)에 나타나는 {로}는 '고산식물', '종이' 등이 재료임을 표시해 주는 {로}인데, 이들 예문에 대응하는 (22)~(23)의 밑줄 친 '고산식물을 원료로 (하여)'와 '종이를 재료로 (하여)'에서는 재료의 의미가 구체적인 어휘인 '원료', '재료' 등에 의해서 표시되는 것이다. 그리고 (32)~(33)과 그것들에 대응하는 (24)~(25)에 대해서도 같은 의미상의 유사성을 찾아볼 수 있다. (32)의 '증거불충분으로'의 {로}나 (33)의

'그 일로'의 {로}는 그것의 의미를 원인으로 잡을 수가 있는데, 각각 대응하는 (24)의 '증거불충분을 이유로 (하여)'와 (25)의 '그 일을 계기로 (하여)'에서는 원인의 의미를 '이유', '계기' 등 구체적인 어휘로 표시하고 있는 것이다.

한편 통사론적인 측면에서도 그 유사성을 발견할 수 있다. (20)~(25)에서의 'N_1을 N_2로 하여'는 부사절로서 서술어를 수식하고, 또 그것에서 '하여'가 탈락한 'N_1을 N_2로'는 절이라고 할 수는 없지만, 부사어에 상당하는 구실을 하며, 대응하는 (28)~(33)의 {로} 통합 NP들도 모두 부사어의 구실을 하는 것이다.

이상에서 우리는 (28)~(33)에 나타나는 {로} 통합 NP와 그것에 대응하는 (20)~(25)의 'N_1을 N_2로 (하여)'와의 통사·의미상의 유사성을 살펴 보았는데, 이것이 시사하는 바는 후자의 표현에서 전자가 유도되었을 가능성이다. 이 가능성을 우리는 잠정적으로 (34)와 같은 도식으로 나타내기로 하겠다.

(34)　　　(I)　　　　　(II)　　　　　　(III)
　　　N_1을 N_2로 하여 → N_1을 N_2로 ──────→ N_1로

(34)는 {로} 통합의 NP가 수의성분인 경우, 그것이 부사절에서 비롯되었을 한 가능성을 제시해 본 것이다.

그런데 (34)는 반드시 검토되어야 할 중요한 문제를 안고 있다. 그것은 (34II)에서 (34III)으로의 유도 과정이 과연 타당성이 있느냐 하는 것이다. 얼핏 보아 'N_1을 N_2로'→'N_1로'의 과정은 먼저 'N_2로'를 탈락시킨 다음 대격 {을}을 삭제하고 그 자리에 탈락시킨 'N_2로'의 {로}를 다시 복제해야 하는 참으로 복잡하고 특별한 규칙을 세워야 하기 때문

이다. 그리하여 우리는 (34)를 수정해야 할 필요성을 느끼는데, 이를 위하여 우리는 (5)가 보여주던 특징을 상기할 필요가 있다. 즉 거기서 우리는 '삼다' 동사에 통합된 대격형의 NP와 {로} 통합의 NP는 의미상 'A=B'의 관계를 가진다고 말한 적이 있다. 그런데 문제의 'N_1을 N_2로'의 구문은 기원적으로 '삼다'류 동사에 통합되던 성분이므로 결국 '$N_1=N_2$' 관계가 성립하는 구문들인 것이다. 이 관계의 성립은 나아가 N_1과 N_2의 실현 위치를 바꿀 수 있다는 말도 된다. 실제로 이것이 가능하다면 'N_1을 N_2로'는 'N_2를 N_1로'로 실현될 수도 있을 것이고, 이 후자에서 (34III) 'N_1로'를 유도하는 것은 한결 수월해진다. 왜냐하면 그것에서는 'N_2를'을 탈락시키는 단 하나의 규칙만을 설정하면 'N_1로'를 유도해 낼 수 있기 때문이다.

그러면 실제로 'N_1'과 'N_2'의 위치를 바꾸는 일이 가능한가를 (18)~(25)로써 살펴보기로 하자.

(18″) 그 영화는 배경을 월남전으로 (하여) 사랑과 모험을 그렸다.
(19″) 영수는 목표를 1등으로 (하여) 열심히 공부했다.
(20″) 그 사람은 ?밑천을 신용으로 (하여) 마침내 성공했다.
(21″) 태공들은 ?미끼를 떡밥으로 (하여) 잉어를 낚는다.
(22″) 우리회사는 ?원료를 고산식물로 (하여) 사탕을 만든다.
(23″) 이번에는 ?재료를 종이로 (하여) 바구니를 만들어 보겠습니다.
(24″) 그 사건은 ?이유를 증거불충분으로 (하여) 기각되었다.
(25″) 두 사람은 ?계기를 그 일로 (하여) 몹시 가까워졌다.

(18″)~(25″)는 (18″)~(19″)를 제외하고는 우리의 기대에서 벗어나는 결과를 보여준다. 곧 (20″)~(25″)는 N_1과 N_2의 위치를 바꾸는 것이 전혀 불가능한 것은 아니라 할지라도 (20)~(25)보다는 훨씬 부자연스러

운 표현인 것이다. 그런데 이런 부자연스러움이 오히려 'N₂를'을 소거시키는 동인(動因)이 되는 것으로 보인다. 이 점은 위치를 바꾸었을 때 자연스러운 (18″)~(19″)는 'N₂를'을 생략할 수 없다는 점에서도 뒷받침된다. 이것은 매우 역설적이긴 해도 그 가능성이 충분히 있다. 왜냐하면 (20″)~(25″)의 부자연스러움이 통사적인 것이거나 의미적인 것이기보다는 화용적인 것으로 보이기 때문이다. 여기서 우리가 화용적인 것이라 하는 것은 통보기능량(communicative dynamism)을 염두에 두고 하는 말이다.

국어에서 명사구의 탈락은 통사적으로는 동일명사구 관계에 놓이는 경우와 화용적으로는 통보기능량이 매우 낮은 경우가 주된 조건이 된다. 그런데 (20″)~(25″)의 'N₂를 N₁로 (하여)'에서 N₂가 N₁보다 통보기능량에 있어서 훨씬 낮은 요소들인 것으로 보인다. 이 점은 (18)~(25) 및 (18″)~(25″)와 통보내용이 거의 같은 (18‴)~(25‴)의 발화상황에서 입증된다.

(18‴)   그 영화는 사랑과 모험을 그렸는데,
　　　　ㄱ. 월남전이/?은 배경이라더군.
　　　　ㄴ. 배경?이/은 월남전이라더군.
(19‴)   영수는 열심히 공부하는데,
　　　　ㄱ. 1등이/?은 목표라더군.
　　　　ㄴ. 목표?가/는 1등이라더군.
(20‴)   그 사람은 결국 성공했는데,
　　　　ㄱ. 신용이/?은 밑천이었다는군.
　　　　ㄴ. 밑천?이/은 신용이었다는군.

(21‴)   태공들이 잉어를 낚을 때,
        ㄱ. 떡밥이/?은 미끼라더군.
        ㄴ. 미끼?가/는 떡밥이라더군.
(22‴)   우리 회사는 사탕을 만드는데,
        ㄱ. 고산식물이/?은 원료야.
        ㄴ. 원료?가/는 고산식물이야.
(23‴)   이번에는 바구니를 만들어 보겠는데,
        ㄱ. 종이가/?는 재료입니다.
        ㄴ. 재료?가/는 종이입니다.
(24‴)   그 사건은 기각되었는데,
        ㄱ. 증거불충분이/?은 이유라더군.
        ㄴ. 이유?가/는 증거불충분이라더군.
(25‴)   두 사람은 몹시 가까워졌는데,
        ㄱ. 그 일이/?은 계기라더군.
        ㄴ. 계기?가/는 그 일이라더군.

(18‴)~(25‴)의 ㄱ은 대체로 (18)~(25)와 대응하는 발화이고, ㄴ은 (18″)~(25″)와 대응하는 발화로 구성해 본 것이다. 그런데 ㄱ은 'N$_1$ {이} N$_2$이다'보다도 'N$_1${은} N$_2$이다'보다 훨씬 자연스러운 발화인 반면 ㄴ은 'N$_2${이} N$_1$이다'보다도 'N$_2${은} N$_1$이다'가 보다 자연스러운 발화인 것이다. 이 사실을 조사 {이}와 {은}의 통보기능량 표시와 관련지어 생각해 볼 때, N$_2$가 N$_1$보다 통보기능량에 있어서 훨씬 더 낮음을 말해 준다고 할 수 있는 것이다.[6]

이렇게 하여 우리는 N$_2$가 N$_1$보다 통보기능량이 낮은 요소임을 살펴 보았는데, 물론 이 조건만으로 'N$_2$를'이 탈락된다고 말할 수는 없다.

---

[6] 조사 {이}, {은}과 통보기능량과의 관계는 유동석(1984) 참조.

이것은 'N₂를' 탈락의 필요조건은 될지언정 충분조건은 아닌 것이다. 이 점은 무엇보다도 (18″)~(19″)가 잘 말해준다. (18″)~(19″)에서는 (20″)~(25″)와 달리 'N₂를'이 실현되어 있어도 부자연스러움의 정도가 나머지의 것들보다 훨씬 덜한 것이다. 그리하여 우리는 'N₂를' 탈락의 또 다른 조건도 찾아 볼 필요가 있는데, 그것은 앞에서 N₂의 어휘적 의미와 {로}의 의미가 일치한다고 말한 바로 그것이다. {로}의 기능 발달이 N₂의 어휘적 의미까지 흡수하게 될 때, 가뜩이나 통보기능량이 낮은 요소인 'N₂를'이 탈락될 수밖에 없음은 경제성의 원칙에서 볼 때도 당연한 일일 것이다.

이리하여 우리는 수의성분인 {로} 통합 NP가 'N₂를 N₁로 하여'의 표현에서 이끌어 올 수 있음을 보였는데 이것은 정리하여 (34)를 수정하기로 하겠다.

(35)　　　(I)　　　　　　(II)　　　　(III)

　　　N₁을 N₂로 하여 ⎡ N₁을 N₂로 (하여)
　　　　　　　　　　　 ⎣ N₂를 N₁로 (하여) → N₁로

(35)의 도식은 (34)에서처럼 'N₁로'가 'N₁을 N₂로 (하여)'의 표현에서 직접 유도되는 것이 아니라 N₁과 N₂의 위치를 바꾼 표현 'N₂를 N₁로 (하여)'에서 유도되는 것임을 보여준다. 그리고 우리는 (35)에서 수의성분의 NP에 통합되어 있는 (35III)의 {로}의 통사·의미상의 기능에 대해서도 암시를 받을 수 있다.

첫째, (35III)의 {로}가 갖는 통사적인 기능은 N₁을 부사어로 문장 속에 통합시키는 기능을 하는데, 이것은 (35I)에서의 '하여(좀 더 정확히는 '-어')'의 기능과 일치한다. (35I)의 {로}에는 그러한 기능이 없다.

(35I)의 'N₁을'과 'N₂로'는 모두 필수성분인 것이다.

둘째, (35III)의 {로}가 갖는 의미론적인 기능은 N₁이 방편, 재료 혹은 원인 등과 같은 의미임을 표시하고 있는데, 이것은 (35I)에서의 N₂의 어휘적 의미와 일치한다. (35I)에서의 {로}는 방편, 재료 혹은 원인 등의 의미를 갖는 체언 다음에 사용되었을 뿐, {로} 자체에서 그러한 의미를 읽을 수 있는 것은 아니다.

한편 (35II)의 {로}는 통사적으로는 (35III)의 그것과 비슷하고 의미적으로는 (35I)의 그것과 같다. 따라서 우리는 (35II)의 표현이 (35I)에서 (35III)으로 이행하는 중간 과정에 있는 것임을 알 수 있다.

그리하여 우리는 (35I)의 {로}가 그 기능에 있어서 가장 원초적인 모습을 보여주는 것으로 추정할 수 있다. 그리고 (35III)의 {로}가 가지는 통사적인 기능은 (35I)의 '하여'가 문법화하여 탈락함으로써 그것이 가지던 부사적 기능이 전이된 것으로 볼 수 있고, 또 (35III)의 {로}가 갖는 다양한 의미들도 'N₂를'의 탈락으로 말미암아 N₂의 어휘적 의미가 {로}에 전이된 것으로 볼 수 있다.

그리고 여기서 한 가지 덧붙일 것은 앞에서 보았던 임홍빈(1972)의 [+선택적]이라는 의미에 대한 것이다. 이 [+선택적]이라는 의미는 '하여'와 밀접한 관련을 맺는 것으로 보인다. 왜냐하면 '하여'는 '삼다'류 동사의 대용이므로 선택이라는 의미를 가지고 있기 때문이다.

2.2.

우리는 앞에서 수의성분인 {로} 통합 NP가 '하여'의 문법화와 관련하여 부사절에서 유도되었음을 보아 왔다. 그런데 {로}와 관련하여 원래는 부사절의 서술어였을 '-아' 부사형이 문법화된 것은 이미 앞에서 언급한 대로 '하여'에 한정되는 것은 아니다. 사적(史的)으로는 '써'가 있고,[7] 현대국어에서는 '하여' 외에도 '향하여, 인하여, 말미암아, …' 따위가 문법화되었거나 문법화의 과정에 있는 것이라는 점은 앞에서 말한 대로이다. 이제 이들에 대해서 간단히 살펴보기로 한다.

동사 '쓰다(用)'의 '-아' 부사형에서 문법화된 것으로 알려진 '써'는 '하여'보다도 {로} 통합 NP 뒤에 나타나는 빈도가 훨씬 더 높다. 우리가 도식 (35)를 이끌어 내면서 사용한 예문들 가운데도 실제로는 '하여'보다도 '써'의 실현이 훨씬 더 자연스러운 예문들도 있는 것이다.

(28′) 그 사람은 신용으로 ?하여/써 마침내 성공했다. (방편)
(29′) 태공들은 떡밥으로 ?하여/써 잉어를 낚는다. (방편)
(30′) 우리 회사는 고산식물로 ?하여/써 사탕을 만든다. (재료)
(31′) 이번에는 종이로 ?하여/써 바구니를 만들어 보겠습니다. (재료)
(32′) 그 사건은 증거불충분으로 하여/?써 기각되었다. (원인)
(33′) 두 사람은 그 일로 하여/?써 몹시 가까워졌다. (원인)

(28′)~(31′)가 보여주듯이 방편, 재료의 의미의 {로} 뒤에서는 '써'만

---

7 '드려, 더브러'도 추가할 수 있을 듯한데, 이와 관련하여 19세기 말엽의 {로}가 공동격의 {와}와 같은 기능을 보이는 예가 있어 주목된다.
 a. 양형식이가 동리사름들노 불을 쓰다가 양가와 동리사름들이 도적의 총에 마져…〈독닙신문 1896.8.18. 잡보〉
 b. 회쳔군슈 경광국씨는…비도로 흠씌싸화 쳐부슈미…〈독닙신문 1896.8.20. 잡보〉
위의 두 예에서 볼 수 있는 {로}의 기능은 공동격의 {와}와 같은 것으로서, 현대국어에서는 볼 수 없지만, 근대국어의 '-로드려'와 '-로더브러'의 그것을 상기시켜 준다. 근대국어에서 '-로드려'와 '-로더브러'는 공동격의 구실을 하는 것이다 (홍윤표 1983). 예문 a, b의 {로}의 공동격적 기능을 '-로드려'나 '-로더브러'에 소급시킬 수 있다면, {로}의 다양한 기능이 문법화된 요소의 탈락과 밀접한 관련이 있다고 하는 우리의 견해에 대한 하나의 방증이 될 것이다.

나타날 수 있고, '하여'는 나타날 수 없다. 또 (32′)~(33′)의 원인의
{로} 다음에는 '하여'가 보다 자연스럽지만 '써'의 연결도 불가능한 것은
아니다.

그런데, (20′)~(23′)에서 본 대로 '쓰다'도 '하다'로 대용할 수 있었고,
그 '하다'의 부사형 '하여'도 (20)~(23)에서 본 대로 문법화되어 탈락할
수 있었는데, (28′)~(31′)에서는 '하여'가 아니라 '써'만 나타나는 사실
이 문제가 된다. 우리는 이에 대한 설명을 '써'와 '하여'의 문법화 시기
와 관련지어야 하리라 본다. '써'와 '하여'의 문법화된 시기의 전후를
분명하게 말할 수는 없지만, 문법화된 정도로 보아 '써'가 '하여'보다
이른 시기에 이루어진 것임은 틀림없다. 왜냐하면 (18)~(25)의 'N$_1$을
N$_2$로 하여'의 표현이 보여주듯이 '하여'는 아직도 서술어의 기능을 완
전히 상실한 것이 아님에 비하여, '써'가 'N$_1$을 N$_2$로 써' 따위의 표현으
로 쓰이는 예가 없기 때문이다. 아무튼 '써'가 '하여'보다 문법화의 시기
가 이른 것이라고 한다면, 문제는 자명해진다. 왜냐하면 '하여'는 대동
사 '하다'에서 문법화된 것이므로, 대동사화의 과정을 거쳐야 가능한
것인데, 이 대동사화가 적용될 수 있는 범주는 동사에 한정될 뿐 문법
범주가 달라진 '써'에까지 미치지는 못하기 때문이다. 그리하여 우리는
동사 '쓰다'에 관한 한 그것에서 직접 문법화된 '써'와 대동사화를 거쳐
문법화된 '하여' 두 가지를 생각해 볼 수 있는데 현대국어에서 이 둘은
일종의 보충법(suppletion)의 관계에 있다고 할 만한 것이다. 그리고,
방편이나 재료 다음에서, '써'만의 실현도 그러한 맥락에서 설명될 수
있으리라 본다.

한편 원인의 {로} 다음에는 '하여' 외에도 '인하여', '말미암아' 등이
나타날 수 있음을 보았다. 현대국어에서 '인하다'와 '말미암다'는 자동
사로서 대격형 NP를 요구하지 않는다. 또 방향의 {로} 다음에는 '향하

여가 실현될 수 있다. 현대국어에서의 '향하다'는 {로} 통합 NP를 필수성분으로 하는 경우도 있고, 대격형 NP를 필수성분으로 갖는 경우도 있는데 '향하여'가 문법화되는 경우는 전자에 국한된다.

  (36) 그 집은 <u>바다로</u> 향하여(→∅) 서 있다.
  (37) 그 집은 <u>바다를</u> 향하여(→*∅) 서 있다.

 그런데 이들 '인하여,[8] 말미암아, 향하여' 등이 문법화하여 탈락함으로써 생겨나는 수의성분 'N₁로'는 (35)의 도식으로부터는 이끌어 낼 수 없다. 왜냐하면, 문법화되기 전의 '인하여, 말미암아, 향하여' 등은 자동사인 까닭에 '*N₁을 N₂로 인하여' 따위의 통사적 구성을 하지 못하기 때문이다. 그리하여 우리는 이들의 문법화로 생겨나는 'N₁로'의 유도 과정은 (35)와는 달리할 필요가 있는데, 이는 (38)과 같이 나타낼 수 있다.

  (38)   (I)   (II)
    ㄱ. N₁로 인하여/말미암아 ──────▶ N₁로
    ㄴ. N₁로 향하여   ──────▶ N₁로

 (38II)의 {로}가 가지는 통사론적 기능, 곧 N₁을 부사어로써 문장 속에 통합하게 하는 기능은 (38I)의 '인하여/말미암아, 향하여' 등이 부사절을 문장 속에 통합시키는 기능과 일치한다. 한편 (38II)의 {로}가 가지는 의미론적 기능, 곧 원인, 방향 등의 표시는 (38I)의 문법화된

---

8 남풍현(1972)에 의하면 '인하여'는 한어번역(漢語飜譯)에서 문법화시킨 어형이라고 한다.

요소들의 어휘적 의미와 일치한다. 따라서 (38II)의 {로}가 가지는 통사·의미론적인 기능은 (38I)의 문법화된 요소들의 어휘적 의미와 일치한다. 따라서 (38II)의 {로}가 가지는 통사·의미론적인 기능은 (38I)의 문법화된 요소들의 그것이 전이된 것이다. 이 점은 (38)의 도식에 의해서 유도된 NP의 {로}와 (35)에 의해서 유도된 NP의 {로}가 그 통사·의미론적인 기능을 획득하는 과정이 거의 비슷하다는 것을 말해준다. 다만 차이는 (35)에서 {로}의 의미는 N_2의 어휘적 의미이었음에 비해, (38)에서의 그것은 문법화된 요소의 어휘적 의미라는 것뿐이다. 그러나 이러한 차이도 궁극적으로는 극복될 수 있는 것으로 보인다. 곧 (38)에서의 문법화된 요소들에는 '향(向)-', '인(因)-' 등이 포함되어 있는데, 이들은 '방향', '원인'과 같은 말이다. 다만 후자의 것들이 자립적인 요소인데 비해 전자의 것들은 의존적 요소로서 명사의 자격을 얻지 못하고 있을 뿐이다.

2.3.

(35)와 관련하여 자격의 의미를 부여하는 {로}에 대해서 생각해 볼 필요가 있다.

(39) 영수가 대표로 갔다.
(40) 영수를 대표로 보냈다.

(39)~(40)의 {로}에 대해서 자격의 의미를 부여하는 것은 이미 언급한 대로 서술어 '갔다', '보냈다' 등과 '대표' 사이의 관계에서 파악되는 의미가 아니고, '대표' 자체가 내포하는 어휘적 의미이다. 이것은

(35III)에서 나타나는 {로}의 의미가 (35I) 혹은 (35II)의 N₂의 어휘적 의미와 일치했던 점을 상기시켜 준다. 즉 (39)~(40)에서 '대표'는 (35)에서의 N₁이 아니라 N₂이며, '대표로'는 (35I) 및 (35II)의 'N₂로'에 해당하는 NP인 것이다. 그렇다면 자격의 {로}가 통합된 NP는 지금까지 우리가 다루어 왔던, '방편, 재료, 원인, 방향, …' 등을 나타내는 NP와는 다른 상태에 있다고 할 수 있다. 후자의 것들은 (35III)의 상태에 있는 NP들이라고 한다면, 전자의 것은 아직 (35II)의 상태에 머물러 있는 NP인 것이다.

한편 이 자격의 {로} 다음에 '서'가 나타나는 현상도 흥미롭다. 일반적 통설에 따라 '서'를 '있다'와 관련시킨다면, 이 '서'는 {로}에 관한 한 앞에서 우리가 보아왔던 '써', '하여' 등과는 다른 류의 것이다. 곧 '하여' 등은 문법화되기 이전에 대격의 NP와 {로} 통합 NP를 필수성분으로 갖는 서술어이었지만, '서'는 대격의 NP는 물론이고 {로} 통합 NP를 필수성분으로 가질 수 없는 것이다. 그렇다면 이 '서'는 자격의 {로}가 통합된 NP의 소종래와는 관계가 없는 것으로서,[9] {로} 뒤에 첨가된 요소로 보아야 할 것이다.

3.

3.1.

지금까지의 우리의 논의를 바탕으로 하여 {로} 통합 NP가 보이는 이질성의 소종래는 다음과 같이 정리된다.

---

[9] 이숭녕(1981:216)에 의하면 중세국어에서는 {로}에 '서'를 연결하면 리격(離格)의 구실을 한다고 한다. 이것은 자격의 의미와는 관계가 먼 것이다.

첫째, {로} 통합 NP는 필수성분으로 쓰이는 것이 가장 원초적인 것이다.

둘째, 수의성분의 {로} 통합 NP는 그것을 필수성분으로 갖는 내포문인 부사절에서 유도된다.

셋째, 필수성분의 NP에 통합되어 있는 {로}의 의미는 변성과 관계있다. 따라서 {로}의 가장 원초적인 의미는 변성이라 할 수 있고, 같은 맥락에서 {로}를 조격(造格)이라고 부르는 것은 타당성이 있다고 할 수 있다.

넷째, 수의성분인 NP에 통합되어 있는 {로}의 다양한 의미들은 부사절로부터의 유도 과정에서, 다른 요소들의 어휘적 의미가 전이된 것이다.

이제 우리는 특히 위의 넷째와 관련시켜 앞에서 보였던 수의성분의 {로} 통합 NP들에 대해서 정리해 보기로 하겠다.

① 방편(도구)

    (41)   버스로 갔다.
    (41′) x를 버스로 하여(∾써) 갔다.

(41)은 (41′)로 풀이되는데, (41′)에서의 x는 방편(도구)을 뜻하는 어휘들, 이를테면 '탈것, 교통수단, …' 등이 된다.

② 재료

    (42)   목수가 나무로 의자를 만든다.

(42′) 목수가 x를 나무로 하여(∽써) 의자를 만든다.

(42′)의 x는 재료의 의미를 가지는 어휘 '재료, 원료, 성분, …' 따위가 된다.

③ 원인(혹은 이유)

(43) 북한측은 절차상의 문제로 우리측 제의를 거절했다.
(43′) 북한측은 x를 절차상의 문제로 하여(∽써) 우리측 제의를 거절했다.

(43′)의 x에는 원인이나 이유에 해당하는 어휘 '원인, 이유, 핑계, 계기, …' 등이 올 수 있다.
그런데 (43)은 (43′)와 다소 차이가 나는 (43″)에서 유도될 수도 있다.

(43″) 북한측은 절차상의 문제로 인하여 우리측 제의를 거절했다.

(43′)의 x에 해당하는 요소가 (43″)에서는 자립성을 갖지 못하는 '인(因)-'으로 실현되어 있다. 만약 이 '인(因)-'이 자립성을 가질 수만 있다면 (43″)는 (41′)와 같은 구조로 해석될 수도 있는 것이다.

④ 시간

(44) 이 꽃은 봄으로 핀다.

(44′) 이 꽃은 x를 봄으로 하여 핀다.

(44′)의 x에는 시간을 나타내는 어휘, '시간, 때, 철, 계절, …' 따위를 상정해 볼 수 있다.

⑤ 경유

(45) 그는 안양으로 서울에 갔다.
(45′) 그는 x를 안양으로 하여 서울에 갔다.

(45′)에서 x에는 '경유지, 노정(路程), …' 따위를 상정해 볼 수 있다.

⑥ 방향

(46) 그는 안양쪽으로 갔다.
(46′) 그는 안양쪽으로 향하여 갔다.

(46′)에서 '향(向)-'도 자립성을 가지는 방향으로 대치하면, '안양쪽을 x(방향)로 하여'의 구성으로 될 수 있다.

⑦ 양태

(47) ㄱ. 그녀는 슬픈 얼굴로 말했다.
    ㄴ. 그 남자는 건성으로 들었다.
(47′) ㄱ. 그녀는 x를 슬픈 얼굴로 하여 말했다.
    ㄴ. 그 남자는 x를 건성으로 하여 들었다.

(47)의 {로} 통합 NP들은 각각 말하고 듣는 모습이다. 태도를 나타내 주는 것이므로 양태라고 할 수 있는데, 이것 역시 (47′)처럼 풀어 쓸 수 있다. (47′)에서의 x에는 양태의 구체적인 어휘인 '모습, 태도, …' 등이 상정된다.

3.2.

지금까지의 우리의 논의는 현대국어에 국한시켜 진행한 것이다. 그러므로 처음부터 국어사적인 측면에서 다루어야 할 사실들에는 한계가 있을 수밖에 없었다. 특히 '하여와 보충법 관계에 있는 것으로 파악한 '써'는, 만약 시기를 현대국어 이전으로 올라가서 논의했더라면 (35)만으로도 설명할 수 있었으리라 생각한다.

또 우리는 {로}의 형태론적 사실들에 대해서도 다루지 못했다. {로}가 조사와 접사 사이에서 동요(動搖, oscillation)를 보인다(고영근 1973:123)는 사실은 잘 알려져 있는 것이지만, '실로, 진실로, …' 따위에서의 {로}나, '구체적으로, 실용적으로, …' 등과 같이 '-적(的)' 다음에서의 {로}가 실제로 조사인지 접사인지 쉬 구별되지 않는다. 만약 이들도 조사라고 한다면, 이들이 통합된 부사어 NP들도 (35)와 같은 절차로 유도해 낼 수 있을 것인가 하는 점이 문제가 될 것이다.

이밖에도 본고는 여러 가지 문제들을 미해결의 상태로 남겨 두었는데, 이런 것들은 언젠가 보완될 수 있기를 바란다.

참고문헌

고영근(1973), "현대국어의 접미사에 대한 구조적 연구(Ⅳ)-중요상황을 중심으로-",

「학술원논문집」 12(인문·사회과학편).
남풍현(1972), "「두시언해」 주역문의 '-로'에 대한 고찰", 「논문집」 제6집, 단국대.
서정수(1975), 「동사 "하-"의 문법」, 형설출판사.
유동석(1984), "양태조사의 통보기능에 대한 연구", 「국어연구」 60호.
이숭녕(1981), 「중세국어문법」, 을유문화사.
이익섭·임홍빈(1983), 「국어문법론」, 학연사.
임홍빈(1974), "{로}와 선택의 양태화", 「어학연구」 10-2.
최현배(1977), 「우리말본」, 정음사.
홍윤표(1978), "방향성 표시의 격", 「국어학」 6.
_____(1983), "근대국어의 '-로ᄃ려'와 '-로더브러'에 대하여", 「백영 정병욱 선생 환갑기념논총」, 신구문화사.

시간어에 대한 양화론적 해석과 조사 {에}: 'ϕ'

1.

본고는 국어의 시간어가 본질적으로 양화표현이라는 가정 아래, 이들에 통합되는 조사 {에}의 의미를 존재양화 관계 표시로, 그리고 {에}와 대립하는 'ϕ'의 의미를 보편양화 관계 표시로 파악하려는 것이다.

논의의 순서는 다음과 같다. 우선 2장에서 시간표현의 다양한 모습과 이들의 몇몇 특성을 개관한다. 3장에서는 특히 '동안, 사이, -간(間)' 등이 통합된 시간어가 동작상과 관련을 맺는 모습을 살핀다. 이 과정에서 우리는 시간어와 상황(사건) 사이에 존재양화적 관계와 보편양화적 관계가 있음을 확인하게 될 것이다. 4장에서는 조사 {에}와 'ϕ'의 그러한 기능이 시간어에서만 국한되지 않고 공간어(장소어)에서도 확인됨을 보게 될 것이다. 5장은 결론과 전망, 그리고 문제점을 논의하는 데 할애된다.

우리는 이러한 논의를 통하여 국어의 동작상에 대한 이해도 더 깊어지기를 희망하며, 또한 시간 표현과 공간 표현, 더 나아가 추상적 표현에서까지 동일한 원리로써 설명하려는 처소이론(localistic theory)[1]에도 다소의 기여가 있기를 바란다.

2.

2.1.

우리가 일상적으로 경험하는 주관적인 시간에 대해, 심리학적 연구 성과를 토대로 (1)과 같이 가정하기로 한다.[2]

   (1) ㄱ. 시간은 양화된 순간들(quantified moment)로 경험된다.
       ㄴ. 따라서 시간은 불연속적인 순간들로 분할될 수 있다.
       ㄷ. 분할된 순간들은 순서화(numbering)할 수 있다.

(1)을 토대로 시간에 대해 우리는 다시 (2)와 같은 일종의 좌표축을 상정할 수 있게 된다.

   (2)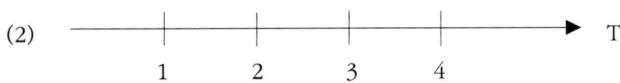

(2)의 좌표축은 시작과 끝이 없으며, 관습에 따라 좌측에서 우측으로 전개되는 직선으로 표시되는데, 앞으로 우리는 이것을 시간 좌표축이라 부르겠다.

---

1   처소이론에 대한 전반적 소개는 고영근(1980) 참고.
2   Miller & Johnson-Laird(1976:76ff).

이제 가정 (1)과 시간 좌표축 (2)를 토대로 (3)의 문장 속에 포함되어 있는 시(時) 관련 표현들의 지시의미를 살펴보자.

(3) ㄱ. 2시간을 비가 왔다.
　　ㄴ. 2시에 비가 왔다.
　　ㄷ. 비가 왔다.

(3)에 포함되어 있는 시(時) 관련 표현은 '2시간, 2시, -았-' 등이다. 그런데 (3ㄱ)의 '2시간'은 시간 좌표축에서 일정한 크기를 갖는 구간을 지시한다. 예컨대 1시부터 3시까지의 사이, 이것은 곧 시간의 양과 관계된다. (3ㄴ)의 '2시'는 시간 좌표축상의 위치에 의해 그 지시의미를 획득한다. 예컨대 1시보다 우측에, 3시보다 좌측에 위치하는 한 점, '2시'의 이러한 지시의미는 가정 (1ㄴ)과 (1ㄷ)으로부터 가능한 것이다. 이러한 관찰에서 우리는 2시간과 같이 시구간(의 크기)을 나타내는 시(時) 관련 표현과 2시와 같이 위치에 의해 규정되는 시점을 나타내는 것을 구별할 수 있을 것인데, 앞으로 이들은 각각 시간명사(구)와 시점명사(구)로 구별하여 부르기로 하겠다.

한편 '-았-'은 시(時)가 문법화된 시제 형태소로서 과거를 나타낸다. 그런데 과거와 같은 시제는 기준시(보통은 발화시)와의 전후 관계에 의해 그 의미가 획득되는데, 이 전후 관계는 시간 좌표축상의 위치로 나타낼 수 있다.[3] 예컨대 과거는 발화시 좌측에, 현재는 발화 시점에, 그리고 미래는 발화시보다 우측에 위치된다(be located)고 할 수 있는 것이다. 여기서 우리는 '-았-'과 같은 시제 형태소에 대한 해석이 앞의

---

[3] 시제에 대한 이러한 파악은 Comrie(1985:7)에 잘 드러나 있다.
"…… tense is grammaticalized expression of *location* in time."(이탤릭체-필자)

시점명사의 그것과 매우 닮아 있음에 주목하게 된다. 이들 둘은 모두 시간 좌표축상의 위치로써 그 지시의미를 나타낼 수 있는 것이다.

시점명사와 시제 형태소가 시간 속의 위치와 관련을 맺는다는 공통된 속성은 이들이 상황(혹은 시간)과 관련맺는 방식에서도 일치되어 나타난다. 이를 (3ㄴ')와 (3ㄷ')로써 보이면 다음과 같다.

(3ㄴ') 2시 : 시점 2시에 비가 온 사태가 있으면(위치하면), '2시에 비가 왔다'는 참이다.
(3ㄷ') -았- : 발화시 좌측에 비가 온 사태가 있으면(위치하면), '비가 오았다'는 참이다.

(3ㄴ')에서의 '시점 2시에'와 (3ㄷ')에서의 '발화시 좌측에'는 둘 다 좌표축상의 위치를 나타내면서 동시에 사건이 놓이는 위치가 된다. 따라서 우리는 문장 속에서의 시점명사는 시제와 유기적 관련 아래에서 파악할 필요가 있다.[4] 이들의 관계를 시점명사와 시제형태소가 둘 다 나타나는 (3ㄴ)으로써 다시 보이면 (3ㄴ")와 같다.

(3ㄴ") 발화시 좌측의 시점 2시에 비가 온 사태가 위치하면 '2시에 비가 왔다'는 참이다.

우리는 (3ㄴ")에서 '2시에'의 의미가 '-았-'의 의미인 '발화시 좌측'이라는 말에 의해 수식됨으로써 더욱 명료해짐을 볼 수 있는 것이다. 시점명사를 시제와 관련지어 해석하는 일과는 대칭적으로 시간명사

---

4 고영근(1981)에서 시제 파악을 시간 부사와 관련시켜 한 것을 볼 수 있는데, 본고와 같은 맥락에서 이해된다. 시간 부사를 문장에 부사어로 통합하여 시제를 파악하는 것은, 일종의 어휘에 의한 시제 표시라 할 수 있는 것이다.

는 동작상과의 관련 아래에서 해석을 꾀할 수 있을 것으로 보인다. 이를 (3ㄱ)으로써 보도록 하자.

(3ㄱ′) 2시간이 지시하는 시구간 속에서 비가 오는 상황이 동질적으로 전개되었으면, '2시간을 비가 왔다'는 참이다.

(3ㄱ′)에서 상황이 '동질적으로' 전개되었다고 하는 것은 상황의 지속(duration)을 뜻하며, 지속은 곧 동작상의 범주에 드는 것이다.

시간명사에 대해 동작상과 관련지어 해석하는 일은 (1)을 이용하면 양화론적 접근이 가능해진다. 우리는 (1ㄴ)에서 시간은 불연속적인 순간들로써 분할된다고 가정한 바가 있다. 이 가정에 의하면 시간명사에 의해 주어진 시구간은 분할에 의해 새로운 하위 시구간들을 갖게 된다. 하위 시구간은 또다시 분할될 수 있어서, 이론적으로 분할은 무한히 되풀이될 수 있다. 분할이 무한히 행해지면 우리는 마침내 영(zero)에 수렴(convergence)하는 크기[5]를 갖는 하위 시구간을 얻을 수 있을 것인데, 이것을 앞으로 t라고 하기로 하자. 시간명사에 의해 주어진 시구간을 T[6]라고 하면, 결국 T는 t들의 집합으로 이루어지고, T의 크기는 t들의 합이 될 것이다($T=t_1+t_2+\cdots+t_n$).

시간의 이러한 분절성을 동작상 기술에 이용하면, (3ㄱ′)에서 우리가 '동질적으로'라고 했던 것을 양화표현으로 바꿀 수 있다. 어떤 상황이 T 속에서 동질적으로 전개되었다는 것은 곧 T 속의 모든 t에서 그러한 상황이 있었다는 것을 의미하기 때문이다.

---

5   수학의 미분(differentiation) 개념($\triangle t$)을 빌려 온 것인데, 동작상에서 순간을 정의하는데 유용하게 이용될 수 있을 것이다.
6   본고에서 T는 시간 및 시구간을 나타내는 약호로 사용한다. 시간 좌표축도 시구간에 대한 표시이므로 역시 T로써 나타낸다.

(3ㄱ″) T(=2시간)의 모든 t에서 비가 왔으면, '2시간 비가 왔다'는 참이
다.

(3ㄱ″)는 (3ㄱ′)의 '동질적으로'라는 표현을 양화표현으로 바꾼 것이
다. 이것에서 우리는 시간명사가 동작상과 관련을 맺는 밑바탕에는
양화사(quantifier)라는 논리적 연산자가 작용하고 있음을 보게 되는
것이다.

2.2.

시간명사와 마찬가지로 시구간을 지시하는 국어의 시간어들에 대해
좀더 개관해 보기로 한다.

(4) 1시부터 비가 왔다.
(5) 1시부터 3시까지 비가 왔다.

(4), (5)에 나타나는 시간어들은 시점명사에 '부터, 까지' 등의 조사
가 통합되어 시구간을 지시하는 예들이다. (4)의 '1시부터'가 지시하는
시구간은 보통의 경우 1시에서부터 그 우측에 있을 것으로 기대되는
어떤 참조시(reference time)까지를 나타낸다. 그러나 '1시부터'와 같
은 시간어에서 이러한 참조시는 언제나 상정될 수 있는 것은 아니다.

(4′) 1시부터 비가 오겠다.

(4′)에서 '1시부터'는 상황이 시작되는 시점과 그 시점의 오른쪽에서
상황이 전개될 것이라는 것만 말할 뿐 상황의 종결에 대해서는 어떠한

암시도 해 주지 못한다. 따라서 (4')에서 비가 오는 상황은 1시 이후 무한히 계속될 수도 있는 것이다. 이것은 (4')의 '1시부터'가 지시하는 시구간의 한쪽 끝이 열려 있다는 것을 의미한다. 이와는 달리 (5)의 '1시부터 3시까지'는 시구간의 양쪽 끝이 닫혀 있다. 앞으로 우리는 시구간의 한쪽 끝이 열려 있는 것을 개구간(opened domain), 양쪽 끝이 모두 닫혀 있는 것을 폐구간(closed domain)으로 구별하기로 한다.[7]

폐구간을 지시하는 국어의 시간어로는 '동안, 사이, -간(間)' 등이 통합된 것을 더 들 수 있다.

(6) 2시간 동안 비가 왔다.
(7) 2시간 사이에 많은 비가 왔다.
(8) 2시간-간 비가 왔다.

(6)~(8)에 나타나는 '동안, 사이, -간' 구성의 시간어들은 그들이 갖는 형태론적 차이나, 통사구성의 차이에서 비롯되는 의미 차이를 제외하고는 그들의 지시의미는 별반 다를 바가 없는 것으로 생각된다. 이를 사전 풀이에서 뽑아 보이면 (9)와 같다.

(9) ㄱ. 동안 : 일정한 때로부터 어느 일정한 때까지의 <u>사이</u>
    ㄴ. 사이 : 이때에서 저때까지의 <u>동안</u>
    ㄷ. -간 : <u>동안</u>   (밑줄-필자)

(9)는 「새 우리말 큰사전」(신기철·신용철 1975)에서 뽑은 것인데,

---

7   시구간에 대해 이렇게 구분하는 일은 Verkuyl(1973) 참고.

밑줄 친 말들에서 볼 수 있듯이, 서로가 서로의 풀이말로 사용되고 있어, 그들 사이의 동의관계를 짐작하게 해 준다. 뿐만 아니라 (9ㄱ)의 풀이 속에 들어 있는 '…때로부터 (때에서) …때까지'의 표현은 이들이 지시하는 시구간의 특성이 (5)의 '1시부터 3시까지'와 같은 폐구간적인 것임도 말해 준다. 그리하여 '동안, 사이, -간' 구성의 시간어들은 시구간의 양끝점을 명시해 주는 표현과 함께 나타날 수 있다.

(6′)~(8′) 1시부터 3시까지 2시간 {동안, 사이에, -간} 비가 왔다.

(6′)~(8′)에서 '1시부터 3시까지'와 '동안, 사이, -간' 구성의 시간어가 지시하는 시구간은 동일하다. 다만 '1시부터 3시까지'는 시구간의 양끝점을 부각시킨 표현이라고 한다면, '동안, 사이, -간' 구성의 경우 시구간의 크기(=2시간)를 부각시킨 표현이라고 할 수 있다.

2.3.

'동안, 사이, -간' 등은 시구간을 지시함에 있어 어느 정도 의존적이다. '-간'은 접미사라는 점에서 말할 필요도 없고, '동안'과 '사이'도 구체적인 시구간을 지시함에 있어서는 시구간의 크기를 한정하는 표현이 필요하다.

'동안'부터 보기로 한다.

(10) ㄱ. 1시간 동안, 하루 동안, …
ㄴ. 밤 동안, 방학 동안, … ?수업 동안(cf. 수업 시간 동안)

(10ㄱ)은 '1시간, 하루' 등의 시간명사가 '동안'의 크기를 한정하는 예이고, (10ㄴ)은 '밤, 방학' 등 시간과 결부된 자연 현상, 사건 등을 지시하는 명사들이 '동안'의 크기를 한정하는 예이다. (10ㄱ)의 시간명사들은 시간의 크기를 직접 지시하는데 비해 (10ㄴ)의 '밤, 방학' 등은 일차적으로는 그러한 자연 현상, 혹은 사건을 지시하고, 시간의 크기는 그러한 것에 결부된 시간에 의해 간접 지시한다는 차이가 있다. 이러한 차이에서 비롯되는 것이겠지만, (10ㄱ)의 것들은 (10ㄴ)의 것들보다 훨씬 상황 의존적이다.[8]

(10ㄱ') 1시간 동안 비가 왔다.
(10ㄴ') 밤 동안 비가 왔다.

(10ㄱ')에서 '1시간 동안'은 명백히 '비가 왔다'라는 상황에 의해 배당된 시간의 양이다. 반면에 (10ㄴ')의 '밤 동안'은 '비가 왔다'라는 상황에 의해 직접 배당된 시간이 아니고, '밤'이라는 자연 현상에 의해 주어지는 것이다. 이러한 차이는 사소한 것 같지만, 우리가 3장에서 보게 될 바와 같이 통사 현상에도 영향을 미치므로 구별할 필요가 있다. 그리하여 우리는 시간을 직접 지시하는 (10ㄱ)들 가운데 (10ㄱ')에서처럼 상황 의존적인 것은 직접지시법의 시간어로, (10ㄴ)의 것들처럼 상황에 의존하지 않고, '동안' 구성 자체만으로 시간의 크기를 나타낼 수 있는 것은 간접지시법의 시간어로 구별하기로 한다.[9]

---

8   이것은 궁극적으로 이들 시간어에 포함되어 있는 수사의 대용성(남기심·고영근 1985:83-84)과 관련된 문제로 생각된다.
9   시간명사가 통합되어 있더라도 상황에 의존하지 않은 것은 간접지시법으로 처리한다. '그 1시간 동안 비가 왔다'에서 '1시간 동안'은 '비가 왔다'라는 상황에 의해 주어지는 것이 아니고, '그'(아마도 전술 언급된 상황)에 의해 주어진 시간이

(10) ㄷ. ① 비가 오{-을, -는, *-은, *-던} 동안
　　　② 집을 떠나{-을, *-는, -은, *-던} 동안
　　　③ 배가 도착해{-을, *-는, *-은, *-던} 동안

(10ㄷ)은 관형절에 의해 동안의 크기가 한정되는 예인데, (10ㄴ)의 것들처럼 간접지시법에 의한다. 관형절이 동안의 크기를 한정할 때는 (10ㄷ ①~③)에서 보는 바와 같이 관형형어미의 선택에 제약이 따른다. {-을}은 동작류(arts of action)에 관계 없이 선택될 수 있고, 지시된 시간의 내용은 어떤 참조시에서 그러한 사건이 있을 때까지의 의미를 갖는다.[10] 이 경우 '동안'은 대부분 '때까지'로 바꾸어 쓸 수 있다(보기: 비가 올 동안 = 비가 올 때까지). {-는}은 '동안' 앞에서 과정성 동사[11]가 취할 수 있는 것인데, 이때는 관형절의 상황의 시작에서 끝날 때까지의 시간이 동안의 크기가 된다. {-은}은 결과지속의 의미를 갖는 몇몇 동사들이 취할 수 있는 것인데, 그 분포가 매우 제약되어 있다. 지시된 시간의 내용은 어떠한 결과가 지속된 동안의 의미를 가지며, 대부분의 경우 '-어(-고) 있을 동안'으로 바꾸어 쓸 수 있다(보기: 집을 떠난 동안 = 집을 떠나 있을 동안).

(10) ㄹ. ① 한동안, 얼마 동안
　　　② 이동안, 그동안 *저동안

(10ㄹ)은 관형사나 그에 준하는 말이 '동안'의 크기를 한정하는 예이

　　므로 간접지시법의 시간어이다.
10　상황이 끝날 때까지의 의미를 갖는 경우도 있다. '(비가 오고 있는 상황에서) 비가 올 동안 이곳에 있자.'는 '비가 다 올 때까지 ……'의 의미로 해석된다.
11　정문수(1984) 참조.

다. (10ㄹ①)의 '한, 얼마' 등과 같은 수량관형사나 그에 준하는 말이 '동안'을 수식할 때는 시간명사들과 같이 상황 의존적이고, 따라서 시간의 크기는 직접지시법에 의한다. 그러나 (10ㄹ②)의 지시관형사가 수식하는 경우는 간접지시법만 가능하다. 즉 '이, 그'는 이 경우 전술언급된 상황을 일차적으로 지시하고, 시간은 그들 상황 속에 내재된 시간에 의해 간접 지시된다고 할 수 있는 것이다. 이러한 해석은 전술언급의 기능이 없는—지시적 기능만 하는—'저'가 동안과 공기하지 못한다는 사실에 의해서도 뒷받침된다.

(10) ㅁ. 잠깐 동안, 오랫동안, *늘 동안, *항상 동안

(10ㅁ)은 시간부사와 함께 동안이 합성어를 구성하는 경우이다. '잠깐, 오래, 늘, 항상' 등은 최현배(1977:595)에서 '때의 길이(동안)'를 보이는 부사로 분류된 것들이다. 그런데 '동안'과의 합성에서 '잠깐, 오래'는 가능하지만, '늘, 항상'은 그렇지 않음을 볼 수 있는데, 이는 전자의 것들이 폐구간을 지시함에 비해 후자의 것들은 개구간을 지시하기 때문에 폐구간성의 '동안'과 공기할 수 없는 것으로 생각된다.[12]

'사이'와 '-간'의 경우 그들이 지시하는 시구간의 크기를 한정할 수 있는 말들은 (11), (12)와 같다.

(11) ㄱ. 1시간 사이, 하루 사이, …
ㄴ. 밤 사이, 방학 사이, …
ㄷ. 비가 오는 사이

---

12 박선자(1983:97)에서 우리의 폐구간성 시간부사에 대해 '일정동안' 부사로, 그리고 개구간성 시간부사에 대해 '늘때동안' 부사로 구분하고 있음을 볼 수 있다.

ㄹ. *한사이, 얼마 사이, 요/그/저 사이

ㅁ. 잠깐 사이, ?오랜 사이

(12) ㄱ. 10분간, 1시간간, *하루간, 열흘간

ㄴ. 그간

  (11)은 '사이'를 한정하는 말들을 들어 본 것인데, 수식어의 범주상으로는 '동안'의 경우와 별 차이가 없다. 다만 개별 항목에서 다소의 차이를 보인다. 특히 '동안'에서와는 달리 '저 사이'의 성립이 주목되는데, 이때의 '사이'는 '틈'의 뜻이다('저 사이에' = '저 틈에'). (12)는 '-간'의 경우를 살펴본 것인데, '-간'이 접미사라는 사정 때문에, 통합될 수 있는 말이 지극히 제약되어 있다. (12ㄴ)처럼 '그'와 통합한 특이한 예도 있으나, 대체로 시간명사에 국한된다.

3.

3.1.

  시간명사를 비롯한 시간어들은 이미 언급한 대로 동작상과 밀접한 관련을 맺는다. 본장에서는 이 문제를 '동안, 사이, -간' 등이 통합된 시간어를 중심으로 살펴보고자 한다.

  '동안' 구성과 동작상과의 관계를 직접적으로 다룬 주목할 만한 업적으로는 이정민(1982)을 들 수 있다.[13] 이정민(1982)은 '동안' 구성에 대해 조사가 결합되지 않은 'T-동안'과 조사 {에}가 결합된 'T-동안에'로

---

13 정문수(1984)도 '동안' 구성과 동작상과의 관계를 살피는데 많은 도움을 준다. 그곳에서 'T-동안'은 상적 특성에 따른 동사분류의 기준의 하나로 채택되어 있다.

나누고, 전자는 state 및 activity의 서술어와, 후자는 achievement 및 accomplishment의 서술어와 각각 공기함을 관찰하고 있다.

(13) 나는 {ㄱ. 2시간 동안, ㄴ. *2시간 동안에} 등이 가려웠다. (state)
(14) 철수는 {ㄱ. 2시간 동안, ㄴ. *2시간 동안에} 걸었다. (activity)
(15) 민수는 {ㄱ. *2시간 동안, ㄴ. 2시간 동안에} 해결책을 발견했다. (achievement)
(16) 민수는 {ㄱ. *2시간 동안, ㄴ. 2시간 동안에} 학교까지 갔다. (accomplishment)

(13), (14)는 state의 '가렵다'와 activity의 '걷다'가 'T-동안'과는 공기하나, 'T-동안에'와는 공기하지 못함을 보여 주는데, 이들에 'T-동안'이 공기했을 때는 주어진 전시구간(whole given interval)에서 문제의 상태나 동작이 있었다는 것을 의미한다(이정민 1982:570)고 한다. 반대로 (15), (16)은 achievement의 '해결책을 발견하다'와 accomplishment의 '학교까지 가다'가 'T-동안에'와는 공기하지만 'T-동안'과는 공기하지 못함을 보여 주는데, 이들에 'T-동안에'가 공기되면, 주어진 시구간 속의 어떤 시점에서 순간적으로, 혹은 일부 하위 시구간(some subinterval)에서 그러한 일이 완성, 또는 성취되었다는 의미를 갖는다(이정민 1982:580)는 것이다.

이상과 같은 이정민(1982)의 관찰은 우리의 논의와 관련하여 매우 시사적이다. 특히 두 종류의 '동안' 구성이 갖는 의미 차이를 양화사 whole과 some으로 나타냈는데, 이는 앞으로 우리가 거듭 확인하고자 하는 내용 가운데 하나이다. 여기서 우리는 이에 힘입어 whole의 의미로 파악되는 'T-동안'을 보편양화 관계를 보이는 시간어로, 그리고

some과 관련을 맺는 'T-동안에'를 존재양화 관계를 보이는 시간어로 규정하기로 한다.

그런데 이정민(1982)의 위의 논의에서 'T-동안에'가 state 및 activity 의 서술어와 공기하지 못한다는 관찰에는 반증례(反證例)가 있어 주목된다.

(17) 나는 주사 맞은 직후 2시간 동안에 등이 가려웠다.
(18) 민수는 내가 없는 동안에 걸었다.

(17), (18)은 이정민(1982:576)에서도 제시되어 있는 것들인데 이들은 state의 '가렵다'나 activity의 '걷다'가 'T-동안에'와도 공기할 수 있음을 보여 준다. 따라서 (17), (18)이 보여 주는 바를 우리가 정당하게 평가하려면 'T-동안에'도 '가렵다, 걷다'류의 서술어와 공기할 수 있음을 인정하지 않을 수 없다. 그렇다면 문제는 왜 (13), (14)에서는 'T-동안에'가 공기하지 못하고, (17), (18)에서는 공기 가능한가 하는 점이다. 우리는 이 문제에 대한 해결의 실마리를 (13), (14)에서의 'T-동안에'와 (17), (18)에서의 'T-동안에'가 시간을 지시하는 방법이 다르다는 데서 찾는다. 즉 (13), (14)의 것들은 직접지시법의 '동안' 구성으로서, 시간의 크기인 '2시간'은 상황 속에 내재하는 시간에 의해 배당된 것이다. 따라서 이 경우 '2시간'과 상황에 내재하는 시간은 일치할 수밖에 없어, 보편양화 관계를 보이는 '동안' 구성만 공기한다. 그러나 (17), (18)의 것들은 간접지시법의 '동안' 구성들이다. (17)의 경우 '2시간'은 '등이 가려웠다'라는 상황에 의해 주어진 것이라기보다는 주사 맞은 직후부터 계산된 시간이다. 또, (18)에서의 '동안'의 크기도 '민수가 걸었다'는 상황에 의해 주어진 것이 아니고, '내가 없다'라는 상황에

의해 주어진 것이다. 따라서 (17)에서의 '2시간 동안'이나 (18)에서의 '내가 없는 동안'은 그들이 통합된 문장의 상황 속에 내재하는 시간과 반드시 일치할 필요가 없고, 또 그렇기 때문에 존재양화 관계의 'T-동안에'와도 공기할 수 있는 것으로 생각된다.

3.2.

'동안' 구성이 동작상과 관련을 맺는 양상에는 시간에 대한 지시법까지 고려할 필요가 있음을 보았는데, 우리는 이 문제까지 포함하여 그들의 공기양상을 좀더 자세히 살펴보고자 한다.

3.2.1. 이 작업을 위해 우리는 먼저 동작류가 갖는 상적 특성(aspectual character)과 동작상(aspect)을 엄격히 구분하는 입장에 서기로 한다. 상적 특성을 동사나 일부 명사가 갖는[14] 의미 자질(semantic feature)이라고 한다면, 동작상은 상황(사건) 내적인 시간의 양상으로서, 현실 세계에 밀착된 일종의 의미 범주(semantic category)라고 할 수 있다.[15] 따라서 동작상은 동사보다 더 큰 구성체에 배정되어야 할 것인데, 우리는 이를 동사구(VP)에 배정하는 방식[16]을 따르기로 한다.

14　명사의 상적 특성에 대해서는 원대성(1984) 참조.
15　개별 언어에 따라 동작상이 문법범주(grammatical category)로 실현되는 경우도 있다(Comrie 1976 참조). 국어의 경우, 일부 연결어미나 보조동사에 의해 동작상이 파악될 수도 있는데 이들이 국어의 동작상을 표현하기 위한 문법 절차인지는 신중하게 검토해 보아야 할 것이다.
16　Verkuyl(1973)에서 취한 방식이다. 그런데 동작상을 현실 세계와 관련시켜 파악하게 되면, 문장에 동작상을 배정하는 것이 더 합리적일지도 모르겠다.
　　(ⅰ) 김노인은 교통사고로 죽었다 / *죽고 있다.
　　(ⅱ) 많은 사람들이 교통사고로 죽었다 / 죽고 있다.
　　순간성의 동사는 반복(iterative)의 경우를 제외하고는 (ⅰ)과 같이 주어가 단수 명사일 때 진행의 '-고 있다'와 양립할 수 없다. 그런데 (ⅱ)와 같이 주어가

(19) 그는 동쪽으로 갔다.
(20) 그는 학교까지 갔다.
(21) 그는 지옥에 갔다.

(19)~(21)은 모두 동사 '가다'가 서술어로 실현된 예들이지만, 상황 내적인 시간의 모습은 다르게 나타난다. 먼저 (19)의 '동쪽으로 갔다'가 지시하는 상황은 일정한 크기의 시간을 필요로 하며, 그 시구간 안에서 동질적인 사건으로 전개된다. 반면에 (20)의 '학교까지 갔다'는 사건의 완결을 의미하는 끝점(terminative)이 더욱 부각되는 상황이다. 이런 류의 사건도 일정한 크기의 시간과 관련을 맺지만 그 시간은 완결 그 자체에 내재하는 시간이 아니고, 완결에 이르기까지의 시간이다. 한편 (21)의 '지옥에 갔다'는 이것이 '죽었다'라는 의미로 국어 화자에게 받아들여지는 한, 순간적인 사건이 된다.

(19)~(21)이 보여 주는 사건들 속에 내재하는 시간의 모습은 [지속과 [순간이라는 자질을 이용하여 형식화할 수 있다. (19)의 사건은 일정한 크기의 시간 속에서 동질적으로 전개되었다는 의미에서 [+지속이며, 동시에 [-순간이다. (20)의 사건은 완결의 끝점을 갖는다는 점에서 [-지속이며, 그 완결의 끝점에 이르기까지 일정한 크기의 시간이 필요하다는 점에서 [-순간이다. (21)의 사건은 일정한 크기의 시간이 내재할 수 없다. 오직 무한히 영(零)에 수렴하는 극미한 크기의 시간(t)[17]만이 문제가 된다. 따라서 이것은 [+순간이며 [-지속이다.

---

17 복수 명사일 때는 진행의 '-고 있다'도 취할 수 있는데, 이는 주어의 성격에 따라 상황 내적인 시간구조가 달라질 수 있다는 것을 의미한다.
일상의 언어가 이처럼 세밀하게 현실 세계를 반영할 수 있을 것인가 하는 문제와는 별도로 어려운 미분적 개념은 '순간'을 정의하는데 유용할 것으로 생각된다. 가령 순간에 대해 시간의 내적 구조가 없는 것이라거나, 상황에 내재하는

(22) 동작상의 분류[18]

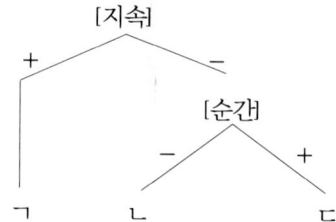

ㄱ: 지속상 : [+ 지속]
ㄴ: 완결상 : [- 지속, - 순간]
ㄷ: 순간상 : [+ 순간]

3.2.2. '동안' 구성이 지속상과 공기하는 양상부터 보기로 한다.

(23) 그는 {ㄱ. 1시간 동안, ㄴ. 밤 동안} 동쪽으로 갔다.
(24) 그는 {ㄱ. *1시간 동안에, ㄴ. 밤 동안에} 동쪽으로 갔다.

지속상의 경우 'T-동안'은 (23)이 보여 주는 바와 같이, 그것이 직접지시법 (ㄱ)에 의한 것이든 간접지시법 (ㄴ)에 의한 것이든 관계 없이 공기한다. 그러나 'T-동안에'는 (24)에서 볼 수 있는 것처럼 간접지시법만 가능하다. 그리고 의미 차이는 (23)이 지시된 시구간(T)의 모든 하위시구간(t)에서 '동쪽으로 갔다'는 의미를 갖지만 (24)는 그러한 의미를 반드시 함의하지는 않는다.

시간의 크기가 영인 것으로 가정하게 되면 Comrie(1976:42ff)에서 영어의 순간성 동사 couch에 대해 관찰한 것과 같은 어려움에 봉착하게 된다. 참고로 Comrie(1976:41-42)에서 순간을 정의한 것을 보면 'the opposition of duration', 'not last in time'과 같이 부정적 기술이거나 'momentarily'와 같은 일종의 동어반복으로 되어 있어, 순간에 대해 정의하기가 쉽지 않음을 보여 준다.

18 각주 15에서 말한 바와 같이 국어의 일부 연결어미나 보조동사에 의해 동작상을 파악하는 입장에서라면 다른 분류도 있을 수 있다(남기심·고영근(1984) 참조). (22)에서의 분류는 '동안' 등의 시간어와 공기양상을 살피기 위한 것에 한정한 것이다.

(23ㄴ′) 그는 밤 동안 {내내, *잠깐} 동쪽으로 갔다.
(24ㄴ′) 그는 밤 동안에 {내내, 잠깐} 동쪽으로 갔다.

(23ㄴ′)와 (24ㄴ′)는 '동안' 구성과 시간 부사 '내내, 잠깐'의 공기 양상을 살핀 것이다. 그런데 (23ㄴ′)의 경우 주어진 전시구간에서 어떠한 상황이 전개되었음을 의미하는 '내내'는 'T-동안'과 공기하나, 일부 시구간에서만 그러한 일이 있었음을 의미하는 '잠깐'과는 공기하지 못함을 보인다. 이것은 (23ㄴ)이 'T(=밤)' 속의 모든 t에서 '그가 동쪽으로 갔다'는 것을 의미한다. 따라서 우리는 'T-동안'과 '동쪽으로 갔다'는 보편양화 관계에 있다고 할 수 있다. 한편 (24ㄴ′)는 'T-동안에'가 '내내'와는 물론이고 '잠깐'과도 공기할 수 있음을 보인다. 이것은 'T-동안에'가 상황과 존재양화 관계에 있음을 의미한다. 즉 (24ㄴ)에 대해 우리는 'T 속에는 그가 동쪽으로 간, 그러한 t가 적어도 하나 이상 있다'라고 해석할 수 있는 것이다.[19]

'동쪽으로 갔다'에서의 지속상은 '가다' 동사가 갖는 상적 특성인 과정성에서 비롯된 것이다. 이런 류의 지속을 우리가 동작 지속이라고 한다면, (25), (26)의 '관계를 끊었다'에서 볼 수 있는 지속은 결과 지속이라 할 수 있다.

(25) 그는 {ㄱ. 1년 동안, ㄴ. 내가 없는 동안} 영희와 관계를 끊었다.
(26) 그는 {ㄱ. *1년 동안에, ㄴ. 내가 없는 동안에} 영희와 관계를 끊었다.

---

[19] (24ㄴ′)에서 'T-동안에'가 보편양화적인 '내내'와 공기할 수 있는 것은 '……그러한 t가 적어도 하나 이상 있다'라는 존재양화 관계에 벗어나지 않는다.

(25), (26)의 '(관계를) 끊다'는 정문수(1984)에서 결과성의 '순간 풀이씨'로 분류된 것이다. (25)에서 'T-동안'과 공기할 때 읽을 수 있는 지속상은 결과성에서 비롯된 것이다. 그리고 'T-동안'과 공기했을 때, 그러한 결과가, 주어진 시구간의 '모든 t에서 지속되었다'는 의미를 갖는다. (26)의 'T-동안에'는 간접지시법의 경우만 공기할 수 있음을 보여 준다. 이때 (26ㄴ)의 의미는 'T 속에는 그가 영희와 관계를 끊고 지낸, 그러한 t가 있다'로 해석된다.

한편 감각 동사에 의해 표현되는 대부분의 상황도 지속상을 갖는다.

(27) 그는 {ㄱ. 1시간 동안, ㄴ. 주사 맞은 후 1시간 동안} 등이 가려웠다.
(28) 그는 {ㄱ. *1시간 동안에, ㄴ. 주사 맞은 후 1시간 동안에} 등이 가려웠다.

(27), (28)의 '가려웠다'와 같은 감각 동사들은, 어느 정도 시작과 끝이 분명하고, 또 일정한 시구간 속에서만 지속되는 상황[20]을 나타낸다. 이러한 상황이 '동안' 구성과 갖는 공기 양상은 (23)~(26)의 동작 지속의 상황이나 결과 지속의 상황과 마찬가지로 나타난다. 그리고 '동안' 구성이 공기했을 때의 의미도 그들 상황에서와 다를 바가 없다.

그러나 지속상의 경우에도 지속이 절대적이거나 영속적인 경우에는 'T-동안'의 공기에 제약이 있다.

(29) ??지구는 천년 동안 태양 주위를 돌았다/돈다.
   cf. 그는 3일 동안 탑을 돌았다.

---

[20] 이러한 상황이 갖는 상태지속을 김흥수(1988:29)에서는 '잠정적 상태지속'으로 부르고 있다.

(30) ?*김씨는 3일 동안 죽었다.
　　cf. 김씨는 3일 동안 죽었다가 다시 살아났다.

(29)의 상황은 일반적으로 절대적 시제(보편적 진리)로 주어진다. (30)의 '죽었다'는 순간적 상황을 나타내는 경우도 있고 결과 지속의 상황을 나타내는 경우도 있는데, 결과 지속의 경우 그것은 영속적인 것이다. 이러한 절대적이거나 영속적인 상황은 (29), (30)에서 보는 바와 같이 'T-동안'이 공기하면 부자연스럽다. 이것은 'T-동안'이 갖는 시구간의 특성이 폐구간(closed domain)적임에 비해 그들 상황이 처하는 시구간은 개구간(opened domain)적인 것이기 때문에 그러한 것으로 생각된다.

상태 지속의 대부분의 상황도 'T-동안'의 공기가 자연스럽지 못하다. (정문수 1982:83)

(31) ??백두산이 5천년 동안 높았다/높다.
(32) ??그분은 3년 동안 나의 스승이셨다/스승이시다.
　　cf. 그분은 3년 동안 나의 담임선생님이셨다.

(31)은 성상형용사문이고 (32)는 계사문인데, 이들이 나타내는 상황은 절대적인 것이거나, 어느 정도 영속성을 갖는다. 따라서 이러한 상황에 폐구간성의 'T-동안'이 공기하면 자연스럽지 못하다. 다만 (32cf.)가 보여 주듯이 계사문이 일정한 시간 속에서만 지속된 관계를 나타낼 때는 'T-동안'의 공기가 가능하다.

3.2.3. 완결상을 보이는 동사구조와 '동안' 구성과의 공기 양상은

(33), (34)와 같다.

> (33) 그는 {ㄱ. *1시간 동안, ㄴ. *내가 잠자는 동안} 학교까지 갔다.
> (34) 그는 {ㄱ. 1시간 동안에, ㄴ. 내가 잠자는 동안에} 학교까지 갔다.

(33), (34)의 '학교까지 가다'는 완결상을 갖는 상황이다. 이러한 상황은 (33)에서 볼 수 있는 바와 같이 'T-동안'은 공기할 수 없고, (34)에서처럼 'T-동안에'만 공기 가능하다. 이때 직접지시법의 것이든 간접지시법의 것이든 문법성의 정도에는 차이가 없다.

완결상을 보이는 동사구에 '동안' 구성이 통합될 때도 앞에서 본 양화관계를 읽을 수 있다. 'T-동안'이 통합된 (33)이 성립한다고 가정해 보자. 그러한 상황이 있다면, 그것은 '그가 학교까지 가는' 일을 T 안의 모든 t에서 순간적으로 계속할 때만 가능하다. 그러나 그러한 상황이 불가능하다면 보편양화 관계를 나타내는 'T-동안'의 공기 또한 불가능한 것이다. 반면에 (34)에서 우리가 '그의 학교까지 가는' 일을 일회적인 사건으로 파악하는 한 주어진 시구간 안에서 이 사건은 존재양화적인 관계로 나타낸다. 즉 지시된 시구간 안에 상황이 완결된 그러한 t가 있다는 의미가 있는 것이다. 따라서 존재양화 관계의 'T-동안에'의 공기는 자연스럽다. 그런데 (34ㄱ)과 (34ㄴ)의 'T-동안에'는 지시된 시구간의 내용에는 다소의 차이가 있다. (34ㄱ)의 '1시간'은 직접지시법에 의한 것으로서, 상황에 의해 직접 배당된 것이다. 따라서 (34ㄱ)은 학교까지 가는 데 1시간이 걸렸다는 의미가 있다. 그러나 (34ㄴ)은 간접지시법을 취하고 있기 때문에 학교까지 가는 데 걸린 시간과 내가 잠자는 상황이 지속된 시간이 반드시 일치해야 할 이유는 없다.

(34ㄴ′) 그는 내가 잠들기 전에 / 잠든 후에 출발해서, 내가 자는 동안에 학교까지 갔다.

곧, (34ㄴ)은 (34ㄴ′)가 보여주는 바와 같이, 상황의 기동시점(起動時點)이 잠들기 시작한 시점과 반드시 일치해야 할 이유는 없는 것이다. 다만 이 경우 중요한 것은 상황이 완결된 시점이 '잠자는 동안' 속에 포함된다는 점일 것이다. 이것은 (34ㄴ)의 '동안' 구성이 학교까지 간 상황과 오직 존재양화 관계만 맺고 있음을 의미한다.

(34)의 '학교까지 갔다'에서 완결상은 공간적 이동의 끝점을 명시하는 '학교까지'에 의해 주어진다. 그런데 이러한 이동의 공간적 끝점은 공간적 거리를 나타내는 어사에 의해서도 표시될 수 있다.

(35) 그는 {ㄱ. *1시간 동안, ㄴ. 1시간 동안에} 1km를 걸었다.

(35)에서 '그가 1km를 걸었다'는 그가 오직 1km를 걸었을 때만 참이 된다. 이때 공간적 거리를 나타내는 1km는 한정적인 것이기 때문에 이동의 공간적 끝점을 내포하게 된다. 따라서 이러한 상황의 동작상은 완결상이 되고, '동안' 구성의 통합도 'T-동안에'만 허용된다.

(35ㄴ′)

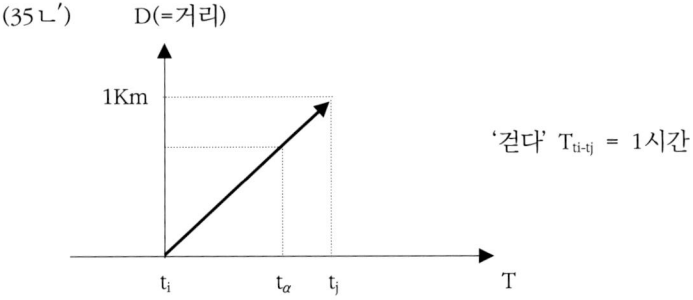

(35ㄴ')는 (35ㄴ)이 의미하는 바를 도표로 그린 것인데, 시간축과 수직으로 교차하는 공간축(D)을 하나 더 설정하여 이들 좌표축과 동작 '걷다'와의 관계를 나타내고 있다.[21] 그런데 $t_i < t_\alpha < t_j$ 인 어떤 임의의 t_α에서도 '1km를 걸었다'라는 상황은 성립되지 않는다. 오직 t_j에서만 그 상황은 참이 되는데, 이 t_j는 T_{ti-tj} 안에 있는 하나의 t이다. 따라서 이 경우 언제나 존재양화 관계만 성립하며, '동안' 구성도 존재양화 관계의 'T-동안'에만 공기할 수 있는 것이다.

완결상은 '의자를 만들다, 원을 그리다'와 같은 동사구에 의한 상황에서도 실현될 수 있다.[22]

(36) 그는 의자를 만들었다.

(36)은 명사 '의자'가 총칭적(generic)이냐 아니냐에 따라 적어도 두 가지의 다른 해석이 가능하다. 하나는 그가 특정한 의자 한 짝을 만들었다는 의미로 해석될 수 있고 다른 하나는 그가 의자 만드는 작업을 했다는 의미로도 해석될 수 있는 것이다. 전자의 경우 (36)은 완결상의 상황이고, 후자의 경우는 지속상의 상황이다.

(37) 그는 {ㄱ. *1시간 동안, ㄴ. 1시간 동안에} 의자를 (한 짝을) 만들었다.
(38) 그는 {ㄱ. 10년 동안, ㄴ. ?*10년 동안에} 의자를 만들었다.

---

21 (35ㄴ')에서 동작 '걷다'는 주어진 시구간(1시간)과 공간구간(1km) 모두에 보편양화 관계를 보인다. 이것은 (35ㄴ)이 '그가 1시간을 걸었다'와 '그가 1km를 걸었다' 둘 다를 함의하고 있음을 말해 주는 동시에 시간과 공간은 궁극적으로 동일한 원리로써 설명할 수 있을 것임을 암시해 준다.
22 Comrie(1976:44ff)의 'tellic(=accomplishment) situation' 참조.

(37)은 어떤 특정한 의자를 하나 완성한 상황을 상정한 것이다. 이 경우 완결상의 상황이 되고, 따라서 'T-동안에'와만 공기한다. (38)은 그가 어떤 특정한 의자 하나를 만들기 시작해서 10년 만에 그것을 완성한 경우가 아니라면, 그는 의자 만드는 일에 종사했다는 의미를 갖는다. 이것은 곧 지속상의 상황이 될 것인데, 직접지시법의 'T-동안에'의 공기가 부자연스럽다는 데서도 뒷받침된다.

3.2.4. 완결상의 상황에서와 마찬가지로 순간상의 상황도 'T-동안'과는 공기하지 못하고, 'T-동안에'와만 공기한다.

(39) {ㄱ. *1시간 동안, ㄴ. *밤 동안} 페리호가 도착했다.
(40) {ㄱ. *1시간 동안에, ㄴ. 밤 동안에} 페리호가 도착했다.

'도착하다'와 같은 동사에 의해 실현되는 순간상의 상황은, 그것이 일회적인 사건으로 주어지는 한, 일정한 크기의 시간을 내재하지 못한다. 이러한 상황에서 문제가 되는 시간은 '순간'이다. 즉 오직 하나의 t만 문제가 되는 것이다. 따라서 순간상의 상황은 (39)에서 볼 수 있듯이 보편양화 관계의 'T-동안'과는 공기할 수 없다. 그러나 존재양화 관계의 'T-동안에'는 공기할 수 있는데, 이때도 (40)이 보여 주는 바와 같이 직접지시법의 'T-동안에'는 공기할 수 없고 오직 간접지시법의 'T-동안에'와만 공기한다. 바로 이 점이 완결상에서의 공기 양상과 다른 점이다.

우리는 3.2.2.에서 결과 지속의 경우를 보면서 '관계를 끊다'에 주목한 일이 있다. 이 동사는 이미 언급한 대로 순간성과 결과성을 상적 특성으로 갖는다. (25), (26)에서 우리는 이 동사의 결과성이 동작상으로 실현된 상황을 상정하여 지속상으로 다루었었다. 그런데 만약 어떤 상황에서 결과성보다 순간성이 두드러질 때는 순간상으로 다루어야 한다. (26ㄴ)을 다시 가져와 보자.

(41) 그는 내가 없는 동안에 영희와 관계를 끊었다.

(41)에 상정할 수 있는 하나의 해석은 '그가 내가 없는 동안에 영희와 관계를 끊고 지냈다'는 의미이다. 이 경우는 지속상의 상황이 될 것이다. 가능한 또 다른 해석은 '그가 영희와 관계를 끊은 것은 내가 없는 동안에 이루어졌다'는 의미이다. 이 경우는 순간상의 상황이 되고, 통합된 'T-동안에'의 의미도 'T 속에 그가 영희와 관계를 끊은 한 t가 있다'로 해석될 수 있을 것이다.

3.2.5. 'T-동안'과 'T-동안에'가, 구별되는 두 양화 관계를 나타내면서, 동작상에 따라 공기 양상을 달리하는 것과 유사한 현상이 'T-간'과 'T-사이(에)'에서도 확인된다.

(42) 10분간 비가 왔다.
(43) 밤 사이 비가 왔다.

(42), (43)은 '비가 왔다'는 지속상을 갖는 상황인데, 'T-간'과 'T-사이'가 둘 다 통합될 수 있다. 그러나 이들이 통합되었을 때 읽을 수 있는 의미는 다른데, 'T-간'은 보편양화 관계를, 'T-사이'는 존재양화 관계를 보여 준다.

(42′) 10분간 {내내, *잠깐} 비가 왔다.
(43′) 밤 사이 {내내, 잠깐} 비가 왔다.

(42′)와 (43′)의 '내내, 잠깐'의 공기 양상에서 알 수 있듯이 (42)는 T 속의 모든 t에서 비가 왔다[23]는 보편양화적인 해석이 가능하고, (43)은 T 속에 비가 온 그러한 t가 적어도 하나 이상 있다는 존재양화적인 해석이 가능하다.

이러한 사실은 '-간' 구성과 '사이' 구성도 '동안' 구성과 평행적인 설명이 가능할 것이라는 것을 시사해 준다. 그러나 보편양화적인 '-간' 구성과 존재양화적인 '-사이' 구성을 상정하는 일은 그렇게 쉽지 않다.

(44) 그는 장장 1시간간에 걸쳐 연설을 했다.
(45) ㄱ. 그 사이를 못 참다니!
ㄴ. 요사이 영희가 참 예쁘다.

(44)는 'T-간에'가 실현된 예이다. 이러한 'T-간에'의 실현은 흔치 않아서 대체로 '걸쳐' 앞에 국한되는 것이 아닌가 한다.[24] 그런데 이때의 '걸쳐'는 이미 문법화된 요소(일종의 후치사)로서, 서술어의 자격을 갖지 못한다(*그의 연설은 장장 1시간간에 걸쳤다.). 따라서 엄밀히 말한다면 (44)의 시간어는 '1시간간에 걸쳐'가 될 것인데, 이것은 그가 연설을 한 상황과 보편양화적인 관계에 있는 것이다. 한편 (45)는 '사이' 구성이 보편양화 관계를 보이는 경우를 상정한 것이다. 이러한 경우는 대체로 지시어가 통합된 '사이' 구성이 상태 지속의 상황과

---

23 안동환(1980:38-39)에서의 'T-간'에 대한 해석 참조.
24 간접지시법의 '그간'에도 {에}가 통합하는 일이 혹 가능할 지도 모르겠다. (예: ?그간에 별고 없었습니까?)

공기했을 때 가능한 것으로 생각된다. 그러나 이 경우도 존재양화적인 해석이 전혀 배제되는 것은 아니다. (45ㄱ)의 경우 주어진 시구간 속에서 죽 참다가 어느 한 t에서 참지 않았다는 해석이 가능하고 (45ㄴ)의 경우도 주어진 시구간의 어느 한 t에서부터 영희가 예뻐졌다는 의미를 강하게 내포하고 있는 것이다.[25]

'T-간'과 'T-사이'의 이러한 용법은 완결상의 상황과 순간상의 상황에서도 확인된다.

(46) 그는 {ㄱ. *1시간간, ㄴ. 밤 사이} 학교까지 갔다.
(47) {ㄱ. *1시간간, ㄴ. 밤 사이} 페리호가 도착했다.

(46)은 완결상의 상황에서 'T-간'과 'T-사이'의 공기 양상을 보인 것인데, 'T-사이'만 공기할 수 있음을 보인다. 그리고 이때 읽을 수 있는 의미는 'T 속에 그가 학교까지 간, 그러한 한 t가 있다'는 존재양화적인 것이다. (47)의 순간상의 상황도 'T-사이'만 공기할 수 있는데, 이때 읽을 수 있는 의미는 'T 속에 페리호가 도착한, 그러한 한 t가 있다'로 해석될 수 있어, 역시 존재양화적이다.

3.2.6. 지금까지 우리는 '동안, 사이, -간' 구성의 시간어와 동작상 사이의 공기양상을 살펴보았는데 이를 요약하여 표로 보이면 (48)과 같다.

---

25 이러한 상보성은 '-간'과 '사이'의 형태적 차이에서 기인하는 것이 아닌가 한다. '-간'은 한자계 접미사로서, 주로 한자어 시간명사와 결합하여 직접지시법의 시간어로 사용되나, '사이'는 어느 정도 자립성이 있고 대부분의 경우 간접지시법으로 사용된다.

(48)

	T-동안(T-간)		T-동안에(T-사이)	
	직접지시법	간접지시법	직접지시법	간접지시법
지속상	+	+	−	+
완결상	−	−	+	+
순간상	−	−	−	+
(의미)	보편양화관계		존재양화관계	

〈+ : 공기 가능, − : 공기 불가능〉

4.

4.1.

지금까지 '동안, 사이, -간' 구성의 시간어가 동작상과 공기하는 양상을 살피면서, 이들 사이에 두 가지 구별되는 양화 관계가 있음을 논증했었다. 이제 본장에서는 그러한 양화 관계를 표시하는 요소에 대해서 살펴보고자 한다.

'동안' 구성의 경우 보편양화 관계는 'T-동안'과 공기한 상황에서, 그리고 존재양화 관계는 'T-동안에'가 공기한 상황에서 일관되게 읽을 수 있는 의미였다. 그리하여 우리가 '동안' 구성의 두 형식 속에 양화 관계를 표시해 주는 어떤 요소가 있을 것으로 추정할 수 있게 되는데, 이때 당연히 주목하게 되는 것은 조사 {에}의 유무이다. 즉 존재양화 관계를 갖는 시간어에는 {에}가 통합되어 있으나, 보편양화 관계를 보이는 시간어에는 'ϕ'로 나타나고 있는 것이다. 그리하여 우리는 일단 '{에} : ϕ'의 대립이 '존재양화 관계 : 보편양화 관계'를 구별하여 표시한다고 가정해 볼 수 있게 된다.

(49) ㄱ. 며칠 동안 묵으면서 ……
    ㄴ. 이 산에는 거의 반 년 동안 눈이 쌓여 있다.
(50) ㄱ. 5분 동안 3㎞나 날아간다니 정말 놀랍다.
    ㄴ. 방학 동안 선생님께 보내는 편지.

(49), (50)에 나타나는 '동안' 구성에는 모두 조사가 겉으로 드러나 있지 않다. 그런데 (49ㄱ)은 '며칠 동안'이 지시하는 전시구간에 묵었고(혹은 묵을 것이고), (49ㄴ)은 반 년 동안 내내 눈이 쌓여 있다는 뜻으로 해석되어 보편양화 관계를 보인다. 그러나 (50)의 두 예는 모두 존재양화 관계를 보인다. 곧 (50ㄱ)은 완결상의 경우로서, '3㎞를 날아간 그러한 t가 5분 동안이 지시하는 시구간 안에 있다'로 해석되고, (50ㄴ)은 방학 동안 내내 선생님께 편지를 보낸 상황이 아니라면, '방학 동안이 지시하는 시구간 안에 선생님께 편지를 보낸 그러한 t가 있다'로 해석되는 것이다. (49), (50)이 보여 주는 이러한 사실은 '{에} : ∅'의 대립이 양화 관계를 구별하여 표시해 준다는 앞의 가정이 잘못된 것이 아닌가 하는 생각을 갖게 해 줄 수도 있다. 그러나 (49), (50)의 '동안' 구성 다음에 잠재적으로 실현될 수 있는 조사들을 조사해 보면 흥미로운 사실이 드러난다.

(49) ㄱ'. 며칠 동안{*에, 을} 묵으면서 ……
    ㄴ'. 이 산에는 거의 반 년 동안{*에, 을} 눈이 쌓여 있다.
(50) ㄱ'. 5분 동안{에, *을} 3㎞나 날아간다니 정말 놀랍다.
    ㄴ'. 방학 동안{에, *을} 선생님께 보내는 편지.

보편양화 관계를 보인 (49)의 '동안' 구성 다음에는 (49ㄱ', ㄴ')가 보여 주는 바와 같이 조사 {을}은 실현될 수 있으나 {에}의 실현은 허용하지 않는다. 반대로 존재양화 관계를 보인 (50)의 '동안' 구성 다음에는 (50ㄱ', ㄴ')가 보여주듯이 {에}는 실현될 수 있지만 {을}의 실현은 불허하고 있는 것이다.

양화 관계에 따라 조사 {에} 또는 {을}이 실현되는 이러한 양상은 '-간'과 '사이' 구성에서도 확인된다. 이미 양화 관계가 확인된 (42), (43)을 다시 가져와 이 사실을 확인해 보기로 하자.

(51) 10분간{을, *에} 비가 왔다.
(52) 밤 사이{*를, 에} 비가 왔다.

(51)은 보편양화 관계를 갖는 '-간' 구성 다음에는 {을}은 실현될 수 있으나, {에}는 실현될 수 없음을 보여 주고, (52)는 반대로 존재양화 관계를 갖는 '사이' 구성 다음에는 {에}는 실현될 수 있으나 {을}의 실현은 허용되지 않음을 보여 준다.

이상에서 본 바와 같이 존재양화 관계를 갖는 시간어 다음에는 {에}가 실현될 수 있고, 보편양화 관계를 갖는 시간어 다음에서는 {을}이 실현될 수 있다는 사실은 앞에서 {에}가 존재양화 관계를 표시해 준다는 가정을 만족시켜 주며, 또한 보편양화 관계에서 나타나는 'φ'가 {을}과 모종의 관계를 맺고 있는 것임을 시사해 준다.

4.2.

'φ'가 {을}과 어떤 관계를 맺는 존재라고 할 때, 우리가 제일 먼저 떠올릴 수 있는 것은 'φ'를 {을}의 생략형으로 보는 것이다. 즉 보편양화 관계의 표시는 {을}이 담당하고,[26] 앞서의 'T-동안'과 'T-간'은 {을}이 생략된 형식으로 파악하는 방법이다. 그러나 (53)은 이러한 해석이 타당하지 않음을 보여 주고 있다.

(53) ㄱ. 처음 일주일 동안은 35-37°C 정도로 온도를 유지했다.
ㄴ. 아기별은 바위꽃을 잠깐 동안만 달래 주다가 ……
ㄷ. 우리 민족은 약 40년 동안이나 몽고군과 대항하였다.

(53)의 '동안' 구성은 모두 보편양화 관계로 해석되는 것인데, 이들에는 {을}이 아닌 보조사 {은}, {만}, '이나' 등이 실현되어 있는 것이다. 그렇다면 'φ'와 {을}(및 보조사)의 관계를 어떻게 규정해야 할 것인가? 우리는 여기에 조사의 실현 층위(level)[27]가 관계되어 있다고 본다. 즉 양화 관계가 문제가 되는 층위에서는 '{에} : φ'의 대립에 의해 그것을 나타내고, {을}이나 {은} 등의 보조사는 각각 그들이 관련된 층위에서 'φ'의 자리에 실현되는 것으로 해석할 수 있는 것이다.[28] 이러한 처리는 보편양화 관계를 갖는 장소어의 경우, {을}이 아닌 {이}가 실현되는 예가 있어(후술), 그 타당성이 입증된다. 만약 우리가 {을}에 보편양화 관계 표시 기능을 인정한다면, {은} 등의 보조사뿐만 아니라 {이}에까지 그러한 기능을 인정해야 하는 문제가 생겨나게 될 것이다.[29]

---

26 {을}에 대해 임홍빈(1972:88)에서 '대상 전체를 문제 삼는다'고 한 것이나, 홍윤표 (1978:125)에서 '이동 동작이 전영역에 걸쳐 이루어져 나온 결과를 의미한다'고 한 것은 {을}과 보편양화 관계에 대한 중요한 암시가 된다. {을}이 전체성의 의미를 갖는다는 것은 전수태(1987:58ff)에도 피력되어 있다.
27 층위 구별의 문제는 Daneš(1964), Halliday(1970) 참고.
28 이 문제와 관련하여 Fillmore(1977)는 매우 시사적이다. 이곳에서 그는 상황(장면)과 관련하여 참여자들에게 어떤 역할이 주어지는 층위인 심층격 표현 층위와 주어 및 목적어와 같은 문법관계를 표현하는 층위를 달리 설정해야 할 것임을 말하고 있다.
29 'φ'와 {을}(및 {이}), {은} 등의 실현 층위가 다르다면, 이들 조사에 대한 기능을

4.3.

'{에} : φ'의 대립이 양화 관계를 표시하는 일은 시간어에만 국한된 것인지 아니면 어느 정도 일반성이 있는 것인지 검증해 보는 것은 매우 중요한 의미를 갖는다. 특히 공간어(장소어)에서도 그들의 양화 관계 표시 기능이 확인된다면 이들 조사의 기능에 일반성을 확보하는 동시에 처소이론에도 기여할 수 있을 것이다.

(54) ㄱ. 아이들이 벽에 {온통, 조금} 낙서를 했다.
    ㄴ. 아이들이 벽을 {온통, *조금} 낙서를 했다.

(54)는 장소어 '벽에'와 '벽을'을 대비시켜 의미 차이를 보인 것인데, {에} 통합의 (54ㄱ)은 부사어 '온통' 및 '조금'과 다 공기할 수 있으나 {을}(사실은 'φ') 통합의 (54ㄴ)은 보편양화적인 '온통'만 공기할 수 있음을 보여 준다. 따라서 '벽'이 지시하는 공간 영역과 낙서한 행위가 미치는 영역 사이에 (54ㄱ)은 존재양화 관계를, (54ㄴ)은 보편양화 관계를 보인다고 할 수 있다.

(55) ㄱ. 김해에 부산의 위성도시를 만들었다.

탐구할 때 반드시 층위를 구별하여 기술할 필요가 있다. '{에} : φ'의 대립이 양화 관계를 표시한다는 본고의 논의는 명백히 의미구조층위에서의 문제이다. 그리고 'φ'의 자리에 {을(및 {이})이 실현되어 목적어(및 주어)를 나타내는 일은 문법구조층위에서의 문제일 것이다. 한편 {음이 {을(및 {이})과 대립하여 통보기능을 표시하는 일(유동석(1984) 참조)은 발화조직층위에서의 문제가 된다. 그리하여 이들 조사가 관여하는 층위는 다음과 같이 정리될 수 있다.
($_{S.L}$에 : φ($_{U.L}$($_{G.L}$이 : 을) : 은))
※ S.L : level of the semantic structure of sentence
   U.L : level of the organization of utterance
   G.L : level of the grammatical structure of sentence

ㄴ. 김해를 부산의 위성도시를 만들었다.

(55)는 '김해에'와 '김해를'을 대비시킨 것인데, 이들이 통합된 각각의 문장은 (55ㄱ', ㄴ')와 같은 함의를 갖는다.

(55) ㄱ'. 김해에 부산의 위성도시가 있다.
ㄴ'. 김해가 부산의 위성도시이다.

(55ㄱ', ㄴ')에 대한 위의 함의는 양화 관계를 극명하게 대비시켜 보여 준다. (55ㄱ)에 대한 함의인 (55ㄱ')는 존재문의 형식을 취하고 있는데, 이곳에서 '김해'가 지시하는 공간 영역과 '부산의 위성도시가 있는(점유하는)' 공간 영역 사이에는 존재양화 관계가 성립한다. 반면에 (55ㄴ)의 함의인 (55ㄴ')는 임홍빈(1972:9 ff)에서 '정언문'이라 한 형식을 취하고 있다. 정언문은 계사에 의해 연결된 두 어사를 동치(합동)관계에 놓이게 하는데, (55ㄴ')에서의 동치는 그들이 지시하는 공간 영역의 동치이다. 따라서 우리는 이곳에서 보편양화 관계를 확인할 수 있는 것이다.

공간어에서의 양화관계는 홍재성(1986)에서 '교차 장소보어 구문'이라고 한 (56), (57)에서도 확인된다.

(56) ㄱ. 꿀벌들이 정원에 우글거린다.
ㄴ. 정원이 꿀벌들로 우글거린다.
(57) ㄱ. John이 벽에 페인트를 칠했다.
ㄴ. John이 벽을 페인트로 칠했다.

(56)은 '정원에 : 정원이'를 대비시켜 본 것이고, (57)은 '벽에 : 벽을'

을 대비시킨 것인데, 이들에도 양화관계에서 차이를 보인다. (56ㄱ)의 경우 정원에 꿀벌이 가득한 경우는 물론이고, 정원의 한 구석에만 꿀벌이 우글거리더라도 성립한다. 그러나 (56ㄴ)은 오직 전자의 의미만 갖는다. (57)에서도 (57ㄴ)은 벽면 전체에 페인트를 칠했다는 의미인 데 반해, (57ㄱ)은 그러한 의미를 반드시 함의하는 것은 아니다.
  '가다' 등의 이동동사에 통합되는 장소어에서도 양화관계의 대비를 볼 수 있다.

  (58) ㄱ. 그는 바다에 간다.
       ㄴ. 그는 바다를 간다.
  (58′)

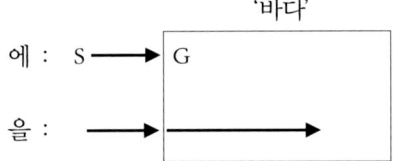

  (58)과 (58′)는 홍윤표(1978:121)에서 빌려온 것인데, 그곳에서 이미 상세히 논의된 대로 (58ㄱ)과 (58ㄴ)은 (58′)의 그림이 보여주는 것과 같은 의미 차이를 갖는다. 즉 (58ㄱ)에서의 '바다에'는 장소 이동이 도달점(goal)으로만 인식되는데 비해 (58ㄴ)은 '바다를 지나간다'는 의미를 더 갖는다. 그런데 (58ㄱ)의 도달점은 바다가 지시하는 전영역일 수 없고, (58′)의 그림이 보여 주는 바와 같이, 바다의 영역 속에 포함된 한 지점일 뿐이다. 따라서 '그의 바다로의 이동'은 바다가 지시하는 일부 영역과만 관련을 맺고, 또 그런 의미에서 존재양화 관계가 성립한다. 반면에 (58ㄴ)의 '바다를 지나간다'는 의미는 (58′)의 그림이 보여 주는 바와 같이 '바다'가 지시하는 전영역을 포괄하는 행위로

볼 수 있어 보편양화적인 해석에 부합한다.

(59) ㄱ. 학교/극장/교회/시장/……에 가다.
ㄴ. 학교/극장/교회/시장/……(을) 가다.

(59)에서 (59ㄴ)은 '수업하러(영화보러, 예배보러, 시장보러, ……) 가다'라는 의미를 갖는데 비해 (59ㄱ)은 그러한 의미를 반드시 갖는 것은 아니다. (59ㄴ)이 갖는 그러한 의미도 이들 구문이 보편양화 관계를 성립시키는 것과 관련이 있는 것으로 생각된다. 왜냐하면 이러한 행위의 목적은 '학교' 등의 전영역과 관련을 맺는 것이기 때문이다.
이동동사에서와 마찬가지로 '살다' 동사에서도 양화관계에 따라 특수한 의미를 띠는 경우가 있다.

(60) ㄱ. 서울에 살다.
ㄴ. 서울(을) 살다.

(60ㄱ)에서 '서울'은 단순한 거주지이다. 그러나 (60ㄴ)은 서울생활을 한다는 의미가 있다.[30] 이것은 (60ㄴ)의 서울이 단순히 거주지만을 의미하지 않음을 말해 준다. 임홍빈(1979)의 표현을 빌려 말하면 (60ㄴ)의 서울은 서울의 공기며, 땅이며, 거리며, 그 화려함이나 비정함까

---

[30] 'NP(을) 살다' 구성도 'NP(을) 가다'에서처럼 특수한 의미를 띠는 경우가 많다(유동석 1984:22-23).
(ⅰ) 남의집/셋방/감옥에 살다. (→그곳에/*그것에 살다)
(ⅱ) 남의집/셋방/감옥(을) 살다. (→?*그곳을/그것을 살다)
(ⅰ)의 '남의집/셋방/감옥'은 단순히 거주지를 의미하지만, (ⅱ)의 경우 '남의집살이(고용살이)/셋방살이/감옥살이'를 하다는 의미를 갖고, 통합된 NP들도 어떤 장소(그곳)로보다는 대상(그것)으로 인식된다.

지 포함한 서울의 모든 것을 지시한다고 할 수 있는 것이다.

4.4.

'{에} : ϕ'의 대립이 시간어에서뿐만 아니라 공간어에서도 양화관계를 표시함을 보았는데, 국어의 '{에} : ϕ'의 의미 대립과 유사한 현상이 영어에서도 확인된다.

(61) ㄱ. Bees are swarming in the garden.
ㄴ. The garden is swarming with bees.
(62) ㄱ. John smeared paint one the wall.
ㄴ. John smeared the wall with paint.

(61)과 (62)는 우리가 앞에서 교차 장소보어 구문의 예로 들었던 (56), (57)과 동일한 유형의 예문이다. (61), (62)는 Hall(1965)에서 변형관계로 다루어진 이후 최근까지 영어문법가들에 의해 주목받아 왔다.[31] 특히 Fillmore(1968)에서 ㄱ과 ㄴ의 명사항들의 심층구조격(deep-structure case)이 같다고 한 후 이들의 의미 차이가 본격적으로 거론되었다. Fillmore(1968:48, fn. 49)에서도 지적하고 있지만 S. Anderson(1971), Mellema(1974) 등은 (61), (62)의 ㄴ들이 '전체 정원(whole garden) / 전체 벽면(entire wall)'에 '벌들이 날아다닌다 / 페인트를 칠했다'는 의미가 있으나,[32] ㄱ들은 그렇지 못함을 들어

---

31 S. Anderson(1971), Salkoff(1983) 참조.
32 이러한 의미 구별에 대해 Salkoff(1983:322, fn. 15)은 좀더 복잡한 양상이 있음을 지적하고 다음과 같은 예를 들고 있다.

(i)   ㄱ. Splinters are swarming in the hallway.

Fillmore(1968)의 동일 심층구조격설을 비판하고 있다. 특히 S. Anderson(1971)은 ㄴ들이 갖는 의미를 holistic interpretation, ㄱ들이 갖는 의미를 partive interpretation으로 구분하고 (61)에 대한 의미 차이를 (61ㄱ', ㄴ')과 같이 나타내고 있다.

   (61) ㄱ'. Bees swarming in the garden, but most of the garden has no bees in it.
   ㄴ'. *φ The garden is swarming with bees, but most of the garden has no bees in it.

즉, 'φ the garden'(주어)이 실현된 (61ㄴ)은 정원의 대부분에 꿀벌이 없다는 것과 모순되지만, 'in the garden'으로 실현된 (61ㄱ)은 그렇지 않다는 것이다.

이러한 논의를 통하여 우리는 영어의 'in(on) : φ'의 의미 대립이 '{에} : φ'의 그것과 놀랄 만큼 유사하다는 사실을 알 수 있다. 즉 이들 논의에서 장소어가 주어 혹은 목적어로 실현될 때 갖는 의미 기술을

   ㄴ. The hallway is swarming with splinters.

(iㄱ)과 (iㄴ)은 둘 다, '파편들이 현관 전체(entire hallway)에 가득 차 있다'는 의미를 갖는다고 한다. 국어의 경우 다음의 예에서도 마찬가지다.

(ii)   ㄱ. 방안에 신선한 공기가 가득하다.
       ㄴ. 방안이 신선한 공기로 가득하다.

(ii)에서 명사 '공기'의 물리적 성질과 동사 '가득하다'의 지시의미에 의해 방안의 일부에만 공기가 존재한다는 것은 상정하기 어렵다. 따라서 (iiㄱ)의 '방안에'에 대해서도 '방안 전체'와 같은 의미해석을 할 수밖에 없게 된다. 그러나 이러한 난점은 (i), (ii)의 ㄱ과 ㄴ에 대한 의미해석을 '전체(entire) : 일부(some)'의 대립으로만 파악할 때 생겨나는 것이고, 본고에서와 같이 양화관계의 대립으로 파악하면 극복될 수 있다. 왜냐하면 ㄴ들에 'entire……'의 의미가 있더라도 이것은 우리가 상정하는 존재양화 관계와는 모순되지 않기 때문이다.(각주 19 참조)

위해 동원된 'whole, entire, holistic, totality'[33] 등은 모두 보편양화적인 표현들이고, 'in(on)'[34] 실현의 전치사구의 의미 기술에 사용된 'some, partive'는 명백히 존재양화적인 표현인 것이다. 따라서 우리는 '{에} : ϕ'의 양화관계 표시 기능은 어느 정도 보편성을 갖는 현상이라[35]고 할 수 있을 것이다.

5.

5.1.

지금까지 우리는 시간어가 본질적으로 양화표현이라는 가정 아래 시간어가 갖는 몇몇 특성(2장), 시간어와 동작상과의 관계 및 의미 해석(3장), '{에} : ϕ'의 양화관계 표시 기능(4장) 등을 논의했었다. 이를 논의의 순서대로 요약하여 제시하기로 한다.

5.1.1. (2장 요약) 국어의 시(時) 관련 표현 가운데 명사(구)는 '1시'

---

33 Fillmore(1977:74ff)는 문법관계를 표현하는 층위에서 주어나 목적어로 실현되는 요소(그의 'nuclear element')를 부분적으로는 deep case hierarchy에 의해 부분적으로는 saliency hierarchy(humaness, change, definiteness, totality)에 의해 주안점(perspective)이 주어지는 명사항으로 상정하고 있다. 이에 의하면 (61ㄴ)과 (62ㄴ)의 the garden, the wall이 각각 주어 또는 목적어로 실현된 것은 totality에 의한 것이라 할 수 있다.
34 Fillmore(1964, 1977), S. Anderson(1972), Mellema(1974), Salkoff(1983) 등에서 논의된 예문들을 보면 from, into, onto, over, up 등도 'ϕ'와 대립하여 양화관계 의미를 갖는다.
35 Verkuyl(1973)에 의하면 화란어의 시간 전치사 tijden('during'), in('at, in'), op('on') 등도 존재양화적인 의미를 갖는다고 한다. 다만 화란어에는 보편양화 관계를 갖는 전치사 gedurende('the duration of')가 별도로 마련되어 있는데, 이는 국어의 '(T-)동안ϕ'에 해당하는 것이다.

와 같이 시간축상의 위치를 나타내는 시점명사('시점어')와 '1시간'과 같이 시구간의 크기를 나타내는 시간명사('시간어')로 나눌 수 있다. 시점어는 역시 시간축상의 위치가 문법화된 시제와 유기적인 관계를 맺고, 시간어는 분절성에 의해 동작상과 유기적 관계를 맺는다.

시간어는 폐구간성의 시간어와 개구간성의 시간어로 나눌 수 있다. 국어의 '동안, 사이, -간' 등은 명사, 관형사(및 관형사형), 부사 등과 결합하여 폐구간성의 시간어를 구성한다. 이들 구성은 '1시간 동안'과 같이 통합된 상황에 의존하는 직접지시법의 시간어와 '방학 동안'과 같이 다른 상황에 의해 시간의 크기가 주어지는 간접지시법의 시간어가 있다.[36]

5.1.2. (3장 요약) '동안, 사이, -간' 등의 구성은 존재양화적인 'T-동안에' 및 'T-사이에'와 보편양화적인 'T-동안ϕ' 및 'T-간ϕ' 구성이 있다. 이들은 동작상(지속상, 완결상, 순간상)과 공기 양상을 달리한다. 지속상의 상황은 'T-동안ϕ' 및 'T-간ϕ'과 공기하여 시간어와 상황 사이에 보편양화 관계가 있음을 의미하고, 간접지시법의 'T-동안에' 및 'T-사이에'와 공기하여 존재양화 관계가 있음을 의미한다. 직접지시법의 'T-동안에'는 지속상과 공기하지 못한다. 완결상의 상황은 보편양화적인 'T-동안ϕ' 및 'T-간ϕ'과는 공기하지 못한다. 그러나 존재양화적인 'T-동안에' 및 'T-사이에'와는 자유롭게 공기하여 시간어와 상황 사이에 존재양화 관계가 있음을 나타낸다. 순간상의 상황은 오직 간접지시법

---

36 추상명사에 통합된 것과 원인, 열거 등의 {에를 이 범주로 다룰 수 있을 것이다. 시점어에 통합된 {에의 경우는 시간적 처소와 추상적 처소 가운데 어디에 포함시켜야 할지 우리는 아직 확정된 견해를 가지고 있지 못하다. 시점어는 시구간을 지시하지 못하므로 시간적 처소로 다루는 데는 다소 문제가 있는 것으로 생각된다.

의 'T-동안에' 및 'T-사이에'와만 공기하여, 시간어와 상황 사이에 존재 양화 관계가 있음을 나타낸다.

5.1.3. (4장 요약) 시간어에서 존재양화 관계와 보편양화 관계의 표시는 조사 {에}와 'ϕ'의 대립에 의한다. 보편양화 관계의 'ϕ' 자리에 {이}, {을} 및 {은} 등의 보조사가 실현될 수도 있는데, 이는 이들의 실현 층위가 다름을 의미한다.

'{에} : ϕ'의 양화관계 표시는 공간어(장소어)에서도 확인되는데, 이는 '{에} : ϕ'의 양화관계 표시가 어느 정도 일반성이 있는 것임을 의미한다. 한편 영어의 전치사 in, on 등도 'ϕ'와의 대립에 의해 양화관계를 표시하는 일이 있음이 확인된다. 따라서 '{에} : ϕ'의 양화관계 표시가 어느 정도 보편성도 갖는 현상임을 알 수 있다.

5.2.

이상과 같이 요약되는 본고의 논의 가운데 우리가 가장 힘들여 논증하고자 했던 내용은 4장의 '{에} : ϕ'의 양화관계 표시에 관한 것이었다. 2장과 3장은 이를 일종의 예비적 기술이었던 셈인데, 오히려 4장의 논증이 상대적으로 소홀했다는 느낌이 든다. 그곳에서 우리는 소략하게나마 시간적 처소와 공간적 처소에 통합된 {에}에 대해서는 논증을 시도했지만, 처소이론들이 처소표현의 하나로 상정하는 추상적 처소[37]에 통합된 {에}에 대해서는 어떠한 시사도 하지 못했던 것이다. 그러나 {에}에 대한 선행 연구들의 업적에 기대면, 이곳에서의 {에}에 대해서도 존재양화적인 해석을 할 수 있을 것으로 생각된다. 특히 '이 음식은

---

37 Lyons(1977:719) 참조.

건강에 좋다'와 같은 예에 대해, 이기동(1982:257)에서 건강은 음식의 '모습'에 대한 '바탕'이라고 한 것이나, 안명철(1982:257)에서 대상('음식')의 속성을 결정해 주는 '공간적 배경'(추상적 공간)이라고 한 것 등은 존재양화적인 해석이 이곳에서도 적용될 수 있을 것임을 강력하게 시사해 준다.[38]

또 우리는 {에}를 포함하고 있는 {에서}나 {에}와 어느 정도 분포상의 상보성을 갖는 {에게}에[39] 대해서도 존재양화적인 해석을 할 수 있을 것인지 논의하지 않았다. {에서}의 경우 {에}와는 구별되는 용법을 갖는 것[40]은 사실이지만, {에}가 포함되어 있다는 점에서 존재양화적인 해석은 공통될 것이다. 특히 {에서}의 '서'가 '있어(중세국어의 '서')'에서 유래한 사실은 존재양화적인 의미를 더욱 부각시킬 수 있을 것으로 생각된다. {에게}도 그것이 {에}와 단순한 분포상의 상보성만 보이는 것이라면 역시 존재양화적인 해석이 가능할 것으로 생각된다.[41]

우리는 'ϕ'에 대해서도 한정적인 범위에서만 논의를 했다. 전형적인 주어나 목적어에서의 'ϕ'도 보편양화 관계로 다룰 수 있을 것인가 하는

---

38 이기동(1981)에서 '모습'과 '바탕' 사이의 관계를 다음과 같은 그림으로 나타내고 있다.

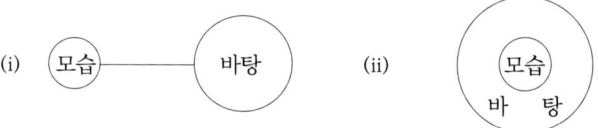

(i)은 두 개체 사이에 공간적 거리가 있는 경우이고, (ii)는 공간적 거리가 없는 경우인데, 이들 그림은 '모습'과 '바탕' 사이에 존재양화 관계가 성립함을 보여주고 있다.

39 {에}와 {에게}의 분포에 대해서는 박양규(1972) 참조.
40 {에}와 {에서}의 의미 차이에 대해서는 이기동(1981), 이남순(1983) 등 참조.
41 {에게}의 '에'는 사적으로 '의'(중세국어의 속격 '이/의')에서 비롯한 것으로 알려져 있는데, 이는 {에}와 {의}의 의미론적 관련성(존재('소재)와 소유 : 박양규 1975, Lyons 1977:722ff)에 대해서도 양화론적 해석이 가능할 것임을 시사해 준다.

물음은 지금의 우리로서는 매우 어려운 문제로 생각된다. 이러한 문제는 유관한 조사들의 목록과 그들의 실현 층위가 명확히 밝혀진 후에야 해결될 수 있을 것이다.

참고문헌

고영근(1980), "처소리론과 동작상", 「난정남광우박사화갑기념논총」.
_____(1981), 「중세국어의 시상과 서법」, 탑출판사.
김흥수(1988), "현대국어 심리동사 구문에 관한 연구", 서울대학교 박사학위논문.
남기심·고영근(1985), 「표준국어문법론」, 탑출판사.
박선자(1988), "한국어 어찌말 연구", 부산대학교 박사학위논문.
박양규(1972), "국어 처격에 대한 연구", 「국어연구」 27.
_____(1975), "소유와 소재", 「국어학」 3.
신기철·신용철(1975), 「새 우리말 큰사전」, 삼성출판사.
안동환(An, Dong-hwan)(1980), "Semantics of Korean Tense Markers", Ph.D. Dissertation, Georgetown University.
안명철(1982), "처격 '에'의 의미", 「관악어문연구」 7.
원대성(1985), "명사의 상적 특성에 대한 연구", 「국어연구」 65.
유동석(1984), "양태조사의 통보기능에 대한 연구", 「국어연구」 60.
이기동(1981), "조사 에와 에서의 기본의미", 「한글」 173, 174.
이남순(1983), "양식의 '에'와 소재의 '에서'", 「관악어문연구」 8.
이정민(1982), "Some Aspects of Aspect in Korean", 「언어」 7-2.
임홍빈(1972), "국어의 주제화 연구", 「국어연구」 28.
_____(1979), "'을/를' 조사의 통사와 의미", 「한국학논총」 2, 국민대.
전수태(1987), 「국어이동동사 의미연구」, 한신문화사.
정문수(1984), "상적 특성에 따른 한국어 풀이씨의 분류", 「문법연구」 5.
최현배(1977), 「우리말본」, 정음사.
홍윤표(1978), "방향성 표시의 격", 「국어학」 6.
홍재성(1986), "교차 장소보어 구문 연구", 「한글」 191.
Anderson, Stephen R.(1971), "On the Role of Deep Structure in Semantic

Interpretation", *Foundation of language* 7.

Comrie, B.(1976), *Aspect*, Cambridge University Press.

Daneš, F.(1964), "A Three level Approach to Syntax", *Travaux Linguisique de Prague(I)*, Josef Vachek(ed.), University of Alabama Press.

Fillmore, Charles J.(1968), "The Case for Case", *Universals in Linguistic Theory*, Emmon Bach and Robert T. Harms(eds.), Holt, Rinehart and Winston, Inc.

_____(1977), "The Case for Case Reopened", *Syntax and Semantics* 8, Peter Cole and Jerrold M. Sadock(eds.), Academic Press.

Hall, Barbara(1965), "Subject and Object in Mordern English", Unpublished doctoral dissertation, MIT.

Halliday, M.A.K.(1970), "Language Structure and Language Function", John Lyons(ed.), *New Horizons in Linguistics*, Pelican Books.

Lyons, John(1977), Semantics 2, Cambridge University Press.

Mellema, Paul(1974), "A Brief against Case Grammar", *Foundation of Language* 11.

Miller, G.A. & Johnson-Laird, P.N.(1976), *Language and Perception*, Harvard University Press.

Salkoff, Morris(1983), "Bees are Swarming in the Garden", *Language* 59-2.

Varkuyl, H.J.(1973), "Temporal Prepositional as Quantifier", F. Kiefer & W. Ruwet(eds.), *Generative Grammar in Europe*, Reidel Publishing Company.

Ⅳ. 조사와 구조

주제어와 주격 중출 구문

1. 머리말

 이 글은 국어의 주제어 및 주격 중출 구문에 대한 기존의 연구 성과를 필자의 관점에서 재정리하고 아직 미해결의 상태로 남아있는 문제점들을 제시함으로써 앞으로 이 분야를 연구하는 일에 도움을 주려는 데에 목적을 둔다.
 국어문법 학계에서는 주제 또는 주제어에 대해서 그것이 담화상의 개념이냐 아니면 문법적 개념이냐를 두고 뚜렷한 견해 차이가 있어 왔으며, 그것의 범위에 대해서도 이견의 폭이 상당한 정도로 존재하고 있다. 주제와 관련된 이러한 문제들은 이 글의 2장에서 다루게 될 것인데, 여기서는 담화 주제(화제)와 문장 주제(주제어)를 구별하는 입장을 취하여 각각 그 개념을 정리하고 문장성분으로서의 주제어가 가지는 문법적 특징을 살펴본다. 3장에서는 주격 중출 구문의 유형을 분류한다. 국어 문법에서 주제 또는 주제어에 대한 초기의 논의는 바로 이 주격 중출 구문을 통해서 이루어진 것이라고 할 수 있다. 앞으로 보게 되겠지만 주제어의 격은 주격으로 상정되기 때문에 주제어가 실현된 국어의 문장은 기본적으로 주격 중출 구문이 된다. 그러나 국어의 모든 주격 중출 구문이 주제어의 실현으로 생성된 것은 아니기 때문에 주제어의 실현으로 생성된 주격 중출 구문과 그렇지 않은 것을 정확히 분류하는 작업은 주제어에 대한 더욱 진전된 논의를 위해서 반드시 필요한 작업이 된다. 따라서 이곳에서는 국어의 주격 중출 구문을 주제어를 실현시킨 유형(주제어-주어 구성 유형), 보어를 실현시킨 유형(주어-보어 구성), 소절 유형으로 나누고 기존의 논의들에서 문제가 되어 왔던 예문들이 구체적으로 어느 유형에 속하는지 밝혀보기로 한다.

이들을 다룸에 있어 기존의 연구에 대한 단순한 내용 소개나 연구사적 기술은 지양한다. 다만 기존의 연구 성과를 최대한 아우른다는 의미에서 가능한 한 기존의 연구들에서 제시되었던 예문들을 사용하고 그 출처를 명기하기로 한다.

2. 주제어

2.0. 도입

유형론적으로 국어를 주제 부각형 언어(임홍빈 1987), 또는 주제-주어 동시 부각형 언어(Li & Tompson 1976)로 분류할 만큼, 주제는 국어 문장을 구성하는 주요한 요소의 하나로 간주된다. 그러나 국어 문법 기술에서 주제의 개념이나 그 성격에 대해서는 국어 문법가들의 견해가 언제나 일치되어 왔다고는 할 수 없다. 국어의 주제를 주어, 목적어와 같이 문장을 짜는 성분의 하나로 보는 입장(임홍빈 1972)이 있는가 하면 주제는 문장 차원이 아닌 순수한 담화 차원의 개념으로 보아야 한다는 입장(김영희 1978, 최규수 1990)이 혼재하고 있으며 주제의 범위에 대해서도 문두로 옮겨간 성분은 모두 주제라는 양인석(1973)의 입장에서부터 문두 성분 가운데 조사 '은/는'이 붙은 것만 주제(화제)로 보는 채완(1976, 1979)의 입장이 공존해 왔고, 문장 주제뿐만 아니라 임홍빈(1987, 1996), 이광호(1988)는 문장 속의 한 성분에만 관련되는 성분주제를 설정하기도 한다. 이곳에서는 주제를 담화 차원에서의 주제와 문장성분으로서의 주제(주제어)를 구별하여 그 개념들을 정리하고 문장성분으로서의 주제어가 가지는 문법적 성격을 살펴보기로 한다.

2.1. 주제어의 개념

2.1.1. 담화 주제

전통적으로 문장은 '주어-서술어'의 구조를 가지는 것으로 기술된다. 문장을 구성하는 성분들인 주어, 서술어 따위는 오로지 문장의 형식적인 구조속에서만 파악되는, 구성 요소들 사이의 문법적 관계에 의해 주어지는 문법적 기능이다. 그러나 개별 문장은 고립된 형식으로만 존재하는 것은 아니다. 문장은 발화의 단위로서 담화를 구성하는 데에 참여한다. 담화 속에서 문장은 담화의 틀을 구성하는 요소들인 화자와 청자, 문맥 따위에 영향을 받을 수밖에 없다. 그렇기 때문에 문장의 구조 및 구성 요소들의 기능은 담화의 측면에서 살피는 일도 가능하다. 흔히 문장의 구조를 '주제-설명(topic-comment)' 구조로 파악하는 논의의 일단에서 그것을 볼 수 있다.

문장의 구조를 '주제-설명' 구조로 파악하는 것과 관련된 이론은 일찍이 프라그학파의 학자들에 의해 발전된 것이다. 프라그학파의 학자들은 문장의 구조 및 구성 요소들의 기능을 탐구하는 일에서 세 가지 다른 층위를 구별해야 한다고 주장한다. 곧 의미구조 층위, 문법구조 층위, 발화조직 층위가 그것인데 주제, 설명 따위는 발화조직 층위에서 파악될 수 있는 문장성분들의 기능이라는 것이다. 이들에 의하면 발화조직 층위에서 문장은 일반적으로 통보기능량(communicative dynamism)이 적은 요소를 앞세워 언술의 출발점으로 삼고 전달기능량이 많은 요소를 뒤따르게 하여 설명하는 방식으로 짜여지는데, 통보기능량이 적은 요소가 언급의 대상으로서 주제가 된다. 프라그학파의 이러한 이론 안에서 파악되는 주제는 그것이 통보기능량이 적은 요소라는 점에서 옛 정보이거나, 주어진 것, 한정성, 총칭성 따위의 의미론적 특성을 가지게 되며, 또한 언술의 출발점이라는 점에서 문두성의 특성을 가진다.[1] 프라그학파에서 말하는 이러한 주제에는 국어의 경우 대체로 문두에 실현되는 '은/는'이 통합된 성분이 해당된다(채완 1976, 1979). (1)에서 볼드체 부분이 주제이다.

(1) 가. **허균은** 홍길동전을 지었다.
　　나. **홍길동전은** 허균이 지었다.

(1)은 '허균에 대해 말한다면 그가 홍길동전을 지었다./홍길동전에 대해 말한다면 허균이 그것을 지었다.' 정도로 환언될 수 있어 '은/는'이 통합된 문두 성분 '허균은/홍길동전은'은 언급대상성(aboutness)의 의미를 가진다. 또한 '은/는'이 통합된 성분은 다른 성분보다 통보기능

---

[1] 대표적으로 Firbas(1964), Daneš(1964) 참조. 이들을 비롯한 프라그학파의 문법 이론에 대한 전반적인 소개로는 김방한(1967), 채완(1980)이 자세하다.

량이 적다(유동석 1981)는 점에서도 이들은 프라그학파에서 말하는 주제의 성격과 부합한다. (1)과 같은 문장은 '옛날에 허균이라는 사람이 살았다./우리 나라의 유명한 고전소설에 홍길동전이 있다.'와 같은 존재문 형식의 발화가 주어지거나 전제될 때, 또는 '허균이 무엇을 지었느냐?/홍길동전을 누가 지었느냐?'와 같은 물음이 주어질 때 나타나는 것이 일반적인데 이 경우 (1)의 '허균은/홍길동전은'은 선행발화에서 주어진 요소로서 옛 정보인 것이다.

통보기능량에 의해 정의되는 이러한 주제는 다양한 담화 상황을 고려하여 파악되는 것이라는 점에서, 아래에서 살펴보게 될 문장성분으로서의 주제(주제어)와 구별하여 '담화주제'로 부르기도 하는데(Dijk 1977, 성기철 1985) 담화주제는 이미 시사한 바와 같이, 문법적 관계에 의해 파악되는 주어, 목적어 따위의 문법적 기능과 서로 배타적인 관계에 서는 것이 아니다. 곧 (1가)의 '허균은'은 담화의 측면에서는 주제이면서 문법적 기능은 주어이고 (1나)의 '홍길동전은'은 주제이면서 또한 목적어가 될 수 있는 것이다.

(2)의 '은/는' 통합 문두 성분들은 담화 차원에서는 주제이면서 문법적 기능은 부사어인 것들이다

(2) 가. 밀가루로는 빵을 만든다.(임홍빈 1972:51)
나. 내년까지는 물가 인상이 없다.(임홍빈 1972:53)
다. 장미에는 가시가 있다.(채완 1976:99)
라. 철수에게는 내가 책을 주었다.(채완 1976:102)
마. 철수와는 영희가 한 동네에 산다.(채완 1976:102)

(2)의 문두 성분들은 부사격 조사가 통합된 명사구들이 문두에서

다시 '은/는'이 통합된 것들인데 이들 부사어 성분들도 모두 통보기능량이 낮은 요소이면서 또한 언급대상성의 의미를 가지는 것들로서 담화상의 주제가 된다. 호격어, 관형어, 서술어 따위를 제외하면 이처럼 국어의 명사구들은 대부분이 문두 위치에서 '은/는'의 통합으로 담화상의 주제가 될 수 있다. 다만 의미론적으로 일부 비한정적인 명사구는 '은/는'이 통합되는 담화상의 주제가 될 수 없다.

(3) 가. *웬 아이는 넘어져 있다.(임홍빈 1972:32)
나. *어떤 학생은 나에게 그 돈을 주었다.(임홍빈 1972:32)
다. *누구는 이 유리창을 깼느냐?(정인상 1980:19)

(3)은 화자가 '웬 아이/어떤 학생'을 어떤 형태로든 알고 있을 때만 성립 가능하다. 이것은 유개념이나 총칭성을 띠지 않으면서 비한정적인 명사구에는 '은/는'이 통합될 수 없기 때문이다(채완 1976:104).

2.1.2. 문장 주제

언급대상성의 의미를 가지는 문두 성분 가운데는 주어, 목적어와 같은 전통적 의미의 문법적 기능을 상정하기 어려운 것들이 있다.

(4) 가. 가을은 달이 밝소.(유길준 1909:93)
나. 코끼리는 코가 길다.(박승빈 1931:186)
다. 영수는 동생이 국문과를 다닌다.
(5) 가. 내일 날씨는 비가 온다.(손호민 1980)
나. 문학특강은 김 선생님이 출장 중이다.(임홍빈 1987:24)
다. 존은 자기가 메리를 도왔다.(양동휘 1975:95)

(4)의 문두 '은/는' 성분은 초기의 국어 문법서들에서 총주어(유길준 1909), 문주(박승빈 1931) 따위의 이름으로 불리던 것들이며 (5)의 문두 '은/는' 성분은 임홍빈(1987)에서 기저 생성된 주제로 상정한 것들이다. (4), (5)의 이들 성분도 (1)의 볼드체 부분과 마찬가지로 '은/는'이 통합된 문두 요소로서 언급대상성의 의미를 가진다. 곧 담화적 측면에서 본 주제의 성격을 가지고 있다. 그런데 문제는 문법층위에서 이들의 기능이 무엇이냐 하는 것이다. 전통적으로 상정해 온 문법적 관계인 주어-서술어 관계, 목적어-동사 관계, 수식어-피수식어 관계, 한정어-피한정어 관계 따위만으로는 이들의 문법적 기능은 파악되지 않는다. 그렇다고 해서 (4), (5)의 이들 성분을 어떠한 문법적 기능도 가지지 않는 오직 담화적 요소일 뿐이라고 할 수는 없다. (4), (5)에서 자명하듯이 이들도 문장을 짜는 한 성분임이 분명한 이상 이들도 당연히 문장 속의 다른 요소들과 문법적 관계를 가지고 있어야 할 것이기 때문이다. 이제 (4), (5)의 문두에 실현된 '은/는' 성분의 문법적 관계와 관련하여 이들이 언급대상성의 의미를 가지는 것에 주목해 보자. 이들 성분이 언급대상성의 의미 외에 전통적으로 상정되어온 어떠한 문법적 관계도 가지지 않는 것이라고 한다면 이들 성분은 문장의 기저 생성 단계에서부터 언급대상으로 생성된(허가된) 성분으로 보아야 할 것이다. 이런 점에서 우리는 임홍빈(1972, 1987)에서 제안하고 있는 주제-설명 구조를 받아들여 이들 성분은 주제-설명 관계에 의해 문법적 기능을 부여받는 것으로 상정한다. 이는 곧 국어의 주제가 담화(발화조직) 층위에만 한정되는 개념이 아니고 문법구조 층위에서도 상정될 수 있는 것임을 의미하는데 여기서 우리는 문법구조 층위에서도 상정될 수 있는 주제는 앞에서 본 담화 차원에서의 주제와 구별하기 위하여 주제어로 부르기로 한다.

2.1.3. 성분 주제

앞의 주제어처럼 전통적인 의미의 문법적 기능을 상정하기 어려운 명사구들 가운데는 문장 전체에 걸리는 것이 아니라 문장의 한 성분과 관련되어 실현되는 것이 있다.

    (6) 가. 철수는 사촌이 **형은** 둘째 형에게 **선물은** 책을 주었다.(임홍빈 1987:29)
        나. **학생이** 셋이 나의 일을 도왔다.(임홍빈 1987:27)

(6가)에서 '형은'과 '선물은'은 동사 '주'와 직접적으로 관련된 해석은 받지 않는다. 곧 이들은 동사 '주'에 통합되는 성분들이 아닌 것이다. 뿐만 아니라 (6가)에서 이들을 포함하고 있는 '형은 둘째 형에게'와 '선물은 책을'은 각각 하나의 통사 단위로 행동하고 있다. 이들은 또한 '내가 책을 준 형은 둘째 형이다./내가 둘째 형에게 준 선물은 책이다.'와 같이 의미론적으로 계사 관계가 성립한다. 이같은 특성은 수량사구를 포함하고 있는 (6나)의 '학생이 셋이'도 마찬가지이다. 이처럼 이들은 의미론적으로 계사 관계를 가지면서 마치 구나 절처럼 하나의 통사 단위로 행동한다는 점에서 소절의 성격을 가진다(임홍빈 1974, 유동석 1995). (6가)의 '형은 둘째 형에게', '선물은 책을', 그리고 (6나)의 '학생이 셋이'를 소절이라고 할 때, (6)의 '형은', '선물은', '학생이'는 각각 자신을 포함하고 있는 소절의 주어라고 할 수 있는데, 이러한 성격의 소절 주어는 '문장의 어떤 성분에 대하여 화자가 말하고자 하는 어떤 대상을 먼저 상정하는' 의미를 가진다는 점에서 임홍빈(1987, 1996), 이광호(1988) 등은 이들을 성분주제로 부르기도 한다.[2]

2.2. 주제어의 문법적 성격

2.2.1. 주제어와 언급대상성

문법적 관계는 성분들 사이의 형식적 관계를 토대로 성립하는 개념이기는 하지만 문법적 관계를 가지는 성분들은 또한 의미론적으로도 서로 관련되어 있어야 한다. 형식과 의미를 분리할 수 없는 언어의 두 측면이라고 할 때 언어의 모든 문법적인 구조는 해석될 수 있는 유의미적인 것이어야 하기 때문이다. 국어의 경우 일반적으로 주어-서술어 관계나 목적어-동사 관계에 있는 성분들 사이의 의미론적 관련성은 서술어 또는 그것의 핵인 동사의 의미역에 의해 주어진다. (4가, 나)에서 주어-서술어 관계에 있는 '달이/코가'와 '밝소/길다'는 동사 '밝-/길-'에 의해 투사되는 의미역인 대상역을 매개로 의미론적 관련성을 유지한다. (4다)에서도 동사 '다니-'에 의해 투사되는 행동주역이 주어인 '동생이'와, 그리고 장소역이 목적어인 '국문과를'과 적절하게 짝지워짐으로써 주어-서술어 관계나 목적어-동사 관계에 있는 성분들이 서로 의미론적인 관련성을 가지게 되는 것이다. 이런 점에서 주어나 목적어는 의미론적으로도 동사와 직접 관련되는 성분이라 할 수 있다.

주제어는 일반적으로 인정하고 있는 바와 같이 동사에 의해 투사되는 의미역을 갖지 않는다. 그렇기 때문에 주제어는 의미론적으로 동사와 직접 관련되는 성분은 아니다. (4가, 나)에서 주제어 '가을은/코끼리는'과 동사 '밝-/길-' 사이, 그리고 (4다)에서 주제어 '영수는'과 동사

---

2 임홍빈(1987)에서는 (6가)의 '철수는'을 포함하여 (4) 유형의 주제어에 대해서도 그것이 후행 명사구와 의미상 소유 관계를 가진다는 점에 근거하여 성분주제로 처리하고 있으나 (4) 유형의 주제어는 (6)의 소절 주어와는 관계화에서 다른 성격을 보여준다. 곧 *세 명이 온 학생처럼 소절의 주어는 관계화될 수 없지만(남기심 1968), '달이 밝은 가을처럼 (4)의 주제어는 관계화될 수 있는 것이다(남기심 1968).

'다니-' 사이에 의미론적으로 어떤 직접적인 관련성도 찾아보기 어렵다. 의미역 대신 주제어는 앞에서 말한 바와 같이 언급대상성의 의미를 가지는데, 주제어는 바로 이 언급대상성에 의해 설명과 적절한 의미론적 관련성을 유지한다고 할 수 있다. 주제어가 언급대상성을 가진다는 것은 곧 설명 부분이 주제어에 대한 적절한 언급 내용이 된다는 것을 의미하는 것이기 때문이다. 그런데 주제어가 설명의 적절한 언급 대상이 될 수 있느냐 없느냐, 또는 역으로 설명이 주제어에 대한 적절한 언급 내용이 될 수 있느냐 없느냐 하는 문제는 일반적으로 주제어와 주어 사이의 의미론적 관련성에 의해 결정된다. (4가)에서 '가을'과 '달', (4나)에서 '코끼리'와 '코', 그리고 (4다)에서 '영수'와 '동생' 사이에 의미론적으로 각각 '가을의 달', '코끼리의 코', '영수의 동생'과 같은 속격 관계가 성립한다. (5가)의 경우 '내일 날씨의 비'는 의미론적으로 성립될 수 없지만 '비'가 '날씨'의 한 현상을 의미하는 어휘라는 점에서 주제어 '내일 날씨는'과 주어 '비가'는 의미론적으로 관련되어 있으며, (5나)의 경우도 주제어 '문학특강은'과 주어 '김선생님이' 사이에 '문학특강을 담당하는 김선생님'과 같은 모종의 의미론적인 관련성이 성립한다. 또한 (5다)의 경우는 주제어로 실현된 '죤'과 주어로 실현된 재귀대명사 '자기'는 지시 대상이 동일하다는 점에서 의미론적으로 서로 관련되어 있다.

(4′) 가. ??가을은 겨울 달이 밝다.
　　 나. ??코끼리는 돼지의 코가 길다.
　　 다. ??영수는 철수의 동생이 국문과를 다닌다.
(5′) 가. ??내일 날씨는 편지가 온다.
　　 나. ??문학특강은 문법을 담당하는 김 선생님이 출장중이다.

다. *죤은 자기j가 메리를 도왔다.(여기서 i≠j)

(4′)와 (5′)의 예문들은 각각 (4)와 (5)의 것들에 대응하는 것으로서 주제어와 주어 사이에 어떤 의미론적 관련성을 상정하기가 어려운 것들인데, 보다시피 이들은 모두 의미론적으로 일탈성을 보인다. 이들이 의미론적 일탈성을 보이는 까닭은 자명하다. 가령 (4나)에서 '코끼리'에 대한 언급 내용이 실제로는 의미론적으로 '코끼리'와 관련짓기 어려운 '돼지의 코'에 대한 속성을 서술하고 있기 때문일 것이다.

언급대상성의 의미를 가지는 성분은 반드시 주어하고만 의미론적으로 관련성을 가져야 할 필연적인 이유는 없다. (1나) 및 (2)에서 보았듯이 목적어나 부사어 관련 성분도 담화상의 어떤 요건이 갖추어지면 언급대상성의 의미를 가지는 일이 있기 때문이다. 그러나 우리가 무엇에 대해 언급할 때 그 언급 내용은 언급 대상 그 자체에 대해 서술하거나 (4), (5)의 경우처럼 언급 대상과 관련된 어떤 것을 서술하는 것이 일반적이며 또한 가장 자연스러운 것이다. 따라서 언급대상성의 의미를 가지는 성분이 기저 생성된 주제어일 경우 그것이 주어와 의미론적 관련성을 가지는 것이 가장 자연스러운 것이다.

(7) 가. ??영수는 개가 동생을 물었다
    나. 영수는 동생이 개한테 물리었다

(7가)가 성립하는 경우가 있다면 그것은 주제어 '영수'와 주어로 실현된 '개' 사이에 어떤 의미론적인 연관성이 상정되는 경우이다. 그렇지 않을 때는 '영수'와 목적어로 실현된 '동생' 사이에 의미론적 관련성이 있다고 하더라도 (7가)는 거의 성립하기가 어렵다. 그런데 (7가)와

동일한 사태를 '동생'에 시점을 두어 주어로 실현시킨 (7나)의 성립은 이상이 없다. 따라서 우리는 기저 생성된 주제어를 가지는 구문에서 주제어와 의미론적으로 관련성을 가지는 성분은 주어라는 것을 다시 한번 확인할 수 있는 것이다.

2.2.2. 주제어의 분포와 격

명사구가 문장의 성분으로 쓰일 때는 격을 가진다.[3] 주제어로 실현되는 명사구도 그것이 문장성분의 하나인 이상 예외가 될 수 없다.[4] 국어는 격표지(격조사)가 발달한 언어로서 명사구가 가지는 격은 대체로 대응하는 격조사에 의해 표시된다. 그런데 주제어는 일반적으로 조사 '은/는'과 통합되지만 이것은 (8), (9)와 같이 주격조사 '이/가'로 대치될 수도 있다.

(8) 가. 가을이 달이 밝다.
　　 나. 코끼리가 코가 길다.
　　 다. 영수가 동생이 국문과를 다닌다.
(9) 가. 내일 날씨가 비가 온다.

3　명사구가 격을 가져야 한다는 것을 생성 문법에서는 격여과 또는 가시성 조건으로 나타낸다. 격여과는 '(음성 내용이 있는) 명사구는 반드시 격 표시가 되어야 한다(Chomsky 1981)'는 것이고 가시성 조건은 '격 표시된 명사구만 의미역이 드러난다(Chomsky 1986)'는 것이다.

4　임홍빈(1987:25)에서는 주제어가 특정한 격을 가지지 않을 수도 있다는 내용의 '주제의 격여과 면제 조건'을 설정하고 있다. 곧 주제는 의미역을 가지지 않기 때문에 격 표시와 의미역을 결부시킨 가시성 조건의 적용이 면제될 수 있다는 것이다. 그런데 가시성 조건의 내용이 명사구는 격에 의해 의미가 해석될 수 있다는 전제를 바탕에 깔고 있는 것이라고 할 때, 명사구가 왜 반드시 격을 가져야 하느냐에 대한 물음에 대한 답을 의미역 표시에서 찾는 가시성 조건은 국어의 주제어와 같이 의미역이 없는 명사구에 대해서는 설명의 한계를 가질 수밖에 없는 것이다.

나. 문학 특강이 김 선생님이 출장 중이다.
다. 존이 자기가 메리를 도왔다.

물론 주제어에 '이/가'가 실현된 (8), (9)는 '은/는'이 실현된 앞의 (4), (5)와는 전달 가치에서 차이를 보인다. 이것은 일반적으로 '은/는'이 통보기능량이 낮은 옛 정보 따위의 요소에 실현되는 것임에 비해 '이/가'는 상대적으로 통보기능량이 높은 새 정보 따위의 요소에 실현되는 것이기 때문이다. 그러나 주제어에 '은/는' 대신 '이/가'가 실현되더라도 성분의 자격이 달라진다거나 명제 내용이 바뀌는 일은 없다. 이것은 곧 주제어가 가지는 격은 주격조사 '이/가'에 의해 표시되는 주격임을 의미한다.(이하에서는 '은/는'이 통합된 주제어도 논증 없이 주격 명사구로 다룬다.)

생성문법의 격이론은 주격을 시제소(T)나 일치소(AGR)와 같은 기능범주에 의해 격 배당(격 점검) 되는 구조격으로 가정한다. 그런데 국어에서 주어일치소로 가정되는 '-시-'는 주격의 주어와 서로 관련되어 실현되는 것이지 주격의 주제어와 직접 관련되어 실현되는 요소는 아니다. 따라서 국어 주제어의 주격은 (10)과 같은 구조에서 시제소 (+T)에 의해 배당되는 것으로 가정해 볼 수 있다.

(10) ... [$_{TP}$ [$_{TOP}$ NP] [$_{T'}$ [$_{AGRP}$ NP   VP AGR(-시-)] +T(-었-)]] ...
(핵이동은 격 표시 구조에 반영하지 않음. 이하 마찬가지.)

국어에서 주제어는 주어 바로 앞에 실현되며 시제소는 주어일치소 바로 뒤에 실현됨으로써 주제어와 시제소는 주어일치소구(AGRP)를 축으로 좌우 대칭인 거울 영상을 보인다. 그런데 이러한 거울 영상은,

핵이 끝에 위치하는 국어 구구조의 특성을 고려하면, (10)과 같은 계층적 구조를 반영한 결과로 해석되는데 (10)의 구조에서 시제소의 명시소 위치에 있는 주어어([TOP NP])는 시제소에 의해 주격을 배당받는 것으로 가정할 수 있는 것이다(유동석 1995:92-95). 이러한 가정은 다음에서 볼 수 있는 바와 같이 주격 주제어의 분포가 시제절에 한정된다는 점에서 지지받을 수 있다.

(11) 가. 영수는(가) 아버지가 오시었다.
　　 나. 영수는(가) 아버지가 오시었음.
　　 다. 우리는 [영수는(가) 아버지가 오시었기를] 빌었다.(유동석 1995:59)
　　 라. [영수는(가) 아버지가 오시었고] 순희는 어머니가 오셨다.
(12) 가. *영수는(가) 아버지가 오시다.(유동석 1995:59)
　　 나. *순희가 [영수는(가) 아버지가 쓰신] 책을 읽었다.(유동석 1995:59)
　　 다. *우리는 [영수는(가) 아버지가 오시도록] 했다.(유동석 1995:59)
　　 라. *[영수는(가) 아버지가 오시자,] 순희는 가 버렸다.(유동석 1995:59)

(11)은 주격의 주제어 '영수는'을 실현시킨 예문들로 상정한 것인데, 모두 문법적이다. 주격의 주제어를 실현시킬 수 있는 (11)의 이들 구문은 모두 시제절이라는 공통점이 있다. (11가)의 근문, (11나)의 '-음' 명사절, (11다)의 '-기' 명사절, (11라)의 '-고' 접속절 등은 모두 '-었'을 실현시킬 수 있다는 점에서 시제절이다. 그런데 (11)의 시제절들이 모두 주격의 주제어를 실현시킬 수 있는 것과는 반대로 (12)의 비시제

절들은 모두 주격의 주제어를 실현시키지 못한다는 것을 보여준다. (12가)의 절대문과 (12나)의 '-은' 관계절, (12다)의 '-도록' 내포절, (12라)의 '-자' 접속절은 이들이 비록 과거로 해석되는 경우라도 과거 시제의 '-었'을 실현시킬 수 없다. 곧 이들은 비시제절이다. 주격 주제어의 분포가 시제절에 한정되는 이 사실은 주제어의 격을 시제소가 배당한다고 가정하면 자연스럽게 설명된다. 비시제절인 경우 주제어는 격을 배당받을 수 없기 때문에 주제어를 실현시킬 수 없는 것으로 설명할 수 있는 것이다.

3. 주격 중출 구문

3.0. 도입

격은 일반적으로 명사구가 가지는 문법적 기능을 표시한다. 격이 명사구의 문법적 기능을 드러내는 일에서 둘 사이의 가장 이상적인 대응 관계는 아마 하나의 격표지가 하나의 문법적 기능만 표시하는 경우일 것이다. 그러나 실제의 언어 현실은 이러한 이상적인 대응 관계만을 보여 주지는 않는다. 앞장에서 우리는 이미 주어뿐만 아니라 주제어도 주격을 가진다는 것을 본 바 있거니와 국어에는 이처럼 동사(또는 형용사)가 한 번 나타나는 단순문에서 주격의 명사구가 중출되는 현상은 국어의 문법적 특성의 하나로 거론될 만큼 매우 흔한 현상이다.

주격의 명사구가 중출된 구문(이하 줄여서 '주격 중출 구문')은 초기의 국어 문법서들에서부터 최근에 이르기까지 끊임없이 관심의 대상이 되어 왔는데, 주로 주격 표시된 명사구들의 문법적 기능이 무엇이냐 하는 것과 주격 중출 구문이 어떻게 생성(도출)되는가 하는 것이 논의의 중심이 되어 왔다.

먼저 주격 표시된 명사구들의 문법적 기능에 대해서는 크게 보아 주격 표시된 첫 번째 명사구(이하 NP_1)와 두 번째 명사구(이하 NP_2)가 모두 주어라는 입장과 두 주격 명사구의 문법적 기능이 서로 다르다는 입장으로 갈린다. 전자의 입장은 다시 내포문 구조를 상정하는 서술절설(주시경 1910:51, 김두봉 1922:103, 김원우 1922:62, 최현배 1937:986,[5] 정인승 1956:204, 박병수 1983, 성기철 1987, 임동훈 1997)과 단순문으로서 주어가 중복 실현되었다고 보는 주어 중출설(김민수 1971:243, 김영희 1978)로 나뉜다. 주격 표시된 두 명사구의 문법적 기능이 서로 다르다고 보는 논의들에는 NP_1을 대주어로 보는 유길준(1909:93), 홍기문(1947:377), 독립어로 처리하고 있는 안확(1923:107), 그리고 문주로 보는 박승빈(1931:186)이 있으며 최근의 주제어설(박순함 1970, 임홍빈 1972, 손호민 1981)도 주격 표시된 두 명사구의 문법적 기능을 달리 파악하는 논의에 속한다. 최근에는 주격 중출 구문의 유형을 주제어-주어, 주어-보어, 소절 구성 따위로 나누어 주격 표시된 명사구들의 문법적 기능을 여러 가지로 파악하기도 한다(임홍빈 1974, 정인상 1980, 양정석 1987, 서정수 1990, 유동석 1995·1998, 이홍식 1996, 유현경 1996). 주격 중출 구문의 생성에 대한 논의로는 확대변형설을 주장하고 있는 남기심(1968), 대소 관계설의 양인석(1972)와 함께, 기저의 단주어설을 주장하고 있는 송석중

---

[5] 다만 최현배(1937)에서 '아니다' 구문과 '되다' 구문에 대해서는 서술절을 상정하지 않는다. 최현배(1937)는 '아니다'를 '이다'와 함께 보어(기움말)를 가지는 지정사로 보고 있기 때문에 '아니다' 앞의 주격 명사구는 보어로 처리한다(예: "이는 다름이 아니라", p.1027). 또한 '되다' 앞의 '이/가'는 주격 조사가 아닌 변성격 조사로 처리하고, 변성격 조사가 통합된 명사구는 부사어로 처리한다(예: "구름이 비가 된다", p.1047).

(1967), 서정수(1971), 그리고 주제화설의 임홍빈(1972) 등이 있다. 특히 송석중(1967), 서정수(1971), 임홍빈(1972) 등은 주격 표시된 명사구 가운데 하나만 기저의 주어이고 다른 하나는 비주격(속격, 처격, 여격, 조격 따위)의 명사구가 변형절차에 의하여 주격 변형, 또는 주제화 변형된 것으로 설명하고 있는데 주격 명사구 가운데 하나를 비주격 명사구와 관련짓는 이같은 논의는 홍기문(1947:302-304)의 부주격설에서 이미 그 싹을 볼 수 있다.[6]

이상의 이러한 여러 논의들은 궁극적으로 주격 중출 구문의 구조 상정 문제로 귀결되는 것인데, 이곳에서는 격 표시되는 구조를 기준으로 주격 중출 구문의 유형을 주제어-주어 구성의 구문, 주어-보어 구성의 구문, 소절 구성의 구문으로 나누고 이들과 관련된 문법 현상들을 논의하기로 한다.

3.1. 주제어-주어 구성

앞 장에서 주제어는 시제절에 실현될 수 있으며 그 격은 주격임을 말하였다. 그런데 국어의 시제절은 또한 언제나 주격의 주어를 실현시킬 수 있는 것이기 때문에, 주제어가 실현된 구문은 그것이 비록 서술어가 하나뿐인 단문이라고 하더라도 주격의 문장성분을 최소한 둘을 가지게 되어 주격 중출 구성을 이루게 된다. 기존의 논의들에서 문제되어 왔던 주격 중출 구문들 가운데 (13)의 것들은 주제-주어 구성으로 판단되는 것들이다.

---

[6] 주격 중출 구성에 대한 여러 학설의 자세한 소개 및 검토는 임홍빈(1974), 서정수(1991), 임동훈(1997) 등을 참고하기 바란다.

(13) 가. 가을은 달이 밝소.(유길준 1909:93)
　　　나. 코끼리는 코가 길다.(박승빈 1931:186)
　　　다. 장사는 머리털이 관을 찌르오.(박승빈 1931:186)

(13가)는 유길준(1909:93)에서 대주어 구문의 예로 제시된 것이고, (13나, 다)는 박승빈(1931:186)에서 문주의 예로 제시된 것인데 (13)은 앞장에서 이미 본 바와 같이 첫 번째 주격 명사구(이하 NP$_1$)가 주제어이고 두 번째 주격 명사구(이하 NP$_2$)가 주어인 주제어-주어 구성에 속한다. 이들 예문에서 동사와 관련된 해석은 NP$_2$만 가능하고 NP$_1$은 NP$_2$와 관련된 해석만 보이는데 이것은 곧 NP$_1$이 동사로부터 의미역을 받는 요소가 아니라 대상역의 의미역이 있는 NP$_2$로부터 언급대상성을 부여받는 요소임을 의미한다.[7] 따라서 NP$_1$은 문장성분의 하나인 주제어이다.

앞에서 주격 중출 구문에 대해 서술절을 가지는 내포문으로 이해하려는 논의도 있다는 것을 말한 바 있는데 (13) 유형의 예들에 관한 한 이들을 주제어-주어 구성으로 설명하는 것과 서술절을 가진 내포문으로 설명하는 일은 어느 정도 공통된 인식을 보인다.

(14) 가. 그 사람이 맘이 착하오.(주시경 1910:51, 김원우 1922:62)
　　　다. 매암이가 소리가 맑더라.(이규영 1920:79)
　　　라. 그 사람이 힘이 세다.(김두봉 1922:103)
　　　바. 토끼가 앞발이 짜르다.(최현배 1937:986)

---

[7]　남기심(1968)은 '토끼가 앞발이 짧다'와 같은 (13) 유형의 문장에 대해, '앞발이 (NP$_2$) 짧다'와 같은 주어-서술어 구성의 핵 문장에서 이른바 확대변형에 의해 '토끼가(NP$_1$)'와 같은 것이 도입된다고 주장하고 있는데, 이는 곧 (13) 유형의 문장에서 NP$_1$은 동사와 직접 관련되어 도입되는 요소가 아님을 설명한 것이라 할 수 있다.

사. 그 꽃이 향기가 좋다.(정인승 1956:204)
(15) [$_{S1}$ [$_{NP1}$ 그 사람이] [$_{S2(=VP1)}$ [$_{NP2}$ 맘이] [$_{VP2}$ 착하-]-오.]]

(14)는 서술절설에 입각해 있는 초기 문법서들에서의 용례 가운데 주제어-주어 구성으로 판단되는 용례들의 일부이고 (15)는 주시경(1910:51)에 제시되어 있는 도해를 바탕으로 그 구조를 보인 것이다.[8] (15)의 NP$_1$을 주제어로 본다는 것은 곧 (15)에서 NP$_1$과 S$_2$가 주제-설명 관계를 가진다고 보는 것임에 비해 서술절설이 취하는 입장은 (15)의 S$_2$가 다시 동사구의 자격을 가져 NP$_1$과 주어-서술어 관계를 가진다고 보는 것인데 NP$_2$인 '맘이'가 동사구 '착하'의 주어라는 데는 공통된 인식을 보이는 것이다.

(13) 유형의 주제어-주어 구성 구문들에 대해서는 NP$_1$과 NP$_2$가 의미론적으로 속격 관계를 가진다는 점 때문에 주어가 속격 구성인 다음과 같은 구문에서 유도하고자 하는 논의도 있었다.

(13′) 가. 가을의 달이 밝소.
　　　나. 코끼리의 코가 길다.
　　　다. 장사의 머리털이 관을 찌르오.

(13)의 NP$_1$과 NP$_2$가 속격으로 실현된 (13′)는 모두 문법적이며 또한 그 의미에서도 대응하는 (13)의 예문과 별로 차이가 나지 않는다는 점에서 (13)과 (13′)를 변형 관계에 있는 것으로 파악하기도 한다(서정수 1971, 임홍빈 1972, 김영희 1988:13, 김귀화 1994:38). 이러한 입장

---

[8] 주시경(1910:51)에서는 (14가)의 '맘이 착하'를 남이(서술어) 자리에 두되 '맘이'에 대해서는 '착하'의 임이(주어)로 보는 그림과 '착하'의 금이(한정어)로 보는 그림 둘을 제시하고 있는데, (15)는 전자의 도해를 바탕으로 한 것이다.

을 취하면 NP₁이 의미론적으로 NP₂와 관련되어 있다는 점을 파악하는 데는 유리하다. 그러나 모든 주격 중출 구성이 항상 (13′)적인 구문에 대응하는 것은 아니며((5)의 예문들 참조), 또한 모든 속격 구성이 항상 주격 중출 구문으로 유도되는 것은 아니라는 점에서, (13)적인 구문을 (13′)적인 구문으로부터 유도하고자 한다면 그 규칙을 어떻게 세울 것인가 하는 매우 어려운 문제가 남는다.[9]

3.2. 주어-보어 구성

주격 중출 구성 가운데 '되-' 동사 구문과 '아니-' 동사 구문은 현행 학교문법에서 다른 것과는 달리 주격 보어를 가지는 것으로 기술되고 있는 데서도 알 수 있듯이 앞의 (13)적인 주제어-주어 구성과는 다른 특성을 보인다. 여기서 '되-' 동사 구문에 대한 초기 문법서들에서의 이해를 먼저 보기로 한다.

(16) 가. 원세개가 대통령이 되다.(이규방 1922:198)
　　 나. 구름이 비가 된다.(최현배 1937:1047)
　　 다. 눈이 우박이 된다.(홍기문 1947:303)

---

[9] 남기심(1987:5)에서는 (12)적인 문장과 (12′)적인 문장은 그 의미에서 항상 동의성을 유지하는 것은 아니라는 점을 들어 이들을 변형 관계로 다루는 것은 문제가 있다고 주장한다.
(가) 이광수의 소설이 더 유명하다.(남기심 1987:5)
(나) 이광수가 소설이 더 유명하다.(남기심 1987:5)

(가)는 다른 사람의 소설보다 이광수의 소설이 더 유명하다는 의미임에 비해 (나)는 이광수가 시나, 희곡보다는 소설이 더 유명하다는 의미로 해석된다는 것이다.

'되-' 앞의 주격 명사구를 보어로 처리한 것은 이미 이규방(1922)에서 볼 수 있는데, 그곳에는 (16가)가 그 예로 제시되어 있다. (16나)의 '되-' 구문은 최현배(1937)의 것이다. 대부분의 주격 중출 구성에 대해 서술절을 가진 내포문으로 다루고 있는 최현배(1937)에서도 '되다' 구문과 '아니다' 구문에 대해서는 서술절 분석을 하지 않고 단문 처리를 한다. 최현배(1937)에서는 '되-' 앞에 나타나는 '이/가' 통합 명사구((16나)에서 '비가')는 변성격 부사어로, 그리고 '아니-' 앞의 '이/가' 통합 명사구는 보어로 처리한다(후술). (16다)는 홍기문(1947)에서 부주격의 예로 제시된 것이다. 주격 중출 구성을 대주어-소주어 구성으로 처리하는 홍기문(1947)은 대주어인 NP_1의 '이/가'를 부주격으로 부른다. 그런데 '되-' 구문과 뒤에서 보게 될 '아니-' 구문 및 수량사 구문의 주격 중출 구성에 대해서는 NP_2를 부주격으로 처리하는데, 특히 (16다)의 '비가'의 부주격은 역격 '비로' 대신 쓰인 것이라 하고 있다.

전통문법에서의 이러한 설명들에 의해서도 어느 정도 암시 받을 수 있듯이 '되-' 구문은 (13)적인 주제어 구문과는 매우 다른 특성을 보여 준다. (16)에서 NP_1들은 NP_2와 함께 동사 '되-'에 의해 주어지는 의미역을 가진다. 최현배(1937) 및 홍기문(1947)에서 이미 시사하고 있듯이, '되-'가 변성의 의미를 나타낸다고 할 때 NP_1은 변성의 대상이고 NP_2는 그 결과이므로 각각에 대해 대상역과 결과역의 의미역을 상정할 수 있는 것이다.[10] (16)의 NP_1들은 의미역을 가지는 것들이므로 주제어가 아니다. 앞에서 주제어는 비의미역 위치에 실현되는 것이

---

10 임홍빈(1974)에서는 '되-'에 의한 주격 중출 구문 가운데 NP_1이 주제화에 의한 것과 그렇지 않은 것 두 종류가 있다고 주장한다. 곧 '나무가 의자가 된다'와 같은 구문은 '나무로 의자가 된다'에서 조격의 '나무로'가 주제화되어 생겨난 것으로 보고 (16가)와 같이 NP_1이 조격성분으로 실현될 수 없는 '되-' 구문과는 구별해야 한다는 것이다.

어서 의미론적으로 동사와 직접 관련된 해석을 받지 않으며 대신 언급 대상성을 매개로 주어와 의미론적 관련성을 가진다는 것을 살펴본 바 있는데, (16)의 NP$_1$들은 주제어가 가지는 그러한 특성을 보여주지 않는 것이다. 동사로부터 의미역을 받는 명사구는 동사구 안의 요소인 보어이거나 주어이어야 한다는 점을 고려하면 (16)은 현행 학교문법에서 상정하고 있는 바와 같은 주어-보어 구성으로서 다음과 같은 격 표시 구조를 가지는 것으로 가정된다.

(17) [$_{AGR}$ [$_{NP1}$ 원세개가] [$_{VP}$ [$_{NP2}$ 대통령이]] [$_V$ 되-]] +AGR] -었다.

(17)은 NP$_1$인 '원세개가'의 주격은 주어 일치소(AGR)에 의해, NP$_2$인 '대통령이'의 주격은 동사 '되-'에 의해 각각 격 표시되는 것으로 상정한 것이다. 일반적으로 명사구 보어를 가지는 동사는 타동사로서 그것의 보어에 목적격을 표시하지만, (17)은 동사 '되-'처럼 비통제성(정태성) 자질을 가지는 동사들은 그것의 보어에 주격을 표시한다는 격 표시 원리를 가정한 것이다. 주격 중출 구성은 일반적으로 비통제성 동사 구문에 현저하게 나타난다(이숭녕 1969). 그러나 주제어-보어 구성은 (8다), (9다), (13다)에서 볼 수 있듯이 통제성 동사 구문의 경우도 가능하지만, 주어-보어 구성의 주격 중출 구문은 비통제성 동사 구문에서만 가능하다. 주격을 배당하는 동사는 비통제성 동사로 가정되기 때문이다.

(18)의 소유동사 구문, 심리동사 구문, 피동사 구문 등도 (17)적인 격 표시 구조를 갖는 주어-보어 구성의 주격 중출 구문이다.

(18) 가. 그가 재주가 많다.(홍기문 1947:302)

나. 영수는 순희가 그리웠다.[11]
다. 영수는 붕어가 잘 잡혔다.

(18가)는 소유동사 구문으로서 NP₁과 NP₂에 각각 소유주역과 대상역의 의미를 상정할 수 있다. (18나)는 심리동사 구문인데, NP₁과 NP₂에서 각각 경험주역과 대상역의 의미를 읽을 수 있다. (18다)는 피동사 구문으로서 역시 NP₁과 NP₂가 각각 (능동의) 경험주역과 대상역을 가진다. 이처럼 (18)의 예문들은 NP₁과 NP₂가 서로 구별되는 의미역을 둘 다 가지므로 주어-보어 구성의 중격 중출 구문에 속한다. (18)은 모두 NP₁이 여격 조사 '에게'를 취할 수 있다는 점과 관련하여 주목을 받았다.

(19) 가. 그에게 재주가 많다.
    나. 영수에게 순희가 그리웠다.
    다. 영수에게 붕어가 잘 잡혔다.

(18가)의 구문이 (19가)와 같은 구문에서 유도된다는 설명은 이미 홍기문(1947:302)에서 볼 수 있는 것인데, 서정수(1971), 임홍빈(1972)에서도 그러한 입장을 보여주고 있다. (18)과 (19)를 변형 관계에 있다고 보는 논의들에서는 (19)의 여격어가 주제화 변형에 의해 (18)의 NP₁이 유도된다고 본다. 이러한 입장에 의하면 (18)의 NP₁은 주제어이다. 그러나 (18)의 NP₁은 NP₂와 관련된 해석을 보이지 않고

---

11 정인상(1980)에서도 (18나)적인 심리동사 구문에서 NP₁은 주어이고, NP₂는 목적어로 본다. 정인상(1980:44-45)은 심리동사 구문의 NP₁이 주어라는 근거로 '영희는 자기의 애인이 그리웠다.'에서처럼, NP₁이 재귀대명사의 선행사가 될 수 있다는 점을 들고 있다.

의미역을 매개로 동사와 관련된 해석을 보이므로 (13)의 주제어들과는 그 성격이 다르다. (18)의 NP_1들은 의미역을 가지며 또한 주격 형태를 취하므로 이것들은 주어 아니면 보어일 것인데, (18)과 (19) 사이의 관계가 다음의 대격 구문과 능격 구문 사이에서 볼 수 있는 대응 관계와 같다는 점을 고려하여, (19)에서는 대상역인 NP_2가 주어 이지만 (18)에서는 소유주역(경험주역)의 NP_1이 주어이고, 대상역의 NP_2는 주격의 보어로 상정하기로 한다.

(20) 가. 영수가 바위를 움직인다.(대격 구성)
    나. 늙은 이발사가 영수를 머리를 깎았다.(대격 구성)
(21) 가. 영수에 의해 바위가 움직인다.(능격 구성)
    나. 늙은 이발사에게 영수가 머리를 깎았다.(능격 구성)

(20)과 (21)에서 볼 수 있듯이 대격 구문의 목적어(곧 대격 보어)가 능격 구문에서는 주격의 주어로 실현되는데 이때 대격 구문의 주어에 대응하는 능격 구문의 성분은 '에 의해', '에게' 따위의 사격어(여·처격어)이다(고영근 1986, 유동석 1998 참조). (18)과 (19) 사이에서도 대격 구성의 성분과 능격 구성의 성분 사이의 이러한 대응 관계를 똑 그대로 볼 수 있다. 곧 (18)에서 주어로 상정한 주격의 NP_1은 (19)의 여격어에 대응하며, 또한 (18)에서 보어로 상정한 NP_2는 (19)의 주격 주어에 대응하고 있는 것이다. 따라서 (18)은 (20)의 대격 구성에 해당하는 것이고, 그리고 (19)는 (21)의 능격 구성에 해당하는 것으로 볼 수 있는데,[12] 이렇게 볼 경우 (18)에서 NP_1은 주어이고 NP_2는 보어일

---

12 여격 명사구를 실현시킨 (19)가 능격 구문이라는 것은 이익섭(1978)에서 (19나)를 (19다)적인 피동문의 일종으로 해석한 데서도 어느 정도 지지 받는다. 그러나

수밖에 없는 것이다.

(22) 가. 이 고장이 인물이 많이 난다.(서정수 1971)
나. 섬유공장이 불이 났다.(임홍빈 1972:64)
(23) 가. 이 고장에서 인물이 많이 난다.(서정수 1971)
나. 섬유공장에 불이 났다.(임홍빈 1972:64)

(22)는 동사 '나' 구문의 주격 중출 구문이다. 이들도 (23)에서 볼 수 있는 것처럼 NP_1이 처격, 또는 여격으로 실현되는 대응 예문들이 존재한다. 이것은 (22)의 NP_1이 NP_2와 마찬가지로 동사로부터 의미역을 배당받는다는 것을 의미한다. (22가, 22나)의 NP_1에는 장소역을, 그리고 NP_2에는 대상역의 의미역을 상정할 수 있는 것이다. 따라서 이들은 주어-보어 구성이다. 그런데 주격 중출된 '나' 동사 구문 가운데는 NP_1이 처격(여격)을 허용하지 않는 것도 있다.

(24) 가. 송아지가 뿔이 났다
나. 영수가 화가(뿔이) 났다
(25) 가. ?송아지에게(한테) 뿔이 났다
나. *영수에게 화가(뿔이) 났다

(24가)의 NP_1은 앞의 (22)의 그것들처럼 의미역이 장소역이거나, '송아지'의 유정성을 고려한다면 경험주역을 상정할 수 있는 것이고, (24나)의 NP_1도 경험주역을 가진다. 그러나 (24가)에 대응하는 (25가)

이익섭(1978)에서는 (19나)적인 것을 '영수가 순희를 그리워한다.'라는 타동사 구문에 대응하는 피동문으로 본 것임에 비해 본고에서는 (19)를 (18)에 대한 능격문으로 본다는 차이가 있다.

의 문법성은 (23)의 것들에 비해 다소 떨어지며 (24나)에 대응하는 (25나)는 거의 문법성이 없음을 보여준다. 이 사실은 (18)과 (19), (22)와 (23) 따위의 대응이 변형 관계에 의해 성립하는 것이 아니라 어휘 개별적이고 구문 개별적인 성격의 것임을 말해 주는 것이다.

주어-보어 구성의 주격 중출 구성 가운데는 겉으로 보아 주제어-주어 구성과 잘 구별되지 않는 것들도 있다.

(26) 가. 영수가 배가 아프다.
     나. 영수가 동생이 아프다.
(27) 가. ?*영수의 배가 아프다.
     나. 영수의 동생이 아프다.
(28) 가. 할아버지가 배가 아프시다.(*편찮으시다.)
     나. 영수가 할아버지가 편찮으시다.(?*아프시다.)

(26)은 감각동사의 하나인 '아프-' 동사 구문에 주격이 중출된 것이다. 동사와의 관계를 고려함이 없이 말한다면, 이들 구문의 NP_1과 NP_2 사이의 의미론적 관계는 주제어-주어 구성인 (13)의 그것들과 같다. 그러나 (26가)에 대응하는 속격 구성의 주어구문은 (27가)에서 볼 수 있듯이 거의 성립하지 않는다. 또한 감각동사 구문인 (26가)에서 NP_1인 '영수가'는 아픔을 느끼는 경험주라는 점에서 경험주역의 명사구임이 분명하며, NP_2에 대해서도 대상역의 의미역을 읽을 수 있다. 곧 (26가)는 주어-보어 구성의 구문인 것이다. 그런데 (26나)의 경우, 경험주역의 명사구는 NP_2이며 NP_1은 동사 '아프-'와 의미론적으로 직접 관련되지 않는다. (26나)에서 아픔을 느끼는 경험주는 '영수'가 아니라 '영수의 동생'인 것이다. 또한 (26나)는 (13)의 주제어-주어 구성 구문

들처럼 NP₁과 NP₂가 (27나)의 속격 구성이 가능하다. 따라서 (26나)의 NP₁은 주제어이다. 그런데 '아프-' 동사 구문이 특히 관심을 끄는 것은 (26나)처럼 보어 없이 경험주역의 명사구만 실현시키는 구문이 가능하다는 점이다. 다른 심리동사인 '무섭-'류의 경우도 보어 없는 '호랑이가 무섭다'와 같은 구문이 가능하나 이것은 '사람들에게 호랑이가 무섭다'와 같은 능격구문에서 파생된 용법으로서, 대상역의 명사구가 주어로 실현된 것이라는 점에서 (26나)와는 다른 것이다. 보어를 가지는 '아프-'와 보어를 가지지 않는 '아프-'는 (28)에서 볼 수 있는 것처럼 주체높임법의 '-시-' 앞에서 서로 다른 형태로 실현된다.

(29)는 주격 중출 구문이 사동의 의미를 띠는 것들이다.

(29) 가. 상추는 잠이 와.
　　 나. 송충이가 소름이 돋아.
　　 다. 그 녀석이 밥맛이 없어.
(29′) 가. 상추가 나에게(사람들에게) 잠을 오게 한다.
　　 나. 송충이가 나에게(사람들에게) 소름을 돋게 한다.
　　 다. 그 녀석이 나에게(사람들에게) 밥맛을 없게 한다.
(30) 가. 나는 상추 때문에 잠이 온다.
　　 나. 나는 송충이 때문에 소름이 돋는다.
　　 다. 나는 그 녀석 때문에 밥맛이 없다.

(29)는 흔히 기저 생성된 주제어를 갖는 예문으로 제시되는 '커피는 잠이 안 와'(임홍빈 1987) 유형의 주격 중출 구문이다. '잠이 오-, 소름이 돋-, 밥맛이 없-' 따위는 각각 '졸립다, 징그럽다, 싫다'의 의미로써 심리 현상을 나타내는 것들로서 (30)과 같이 경험주역의 명사구를 주어로 실현시키는 것이 일반적이다. 그런데 (29)의 NP₁들이 경험주역

을 가진다고 보기는 어렵다. 또한 (29)의 NP₁들은 각각 동사 '오-, 돋-, 없-' 따위와 직접 관련된 해석도 잘 되지 않는다. 이런 점에서 (29)의 NP₁들은 주제어와 흡사하다. 그러나 (29)의 NP₁이 주제어라면 언급대상성과 관련하여 NP₂와 의미론적인 관련성을 보일 것으로 기대되나 실제로는 그렇지 못하다. (29)에서 우리는 (29′)적인 사동의 의미를 읽을 수 있는데, 이것은 (29)의 NP₁들이 그러한 심리현상을 일으키는 일종의 사동주로서, 원인역의 의미역을 가진다는 것을 말해준다. 또한 (29)의 NP₁들이 원인역의 의미역을 가진다는 것은 대응하는 (30)에서 원인 명사구 '~때문에'로 실현되는 것에 의해서도 뒷받침 된다. 이제 (29)의 구문들과 (30)의 구문들 사이에 볼 수 있는 대응관계가 (31), (32)의 대격 구문과 능격 구문 사이에서 볼 수 있는 대응 관계와 동일하다는 점을 주목해 보기로 하자.

(31) 순희가 영수를 팔을 부러뜨렸다.(대격 구문)
(31′) 순희가 영수에게 팔을 부러지게 했다.
(32) 순희 때문에 영수가 팔을 부러뜨렸다.(능격구문)

(31)은 대격 구문이고 대응하는 (32)는 능격 구문인데(유동석 1998), (29)와 (30)의 대응에서와 마찬가지로, 대격 구문인 (31)에서 주어로 실현된 '순희가'는 대응하는 능격 구문인 (32)에서 원인 명사구('순희 때문에')로 실현됨을 보여 준다. 또한 앞의 (29)가 (29′)적인 사동의 의미를 가지는 것을 본 바 있는데, (31)도 (31′)에서 볼 수 있듯이 어느 정도 사동의 의미도 띠고 있다. 따라서 (29)와 (31)은 기본적으로 그 성격이 동일한 것이라고 할 때 (29)에서 원인역의 NP₁은 (31)에서의 '순희가'와 마찬가지로 주어라 할 것이다.

주어-보어 구성의 주격 중출 구성에는 보어의 성격이 다소 특이한 것들이 있다. 다음과 같은 '아니-' 구문도 그러한 것 가운데 하나이다.

(33) 가. 그것은 진리가 아니다.(최현배 1937:1000)
     나. 저것이 사슴이 아니다.(홍기문 1947:303)

최현배(1937)는 다른 주격 중출 구문에 대한 것과는 달리 '아니-' 구문의 NP_2를 보어로 처리하고, 홍기문(1947)에서는 부주격으로 처리한다는 것은 이미 앞에서 언급한 바이다. 그런데 최현배(1937:1000)에서 보어('기움말')에 대해 '실질 관념이 없는 꼴풀이씨, 잡음씨가 월의 풀이말이 될 적에 실질적 빈위(賓位) 관념을 보충하여 그 풀이를 완성하게 하는 말'로 정의한 것에서 명백히 드러나 있듯이 '아니-' 앞의 NP_2는 '아니-'에 실질적 속성 개념을 보충해 주는 서술보어이다. '아니-'는 실질적 관념이 없는 형식용언이기 때문에 이것만으로는 의미역을 방출할 수 없다. 그러나 (33)의 주어인 NP_1들에서는 대상역의 의미를 읽을 수 있는데 이것은 서술보어에 의해 방출된 의미역이라고 할 수 있다.

주격의 서술보어는 (34)와 같은 대칭구문에서 풍부하게 볼 수 있다.

(34) 가. 한국이 일본과 관계가 깊다.(양정석 1987)
     나. 그 사람이 외국인과 통화가 가능하다.(양정석 1987)
     다. 그분이 동생과 성격이 같다.(양정석 1987)
     라. 그 남자가 그 여자와 마음이 통한다.(양정석 1987)

국어의 대칭구문은 일반적으로 대칭성을 띠는 동사에 의해 성립하는 것이나, (34)는 명사가 가지는 대칭성에 의해 대칭구문이 된 것이다. (34가)로써 예를 들면 이것에서 '한국'과 '일본' 사이에는 대칭성을 띠게 되는데 이것의 대칭성은 동사 '깊-'에 의한 것이 아니라 명사 '관계'에 의해 주어진 것이다. 따라서 (34가)의 '영수가'와 '순희와'는 동사 '깊-'의 논항이 아니라 명사 '관계'의 논항이며, '관계가'는 (34가)에서 기능동사의 구실을 하는 '깊-'의 서술보어가 된다(양정석 1987).

주격의 보어 가운데는 일종의 동족보어로 해석되는 경우도 있다.

(35) 가. 장대가 길이가 길다.
나. 저 집이 넓이가(면적이/평수가) 넓다.
다. 이 물건이 값이 싸다.
라. 하늘이 색이 푸르다.
(36) 가. 장대의 길이가 길다.
나. 저 집의 마당의 넓이가(면적이/평수가) 넓다.
다. 이 물건의 값이 싸다.
라. 하늘의 색이 푸르다.
(37) 가. 장대가 길다.
나. 저 집이 넓다.
다. 이 물건이 싸다.
라. 하늘이 푸르다.

(35)의 예문들은 NP_1이 의미론적으로 NP_2와 관련된 해석을 받을 수도 있고 동사와 관련된 해석을 받을 수도 있는 것들이다. (35)의 NP_1이 NP_2와 의미론적으로 관련이 있을 수 있다는 것은 (36)이 보여 준다. (36)은 (35)의 NP_1과 NP_2가 의미론적으로 속격 관계를 가짐을 보여주는 것인데 이점에서 (35)는 (13)의 주제어-주어 구성과 혹사(酷

似)하다. (35)에서 NP₁이 동사와 직접 관련된 해석을 받을 수 있다는 것은 (37)이 보여준다. (37)은 (35)에서 NP₂가 실현되지 않은 것이다. 그런데 (35)의 NP₂들은 다음의 동족 목적어와 매우 유사한 성격을 가진다.

(38) 영수가 (웃음을/울음을) 웃는다/운다.

(38)의 괄호 속의 것이 동족 목적어이다. 동족 목적어는 일반적으로 서술어인 동사에 의해 파생된 것이 많고 그 의미가 동사와 중복되며 그렇기 때문에 그것이 생략되더라도 문체적 차이 외에 의미 차이를 보이지 않는 특성을 가지는데 이러한 동족 목적어의 특성을 (35)의 NP₂들도 보여주고 있다. (35가)의 '길이'와 동사 '길-', (35나)의 '넓이'와 동사 '넓-'은 각각 파생 관계에 있고, (35다)의 '값'과 동사 '싸-', (35라)의 '색'과 동사 '푸르-'는 파생 관계에 있지는 않지만 의미론적인 중복성을 보여준다. 뿐만 아니라 (35)의 NP₂는 (37)처럼 생략될 수 있고, 또한 (35)와 NP₂가 생략된 (37)은 문체적 차이 외에 의미론적으로 동의이다(이남순 1985). 이런 까닭으로 여기서는 (35)의 NP₂를 (38)의 동족 목적어에 준하는 주격의 동족 보어로 보기로 한다.

3.3. 소절 구성

주격 중출 구성 가운데는 NP₁과 NP₂의 의미역이 동일한 것처럼 보이는 것들이 있다. 주격의 수량사구를 포함하고 있는 (39)와 같은 주격 중출 구문이 그것이다.

(39) 학생이 세 명이 왔다.

(39)는 NP₁인 '학생이'와 NP₂(QP)인 '세 명이'가 둘 다 동사 '오-'와 직접 관련된 해석을 받는 것처럼 보인다. 그러나 만약 동사 '오-'와 관련하여 이들의 의미역을 상정한다면 둘 다 행동주역일 수밖에 없는데 이것은 의미역 공준에 어긋난다. 이러한 모순을 합리적으로 해결하는 길은 (39)가 다음의 (40)과 같은 구조를 가졌다고 보는 것이다.

(40) [α 학생이 세 명이] 왔다.

(40)은 '학생이 세 명이'가 동사 '오-'를 서술어로 하는 절에서 하나의 성분으로 기능한다는 것을 보인 것이다.[13] (39) 유형의 주격 중출 구성에 대한 이익섭(1973)의 동격설, 임홍빈(1974)의 소절(small clause)설, 임홍빈(1996)의 성분주제설 등은 기본적으로 (40)적인 구조를 전제로 한 것이다.[14] 여기서는 임홍빈(1974)에서 (32)의 두 주격 명사구가 의미론적으로 '온 학생이 세 명이다'와 같은 주술 관계를 가진다는 점을 근거로 제안한 소절설을 따르기로 한다. (32)의 두 주격 명사구를 소절 구성으로 보는 데는 수량사구 대신 부사가 실현된 다음과 같은 예문도 고려한 것이다.

---

13 수량사구를 포함하는 모든 주격 중출 구문이 (40)적인 구조를 가지는 것은 아니다. 가령 '그 대회에 우리 학교는 세 명이 참가했다'와 같은 예는 주제어-주어 구성의 예인데, 이런 유의 예는 '그 대회에 우리 학교는 [SC 학생이 세 명이] 참가했다' 예에서 소절의 주어 '학생이'가 생략되어 도출된 것이다.

14 (39)적인 주격 중출 구문을 '세 명의 학생이 왔다'와 같은 구문에서 양화사를 이동시켜 유도하려는 논의도 있다. 김영희(1984)의 '셈숱말 높이기', 최영석(1988)의 '양화사-유동'이 그러한 입장을 취하고 있는 것인데, 양화사 이동을 전제하는 이러한 논의들의 문제점은 임홍빈(1996)을 참조하기 바란다.

(41) [ₐ 학생이 많이] 왔다

(41)의 '학생이'와 '많이' 사이에도 의미론적으로 '온 학생이 많다'와 같은 주술 관계가 성립한다는 점에서 (41)도 (40)적인 구조를 가진다고 할 수 있을 것이다. 그런데 (41)의 '많이'는 부사라는 점에서 '학생이'와 '많이' 사이의 문법적 관계를 주술 관계 외의 동격이나 주제-설명 관계로 상정하기는 어려운 것이다. (39)의 두 주격 명사구를 소절 구조로 인정하면 이것의 격 표시 구조는 (42)와 같이 가정된다.

(42) ... [$_{AGRP}$ [$_{SC}$ [$_{NP}$ 학생] [$_{QP}$ 세 명]] [$_{AGR'}$ VP(오-) +Agr]] +T ...

(42)에서 AGRP의 명시소 위치에 있는 소절(SC)은 주어일치소 (+Agr)에 의해 주격 표시될 수 있는데, 이때 주격의 실현은 소절의 핵인 QP에 일어나 '세 명이'가 된다. 다음으로 (42)에서 소절의 명시소 위치에 있는 NP는 구조상으로 주격 배당자인 주어일치소에 의해 지배될 수도 있고, 역시 주격 배당자인 시제소(+T)에 의해 지배될 수도 있어 '학생이'와 같은 주격 표시가 가능한 것이다.

의미론적으로 NP_1과 NP_2가 상위어-하위어 관계에 있는 다음의 주격 중출 구문도 소절 구성의 구문이다.

(43) 가. TV가 제니스가 튼튼하다.(양인석 1972:43)
    나. 꽃은 장미가 예쁘다.
(44) 가. 고추가 작은 것이 맵다.(양인석 1972:43)
    나. 형은 큰형이 왔다.

(43)은 양인석(1972)의 대소 관계 가운데 부류-성원(class-member)에 해당하는 예이고 (44)는 유형-표시(type-token)의 예들이다. 이들 예에서 NP₁은 의미론적으로 동사와 직접 관련된 해석을 보이지 않는다. 또한 의미론적으로도 이들은 언급대상성의 의미가 두드러진다. 이런 점에서 (43), (44)의 NP₁들은 주제어와 흡사한 성격을 보인다. 그러나 이들을 임홍빈(1996)에서 성분주제로 부르는 데서도 알 수 있듯이 이들에 대한 설명 부분이 후행의 명사구로 한정된다는 점에서, 문장 주제어와는 구별된다. 또한 (43), (44)의 NP₁과 NP₂ 사이에서도 '튼튼한 TV는 제니스이다'와 같은 주술 관계가 성립함을 볼 수 있는데 (임홍빈 1974), 이것은 (43), (44)의 예들이 수량사구를 포함하고 있는 (39)와 마찬가지로 소절 구성의 주격 중출 구문임을 말해 주는 것이다.

양태성을 띠는 '분명하-, 확실하-, 틀림없-' 따위를 서술어로 하는 (45)의 주격 중출 구문도 소절 유형에 속한다(유현경 1996:259).

(45) 가. 그 위의 주소는 정희의 글씨가 분명했다.(유현경 1996:207)
    나. 그는 그 사건의 범인이 확실하다.(유현경 1996:207)
    다. 저 선생님은 천재가 틀림없다.(유현경 1996:207)
(45′) 가. 그 위의 주소는 정희의 글씨임이 분명했다.(유현경 1996:259)
    나. 그는 그 사건의 범인임이 확실하다.
    다. 저 선생님은 천재임이 틀림없다.

(45)의 NP₁과 NP₂는 의미론적으로 계사 관계를 가질 뿐만 아니라, 그 서술어인 '분명하-' 따위는 (45′)에서처럼 일반적으로 절 주어를 가진다는 점에 비추어 볼 때 (45)의 NP₁과 NP₂는 소절 구성을 이루는 것이 분명하다.

3.4. 복합 구성

앞에서 우리는 주격의 명사구가 둘이 실현되는 문장을 대상으로 그것들의 유형적 특성에 따라 주제어-주어 구성, 주어-보어 구성, 소절 구성의 세 유형으로 분류해 보았다. 그런데 주제어, 주어, 보어는 문장 성분이기 때문에 경우에 따라서는 이들 성분이 하나의 단문에 다 실현될 수도 있고, 또 때로는 주어뿐만 아니라 주격의 보어도 소절 구성을 취할 수 있기 때문에 주격의 명사구가 셋 이상인 구문도 있을 수 있다.

 (46) 가. 영수가 동생이 돈이 필요하다.
    나. 영수가 [동생이 한 명이] 왔다.
 (47) 가. 미도파가 양복이 [값이 100원이] 싸다.(이숭녕 1969)
    나. 구두가 바닥이 [구멍이 하나가] 났다.(박순함 1970)
 (48) 영수가 [동생이 막내동생이] [돈이 100원이] 필요하다.

(46), (47), (48)은 주격이 셋 이상 중출된 것이라는 점에서 주목되어 온 것들이다. (46가)는 주제어-주어-보어 구성이고 (46나)는 주제어-소절 주어 구성이다. (47)은 주제어-주어-소절 보어 구성인데 (47가)의 소절 보어는 동족보어이다. (48)은 주제어-소절 주어-소절 보어 구성으로서 주격 명사구가 무려 다섯 개나 실현되어 있다. 이처럼 주격 명사구의 수가 많아질수록 수용성이 떨어지는 것은 사실이지만 (46), (47), (48)이 국어에서 허용되는 문법적인 것들임은 분명하다.

4. 남은 문제

지금까지 우리는 주제어의 개념 및 문법적 성격, 주격 중출 구문의 유형 등에 대해 살펴보았는데, 이제 이곳에서는 이들과 관련하여 논의가 더 필요한 몇 문제를 살펴보는 것으로써 이 글을 끝맺기로 한다.

언급대상으로서의 주제어와 서술대상으로서의 주어는 개념상으로 매우 유사한 성격의 문장성분이다. 일반적으로 주어에 대해 서술된 것이 곧 주제어에 대한 언급이 내용은 된다는 것은 이미 2.2.1.에서 말한 바 있거니와, 주제어가 외현되지 않을 경우 가장 우선적으로 언급대상성의 의미를 띠는 문장성분이 주어이기도 한 것이다. 주제어와 주어는 이처럼 개념적으로 유사할 뿐만 아니라 또한 그들은 동일한 격표지를 가지는 것들이어서 형태적으로도 잘 구별되지 않는다. 그렇기 때문에 주제어, 또는 주격 중출 구문의 논의에서 주제어와 주어를 구별하고 주격 중출 구문을 분류하는 기준이 문제가 되기도 하는데, 이때 흔히 주어 관련의 통사 현상들인 재귀사의 결속 문제, 주체높임법 '-시-'의 일치, 주어의 복수를 표시하는 '들'의 일치 따위가 그 기준이 되기도 한다.

(49) 가. 철수$_i$는 동생$_j$이 자기$_{i/*j}$ 애인보다 무서웠다.
　　　나. 할머니$_i$는 그때 호랑이가 너무나 무서우-시$_i$-었다.
　　　다. 그분들$_i$은 그때 호랑이가 너무나-들$_i$ 무서우셨다.

(49)는 심리동사 구문인데, 이들에서 재귀사 '자기', 주체높임법의 '-시-', 복수 주어의 '들'은 NP$_1$과 관련된 해석만 보이며 NP$_2$와 관련된 해석은 보이지 않는다. 이것은 앞에서 우리가 심리동사 구문을 주어-보어 구성으로 분류한 것과 합치되며 나아가 주어 관련의 이들 통사현상이 주어를 확인하고 주격 중출 구문을 분류하는 기준으로 어느 정도 유효성을 가지는 것처럼 보인다. 그러나 앞에서 우리가 주제어

주어 구성으로 분류하였던 주격 중출 구문에서는 문제가 그렇게 단순하지만은 않다.

(50) 철수ᵢ는 동생ⱼ이 자기ᵢ/ⱼ 애인보다 작다.
(51) 가. 영수는 할머님ᵢ이 무척 인자하-시ᵢ-다.
     나. ?*그분ᵢ은 손자가 이제 겨우 유치원을 다니-시ᵢ-ㄴ다.
     다. 김선생님ᵢ은 손이 매우 크-시-다.
(52) 가. 영수는 부모님들ᵢ이 무척-들ᵢ 인자하시다.
     나. *그들ᵢ은 방금 친구가 먼길-들ᵢ-을 떠났다.
     다. 그분들ᵢ은 손이 매우-들ᵢ 크시다.

(50)~(52)는 모두 주제어-주어 구성의 주격 중출 구문으로 상정한 것들이다. (50)은 재귀사 '자기'의 결속 양상을 보인 것인데 이것에서 재귀사 '자기'는 주어로 상정했던 NP₂뿐만 아니라 주제어로 상정한 NP₁과도 결속 가능함을 보여준다. (51)은 '-시-'의 통합 양상을 보인 것이다. (51가, 나)는 '-시-'가 주어와 관련하여 실현되는 요소라는 일반적인 믿음을 확인시켜 주는 듯이 보인다. (51가, 나)에서 '-시-'는 주제어로 상정되는 NP₁과 일치하는 것이 아니라 주어로 상정되는 NP₂와 일치하고 있기 때문이다. 그런데 흔히 간접높임법으로 설명하는 (51다) 유형의 예는 문제가 된다.[15] 이것에서 표면상 '-시-'와 일치하는 요소는 주어인 NP₂가 아니라 NP₁이기 때문이다. (51)의 '-시-'와 관련된 현상에서 볼 수 있는 것과 똑 같은 양상을 (52)의 '들'과 관련된 현상에서도 볼 수 있다. (52가, 나)는 '들'이 주제어가 아닌 주어의

---

[15] 유동석(1995)에서는 주어-동사 일치의 관점에서 간접높임법 유형에 대한 이해를 시도한 바 있다.

복수를 나타낸다는 것을 보여주지만, (52다)의 '들'은 주제어의 복수와 관련하여 사용된 것이다. 이런 문제 때문에 우리는 앞의 주격 중출 구문의 유형 분류에서 재귀사, 주체높임법의 '-시-', 복수 주어의 '들' 따위는 고려하지 않았지만, (51다), (52다)적인 현상에 대한 합리적인 이해를 포함하여, 주제어 및 주격 중출 구성은 이들 주어 관련의 통사 현상과 관련지어 이해하는 것이 반드시 필요하다.

주제어 및 주격 중출 구성과 관련하여 남아 있는 또 다른 문제로는 관계절과 관련된 것이 있다. 주제어-주어 구성이든 주어-보어 구성이든 관계절 속에 NP_1을 잔류시킨 채로 NP_2를 관계화하지 못한다.

(53) 가. *가을은(이) 밝은 달
    나. *코끼리는(가) 긴 코   cf. 코끼리의 긴 코
    다. *영희가 높은 눈(강명윤 1996)
(54) 가. *원세개가 된 대통령
    나. *그가 많은 재주
    다. *영희가 아픈 배(강명윤 1996)

(53)은 주제어-주어 구성의 주격 중출 구문에서 NP_2가 관계화한 경우이고, (54)는 주어-보어 구성의 주격 중출 구문에서 NP_2를 관계화한 것인데 이들은 모두 비문법적이다. 그런데 이들의 비문법성이 관계절 속에 잔류한 NP_1 때문에 일어나는 것일까, 아니면 관계화된 NP_2의 어떤 속성 때문에 일어나는 것일까? 강명윤(1996)은 NP_2가 신체어인 경우에 한정해서, 기저에서는 최대투사의 자격을 가졌던 것이나 NP_1과 NP_2가 하나의 명사구로 재구조화되면 NP_2는 재구조화된 명사구의 핵(N)이 되어 관계화될 수 없다고 설명한다. 강명윤(1996)의 이러한

설명은 (53), (54)의 비문법성의 원인을 NP_2에서 찾은 것이다. 이들의 비문법성의 원인을 NP_1에서 찾는 설명도 있다. (53)에 한정되는 것이지만 관계화에서 주제(주제어라기보다는 담화 주제인 '은/는' 통합의 명사구)만이 표제어가 되기 때문에 관계절 속에 주제가 잔류할 수 없다는 Kuno(1973)적인 설명법이나 아니면 잔류한 주제와 표제어가 된 주제가 시점의 충돌, 또는 인지적 충돌을 일으키기 때문에 비문법적이 된다는 박승윤(1984)적인 설명법을 원용하여 이의 비문법성을 설명한다면 이는 잔류한 NP_1이 비문법성을 일으키는 요인이 된다. 또는 2.2.2.에서와 같이 주제어는 시제소로부터 격을 배당받는다고 가정하면 (53)의 관계절은 비시제절이어서 주제어가 격을 배당받지 못해서 비문법적이라는 설명도 가능할 것이다. 그런데 (53), (54)의 비문법성에 대한 이러한 설명은 NP_2가 신체어인 경우에 국한된 설명이거나 아니면 주제어-주어 구성의 주격 중출 구성에만 적용되는 설명이라는 점에서 (53), (54)의 현상은 여전히 미해결의 상태로 남은 문제라 할 것이다.

참고문헌

강명윤(1996), "이중주격구문에 대한 최소주의적 접근", 「한국어학」 4.
고영근(1986), "능격성과 국어의 통사구조", 「한글」 192.
김두봉(1922), 「깁더 조선말본」, 새글집(역대한국문법대계 1-23, 탑출판사).
김승곤(1985), "중주어론에 대한 고찰", 「박병채 박사 환갑기념논총」.
김영희(1978), "겹주어론", 「한글」 162.
_____(1980), "정태적 상황과 겹주어 구문", 「한글」 169.
_____(1988), 「한국어 통사론의 모색」, 탑출판사.
김원우(1922), 「조선정음문전」, 조선도서주식회사(역대한국문법대계 1-28, 탑출판사).
김흥수(1989), 「현대국어 심리동사 구문 연구」, 탑출판사.
남기심(1968), "그림씨를 풀이씨로 하는 문장의 몇가지 특질", 「한글」 142.
_____(1985), "주어와 주제어", 「국어생활」 3.
_____(1986), "서술절 설정은 타당한가", 「국어학 신연구」, 탑출판사.
박병수(1983), "문장술어 의미론: 중주어 구문의 의미 고찰", 「말」 8.
박순함(1970), "격문법에 입각한 겹주어에 대한 고찰", 「어학연구」 6-2.
박승빈(1931), 「조선어학 강의 요지」, 조선어학연구회(역대한국문법대계 1-48, 탑출판사).
박승윤(1984), "Why Not a Topic in a Relative Clause?", *Language Research*(「어학연구」 20-2).
_____(1986), "담화의 기능상으로 본 국어의 주제", 「언어」 11-1.
서정수(1971), "국어의 이중 주어 문제", 「국어국문학」 52.
_____(1991), 「현대 한국어 문법 연구의 개관」 1, 한국문화사.
성기철(1987), "문서술어 복합문", 「국어학」 16.
성광수(1974), "국어 주어 및 목적어의 중출 현상에 대하여: 격문법론적 고찰을 중심으로", 「문법연구」 1.
손호민(1981), "Multiple Topic Constructions in Korean", 「한글」 173·174.
신창순(1975), "국어의 주어 문제 연구", 「문법연구」 2.
안 확(1923), 「수정 조선문법」, 회동서관(역대한국문법대계 1-26, 탑출판사).
양동휘(1975), *Topicalization and Relativization in Korean*, 범한서적주식회사.
양인석(1972), *Korean Syntax*, 백합사.
양정석(1987), "이중주어문과 이중목적어문에 대하여", 「연세어문」 20.
유길준(1909), 「대한문전」, 동문관(역대한국문법대계 1-06, 탑출판사).
유동석(1984), "양태조사의 통보기능에 대한 연구", 「국어연구」 60.
_____(1986), "국어의 목적어 이동과 주제화", 「국어학신연구」, 탑출판사.
_____(1995), 「국어의 매개변인 문법」, 신구문화사.
_____(1998), "국어의 목적어 있는 능격구문에 대하여", 「언어과학」 5-1.
유목상(1963), "주격 연쇄형의 문장에 대한 연구", 「중앙대논문집」 16.
유현경(1996), "국어 형용사 연구", 연세대학교 박사학위논문.
윤만근(1980), "국어의 중주어는 어떻게 생성되나", 「언어」 5-2.
이규방(1922), 「신찬 조선어법」, 근흥인서관 출판부(역대한국문법대계 1-29, 탑출판사).

이규영(1920), 「현금 조선문전」, 신문관(역대한국문법대계 1-27, 탑출판사).
이광호(1988), 「국어 격조사 "을/를"의 연구」, 탑출판사.
이남순(1985), "주격 중출문의 통사 구조", 「국어국문학」 93.
이승녕(1969), "주격 중출과 문장구조에 대하여", 「어문학」 20.
이익섭(1973), "국어 수량사구의 통사기능에 대하여", 「어학연구」 9-1.
_____(1978), "피동성 형용사문의 통사구조", 「국어학」 6
이익환(1987), "이중주어 구문에 대한 분석", 「말」 12.
이인영(1996), "주제와 화제-기존 화제 개념에 대한 재고", 「어학연구」 32-1.
이홍식(1996), "국어 문장의 주성분 연구", 서울대학교 박사학위논문.
임동훈(1997), "이중 주어문의 통사 구조", 「한국문화」 19, 서울대학교 한국문화연구소.
임홍빈(1972), "국어의 주제화 연구", 「국어연구」 28.
_____(1974), "주격 중출론을 찾아서", 「문법연구」 1.
_____(1979), "용언의 어근분리 현상에 대하여", 「언어」 4-2.
_____(1985), "국어의 통사적 공범주에 대하여", 「어학연구」 21.
_____(1987), 「국어의 재귀사 연구」, 신구출판사.
_____(1996), "양화표현과 성분 주제", 「이기문 교수 정년퇴임기념논총」.
정렬모(1946), 「신편고등문법」, 한글문화사(역대한국문법대계 1-61, 탑출판사).
정인상(1980), "현대국어 주어에 대한 연구", 「국어연구」 44.
_____(1990), 「주어, 국어연구 어디까지 왔나」, 동아출판사.
정인승(1956), 「표준 고등말본」, 신구문화사(역대한국문법대계 1-83, 탑출판사).
주시경(1910), 「국어문법」, 박문서관(고영근·이현희 교주(1988), 국어문법, 탑출판사).
채 완(1976), "조사 '는'의 의미", 「국어학」 4.
_____(1978), "화제의 의미", 「관악어문연구」 4, 서울대 국문과.
최규수(1990), "우리말 주제어 연구", 부산대학교 박사학위논문.
최현배(1937), 「우리말본」, 연희전문학교출판부(역대한국문법대계 1-47, 탑출판사).
Danes, F.(1964), A Three-level Approch to Syntax, in Vachek(ed.), *Trabaux Linguistiques de Prague(1)*, Univ. ofAlabama Press.
Firbas, Jan(1964), On Defining the Theme in Funtional Sentence Analysis, in Vachek(ed.), *Trabaux Linguistiques de Prague(1)*, Univ. ofAlabama Press.
Kuno, Susumo(1973), *The Structure of the Japanese Language*, The MIT Press.

Li, C.N. & S.A. Tompson(1976), Subject and Topic : a New Typology of Language, in Li(ed.), *Topic and Subject,* Academic Press.

국어의 격 중출 구성에 대하여

1. 서론

명사구가 가지는 주어, 목적어 따위의 문법적 기능은 일반적으로 격에 의해 표시된다. 격이 명사구의 문법적 기능을 드러내는 일에서 둘 사이의 가장 이상적인 대응 관계는 아마 하나의 격표지가 하나의 문법적 기능만 표시하는 일일 것이다. 그러나 실제의 언어 현실은 이러한 이상적인 대응 관계만을 보여 주지는 않는다. 이 글에서 다루게 될 격(조사) 중출 현상이 무엇보다도 이를 웅변적으로 보여준다. 그런데 인구어와 같이 고정 어순을 취하면서 서술어가 목적어(또는 주격보어)에 앞서는 핵앞 언어인 경우 명사구의 문법적 기능이 어순에 의해서도 어느 정도 자명하게 드러나기 때문에 설사 하나의 격표지가 둘 이상의 문법적 기능과 대응하는 일이 있더라도 문법 기술상의 혼란은 거의 일어나지 않는다. 그러나 국어의 경우는 사정이 다르다. 국어는 유형론적으로 핵말 언어일 뿐만 아니라 어순이 자유롭기 때문에 어순에 의해서 문법적 기능을 파악하는 일에는 한계가 있을 수밖에 없다.

그렇기 때문에 국어문법 기술에서 격 중출이 되는 경우 해당 명사구들의 문법적 기능 및 그 구조를 파악하는 일에는 그만큼 어려움이 따를 수밖에 없는 것이다. 국어의 격 중출 문제는 이른 시기의 문법서들에서부터 최근에 이르기까지 끊임없이 탐구의 대상이 되어 왔음에도 아직도 여전히 문제가 되는 데는 바로 이러한 국어의 유형론적 특성에서 비롯되는 문제점도 어느 정도 그 밑바탕에 놓여 있는 것으로 보인다. 이러한 사정으로 이 글에서 우리는 국어의 격 중출 현상을 완전히 새롭게 해석하려는 시도는 하지 않는다. 다만 그간의 논의들을 바탕으로 격 중출 구문들의 유형을 정립해 보고, 각 유형의 구문들에 상정할 수 있는 격 표시 구조를 설정해 보는 데 그 목적을 둔다.

문법서에 따라 다소의 차이가 있기는 하지만 형태를 기준으로 설정해 온 국어의 격에는 주격('이/가'), 목적격('을/를'), 속격('의'), 여격('에게'), 처격('에'), 조격('로'), 공동격('과/와'), 호격('아/야') 따위가 있다. 이들 가운데 격 중출이 문제 되는 것은 주격, 목적격, 속격 따위의 구조격이다. 여격, 처격, 조격, 공동격의 어휘격 조사들은 후치사로 간주할 수 있는 것들인데 이들은 중출이 거의 일어나지 않으며 설사 중출되는 일이 있다 하더라도(예: '한 시에 공항에 도착했다') 의미역이 문제될 뿐 문법적 기능은 크게 문제가 되지 않는다. 실제로 국어 문법가들로부터 끊임없이 주목을 받아 온 것도 구조격의 중출 현상이었다. 따라서 이 글의 대상도 구조격의 중출 현상에 한정하기로 한다.

격 중출 구문의 유형 및 격 표시 구조를 상정하는 일과 관련하여 먼저 국어의 문장 구조 및 격 표시 원리에 대한 논의가 선행되어야 할 것이나 이곳에서는 별도의 논증없이 유동석(1995)에 상정한 문장 구조 및 격 표시 원리를 따르기로 한다. 곧 국어의 문장 구조는 시제소구(TP)가 일치소구(AGRP)를 관할하는 분절 IP 구조를 취하는 것으로,

그리고 국어의 격 표시 원리는 (1)과 같이 가정한다.

(1) 국어의 격 표시 원리(구조격만 제시함).
   가. 격 배당
   ① 시제소(+Tense) 또는 주어 일치소(+Agr) 또는 비통제성 동사 (-controlled V)는 자신이 지배하는 요소에 주격을 배당할 수 있다.
   ② 통제성 동사(+Controlled V)는 자신이 지배하는 요소에 목적격을 배당할 수 있다. 또한 V 안의 V는 자신의 자매항에 목적격을 배당할 수 있다.
   ③ 명사(N)는 자신이 지배하는 요소에 속격을 배당할 수 있다.
   나. 격 실현
   ① 주격 배당된 요소의 핵에 주격 조사를 접미한다.
   ② 목적격 배당된 요소의 핵에 목적격 조사를 접미한다.
   ③ 속격 배당된 요소의 핵에 속격 조사를 접미한다.

(1)의 격 표시 원리는 생성문법의 격이론 틀 안에서 가정한 것이다. (1가)의 격 배당 원리는 모두 '~격을 배당할 수 있다'라는 형식을 취하고 있는데, 이것은 경험적으로나 이론적으로 격 표시 원리를 의무적인 것으로 형식화해야 할 이유를 발견할 수 없으며, 또한 원리들의 체계 안에서 '음성 내용이 있는 명사구는 반드시 격을 가져야 한다'는 격여과(가시성 조건)와 관련하여 생겨날 수 있는 잉여성도 최소화할 수 있기 때문이다. 다음으로 (1나)의 격 실현과 관련하여 조사 '은/는'에 대한 가정을 덧붙여 둘 필요가 있다. 조사 '은/는'은 주격 배당 받은 요소와 목적격 배당 받은 요소에 두루 실현될 수 있는데, '이/가' 또는 '을/를'과 '은/는'의 교체는 화용론적인 전달 가치의 차이를 반영하는

것일 뿐 문법적 기능의 변화를 유발하지 않는 것으로 가정한다. 그리고 이러한 가정에 따라 아래의 글에서는 화용론적인 이유로 '은/는'이 실현된 명사구도 '이/가' 또는 '을/를'을 실현시킨 명사구와 동일한 격을 가진 것으로 간주한다.

2. 속격 중출

주격이나 목적격이 중출되는 현상은 일찍부터 국어의 두드러진 문법 현상의 하나로 주목받아 온 것임에 비해 속격 중출은 대체로 국어 문법가들의 관심 밖에 놓여 있었던 것으로 보이는데 그 원인의 하나는 속격 중출이 주격 중출이나 목적격 중출보다 현상 자체가 비교적 단순하며, 속격 중출의 원리 자체가 어느 정도는 자명하기 때문인 것으로 생각된다. 그러나 속격이 주격이나 목적격과 마찬가지로 격 지배자의 지배를 통해 구조적으로 격이 표시되는 구조격의 하나라고 한다면 한 명사구 안에서 속격이 중출되는 현상은 단순문에서 주격이나 목적격이 중출되는 현상과 원리적으로 크게 다를 것이 없을 것이다. 그러므로 우리는 현상 자체가 비교적 단순하며 또한 어느 정도는 자명한 속격 중출 현상을 통해 오히려 주격 중출 현상과 목적격 중출 현상에 대한 합리적인 해결책을 기대할 수도 있을 것이다. 이런 까닭으로 여기서는 먼저 속격 중출 현상을 간략히 살펴보기로 한다.

  (2) 가. 영수의 플랑크톤의 연구
    나. 영수의 애인의 동생

(2가)와 (2나)는 속격 중출이라는 점에서 표면적으로는 동일해 보이

는 것이지만 속격 중출의 구조는 (2')와 같이 달리 상정된다.

(2') 가. [NP 영수의 [N' 플랑크톤의 [N 연구]]]
    나. [NP [NP 영수의 [N 애인의]] [N 동생]]

(2가)에서 '영수의'와 '플랑크톤의'는 행위 명사인 '연구'로부터 각각 행동주역과 대상역의 의미역을 받는 논항들이다. 따라서 (2가)는 (2'가)의 구조를 가지는 것으로 상정되는데, 이 구조에서 속격 배당자인 '연구'는 그것의 보어 위치에 있는 '플랑크톤'뿐만 아니라 명시소 위치에 있는 '영수'도 지배할 수 있다. 따라서 (2가)는 하나의 격 배당자에 의해 두 개의 명사구에 속격이 표시된 것으로서 진정한 의미의 속격 중출을 보여주는 예이다. 그러나 (2나)는 그 격 표시 구조가 (2'나)로 상정되므로 하나의 격 배당자에 의해 격이 중출된 것은 아니다. 친족 명사인 '동생'이 Fillmore(1968)적인 의미의 'D-보어'를 가지는 것으로 상정하더라도 그 보어는 (2'나)에서 보인 것처럼 [영수의 애인의]로 상정되며 '영수'는 다시 '애인'의 보어로 상정되는 것이다. 따라서 (2나)에서 '영수의'의 속격은 '애인'에 의해, 그리고 '애인의'의 속격은 '동생'에 의해 각각 격 표시된 것이라 할 수 있는 것인데, 이는 곧 (2나)의 속격 중출이 격 배당자를 달리하는 유형의 격 중출 현상임을 의미하는 것이다.

물론 국어의 속격 중출 구성에는 (2가) 유형과 (2나) 유형이 혼합된 것도 있을 수 있다.

(2) 다. 영수의 애인의 플랑크톤의 연구
(2') 다. [NP [NP 영수의 [N 애인의]] [N' 플랑크톤의 [N 연구]]]

(2다)에 대한 설명은 (2가, 나)에 대한 설명으로 충분하므로 생략한다.

3. 주격 중출

3.1. 주격 중출 구성의 유형

주격 중출 구성에 대한 그간의 논의들에서 주로 관심의 초점이 된 것은 주격 표시된 명사구들의 문법적 기능, 생성 원리, 격 표시 원리에 관한 것들인데[1] 이들은 궁극적으로 주격 중출 구성의 구조(격 표시가 일어나는 S-구조) 문제로 귀결된다. 그런데 (2)의 속격 중출 구성에서 보았듯이 격 중출 구성의 격 표시 구조는 항상 단일 유형임이 보장되지 않는다. 따라서 주격 중출 구성에 대해서도 격 표시되는 구조의 유형 설정을 중심으로 논의를 진행하기로 한다.

(1)에서 국어의 주격 배당자로 시제소, 주어 일치소, 비통제성 동사 등 셋을 가정하였다. 주격 배당자로 상정한 이들 세 범주는 하나의 단순문에 다 상정될 수도 있는 것이기 때문에 주격 중출 구성도 앞의 속격 중출에서 본 것처럼 하나의 격 배당자에 주격이 중출되는 유형뿐만 아니라 둘 이상의 격 배당자에 의해서 주격이 충출되는 유형이 있을 수 있다. 그런데 주격 중출 구성의 유형을 분류하는 데는 고려해

---

[1] 각 논의에 대한 연구사적인 소개는 임홍빈(1974), 서정수(1991) 등으로 미룬다. 임홍빈(1974)은 주격 중출 구성에 대한 1970년대 초반까지의 연구 흐름을 크게 기계적인 접근 방법과 기능적인 접근 방법으로 나누고, 다시 기계적인 접근 방법에는 대소주어설, 확대변형설, 대소관계설을, 그리고 기능적인 접근 방법에는 통격설, 격문법적인 접근, 주제화설을 포함시켜, 각 논의에 대한 자세한 소개를 베풀고 있다. 서정수(1991)는 1980년대까지의 주격 중출 구성에 대한 논의들을 대소주어설, 대소관계설, 포유문설(서술절설), 단주어설, 다주어설, 주제어설, 다기능어설, 그 밖의 학설들을 개별 논문 중심으로 소개하고 있다.

야 될 요소가 하나 더 있다. 속격 중출의 경우 어떤 유형에 속하든 속격 표시된 명사구의 문법적 기능은 동일하다. 속격을 배당하는 요소가 여럿이더라도 그 범주는 항상 명사(N)이기 때문이다. 그러나 주격 배당자로 상정한 시제소, 주어 일치소, 비통제성 동사 등은 범주를 달리하는 것들로서 이들이 실현되는 계층적 위치가 다르기 때문에 이들에 의해 격 배당 받는 명사구의 계층적 실현 위치도 다를 수밖에 없다. 이것은 곧 주격 중출 구성에서 형태상으로는 동일한 주격이 표시된 명사구라 하더라도 그 명사구들의 문법적 기능은 서로 다를 수 있음을 의미하는 것이다. 여기서는 이러한 점을 고려하여 주격 중출 구성의 유형을 주제어-주어 구성, 주어-보어 구성, 소절 구성으로 분류하기로 하겠는데 이를 위해 먼저 (3)과 같은 가정을 해 둔다.

(3) 가. 통제 구문이 아닌 한 주격 표시된 명사구 가운데 하나는 반드시 주어다.
나. 국어에서 주어는 의미역을 가진다. 다만 계사문의 주어는 의미역이 없을 수도 있다. 동사의 보어도, 그것이 서술 보어가 아닌 한, 의미역을 가진다.
다. 국어의 주어와 동사의 보어는 의미역을 매개로 동사와 관련된 해석을 받는다.
라. 주제어는 의미역 대신 언급대상성의 의미를 가진다. 따라서 주제어는 동사와 의미론적으로 직접 관련된 해석을 받지 않으며, 그 대신 언급대상성을 매개로 주어와 관련된 해석을 받는다.
마. 동사의 보어는 주어에 후행한다.
바. 주제어는 주어에 선행한다.

주격 표시된 명사구들의 문법적 기능을 확인하기 위해 가정한 (3)은 대부분 자명한 것들이거나 일반적으로 그렇게 가정되어 오는 것들이다. (3가)는 '모든 절은 주어를 가진다'는 확대 투사 원리를 받아들이는 한 당연한 것이다. (3나)는 투사 원리, 의미역 공준 등과 관련된 것이다. 국어의 주어가 반드시 의미역을 가져야 한다는 것은 국어에 허사 주어도 없고, 또 논항 이동도 발견되지 않는다는 점에서 그렇게 가정할 수 있다. 다만 '불이야', '하늘이시여'와 같은 특이한 형식의 계사문의 경우는 예외다. 의미역과 관련하여 서술 보어를 제외한 것도 계사와 같은 경동사의 보어는 서술어의 일부가 되어 의미역의 방출자는 될 수 있어도 의미역을 받는다고 볼 수는 없기 때문이다. (3다)는 논항의 의미역이 동사의 의미역틀에서 방출된 것이라는 점에서 자명한 것이다. (3라)는 주제어가 비의미역 위치에 실현되며 언급대상성의 의미를 가진다는 일반적인 믿음에 근거한 것이다. 곧 주제어가 언급 대상을 가리킨다고 할 때, 언급 내용(설명)은 언급 대상 그 자체이거나 언급 대상과 관련된 어떤 것을 서술하는 것이어야 할 것이기 때문에 주제어가 주어와 의미론적 연관성을 가진다는 것은 언급 대상성으로부터 자연스럽게 유추할 수 있는 가정이다. (3마)는 국어가 SOV 어순을 취한다는 점에서, 그리고 (3바)는 주제어의 문두성 조건과 관련하여 각각 논증 없이 받아들일 수 있는 것들이다.[2]

  이제 (3)의 가정들을 바탕으로 주격 중출 구성의 유형을 살펴보기로 한다. 편의상 주격 표시된 첫 번째 명사구를 NP_1, 두 번째 명사구를 NP_2로 나타낸다.

---

[2] 주어의 문법적 특성을 비롯하여 주어와 주제어의 구별, 주어 확인의 기준 등은 정인상(1980), 이홍식(1996)에도 마련되어 있다.

(4) 가. 문학특강은(이) 김선생님이 출장을 가셨다.
    나. 아이가 어른이 된다.
    다. 학생이 세 명이 왔다.

(4가)는 임홍빈(1987)에서 기저생성된 주제(곧, 주제어)를 가지는 구문으로 제시된 것으로서, 주제어-주어 구성으로 이해된다. (4가)에서 NP_2인 '김선생님이'는 동사 '가-'와 관련하여 행동주역으로 해석되지만 NP_1인 '문학특강은'에는 '가-'와 관련된 어떠한 의미역도 상정할 수 없다. 또한 '문학특강은'은 의미론적으로 동사 '가-'와 직접 관련된 해석을 받지 않는다. 대신 '문학특강은'은 의미론적으로 NP_2인 '김선생님이'와 관련되어 있다. (4가)에서 '김선생님'은 '문학특강을 담당하시는 김선생님' 정도로 이해되는 것이다. 따라서 (3)의 가정들에 의해 NP_1인 '문학특강은'은 주제어, NP_2인 '김선생님이'는 주어로 확정된다. (4나)는 주어-보어 구성으로 이해된다. (4나)에서 NP_1인 '아이가'와 NP_2인 '어른이'는 동사 '되-'와 관련하여 각각 대상역과 결과역으로 해석된다. 따라서 (3)의 가정들에 의해 NP_1인 '아이가'는 주어, NP_2인 '어른이'는 보어로 확인된다. 현행 학교문법에서도 '되-' 동사 구문의 NP_2는 보어로 처리한다. (4다)는 NP_1인 '학생이'와 NP_2(QP)인 '세 명이'가 둘 다 동사 '오-'와 관련된 해석을 받을 수 있다는 점에서 (4나)와 유사하다. 그러나 (4다)는 주어-보어 구성은 아니다. 이익섭(1973)에서 (4다) 유형의 NP_1과 NP_2를 동격 관계로 파악한 것에서도 시사되어 있듯이 만약 (4다)의 두 주격 명사구에 의미역을 상정한다면 둘 다 행동주역일 수밖에 없는데 이것은 의미역 공준에 어긋난다. 이러한 모순을 합리적으로 해결하는 길은 (4다)의 두 주격 명사구를 하나의 통사 단위로 보는 것이다. 곧 '학생이 세명이'가 소절(small clause)의

자격으로 주어의 기능을 하는 것으로 상정하는 것이다. (4다)에 대한 이러한 제안은 임홍빈(1974)에서도 볼 수 있는데, 그곳에서는 (4다)의 두 주격 명사구가 '온 학생이 세 명이다'와 같은 계사 관계를 가진다는 점을 근거로 제시하고 있다.

이제 이 세 유형의 주격 중출 구성이 앞에서 가정한 국어의 문장 구조 및 주격 표시 원리 안에서 어떻게 격 표시될 수 있는지 그 구조를 생각해 보기로 한다. 먼저 문법적 기능이 주어인 주격 명사구는 앞의 가정을 유지하는 한 당연히 주어 일치소구(AGRP)의 명시소 위치에서, 그리고 동사의 보어인 주격 명사구는 동사구의 보충어 위치에서 격 표시되는 것으로 볼 수 있다. 주제어의 경우가 문제인데, 주제어의 분포를 고려하면 시제소구(TP)의 명시소 위치에서 격 표시되는 것으로 보인다. 주격 주제어의 분포는 시제절에 한정된다. 임홍빈(1985)에서 '대체로 근문은 주제를 가진다'는 내용의 '근문 주제 조건'을 설정한 바 있는데, 근문은 시제절이다. 근문이 아니더라도 (5)에서 볼 수 있듯이 시제절에는 주격의 주제어가 상정될 수 있으나 비시제절에는 주격 주제어의 상정이 쉽지 않은 것이다.

(5) 가. 철수는 [문학특강은(이) 김선생님이 출장을 가시-었-음을] 몰랐다.
나. *총장은 [문학특강은(이) 김선생님이 출장을 가시-(*었)-게] 했다.
cf. 총장은 문학특강은(을) 김선생님이 출장을 가시게 했다.

국어의 '-음' 보문소절은 과거 시제 '-었'을 실현시킬 수 있는 시제절인데, 이것에는 (5가)에서 볼 수 있듯이 주격의 주제어를 실현시킬 수 있으나, 비시제절인 (5나)의 '-게' 보문소절에는 주격 주제어의 상정이 어려움을 볼 수 있다. 주격 주제어와 시제소의 이러한 상관성을 바탕으로 주제어는 시제소구의 명시소 위치에서 주격이 표시된 것으로 가정할 수 있을 것이다.

(4′) 가. [TP 문학특강 [AGRP 김선생님 [VP 출장을 가-] -시-(+Agr)] -었-(+Tense)]-다.
나. [AGRP 아이 [VP 어른 [V되-]] +Agr]-었다.
다. [AGRP [SC [NP 학생] [QP 세 명]] [VP오-] +Agr]-았다.
(핵 이동은 구조 표기에 반영하지 않음. 이하 마찬가지.)

격 표시 구조에서 주제어-주어 구성인 (4′가)와 주어-보어 구성인 (4′나)는 격 배당자가 둘이 상정되는 유형이다. (4′다)의 경우는 주어 일치소 하나가 소절 및 소절의 명시소에 각각 격을 배당한 것으로 상정된다.[3]

뒤에서 보게 되겠지만 (4)의 유형 외에도 이들이 복합된 주제어-주어-보어 구성, 주어-소절-보어 구성 따위의 주격 중출문도 있을 수 있다. 그러나 (3가)의 가정을 받아들일 때 '주제어-보어' 구성의 주격

---

3 임홍빈(1996) 등은 (4다)적인 수량사구를 가지는 구문을 포함하여 본고에서 소절 구성으로 처리하는 유형의 격 중출 구성에 대해 '성분 주제'가 실현된 구성으로 설명한다. 성분 주제설도 NP$_1$과 NP$_2$가 하나의 통사 단위로 묶인다는 것을 전제한 것이므로, 그 구조 상정은 기본적으로 (4′다)적인 것이라 할 수 있다. 다만 격이론에서 성분 주제설은 본고와 차이를 보인다. 임홍빈(1996)은 (4다)와 같은 구문에서 NP$_2$인 수량사구의 '이/가'는 주격이지만, NP$_1$의 '이/가'는 주격이 아닌 주제 표지로 설명하고 있다. 임홍빈(1996)의 이러한 주장은 '하나의 격 배당자는 하나의 명사구에만 격 배당할 수 있다'는 격 배당 이론을 전제로 한 것이다. 그러나 본고에서 전제하고 있는 격 배당 이론은 구조적으로 격 배당자에 의해 지배되기만 하면 격 배당이 일어날 수 있다는 것인데, 이러한 격 배당 이론 안에서는 (2′가)의 속격 중출 구성에서처럼 구조적인 요건만 충족된다면 하나의 격 배당자가 하나 이상의 요소에 격 배당하는 일도 있을 수 있는 것이다.

중출문은 원리적으로 존재할 수 없다. 따라서 위의 주제어-주어 구성, 주어-보어 구성, 소절 구성을 주격 중출 구성의 기본 세 유형으로 보고, 기왕에 논의의 대상이 되었던 주격 중출 구성들이 어느 유형에 속하는지 변증해 보기로 한다.

3.2. 주제어-주어 구성

(6) 가. 토끼가 앞발이 짧다.
나. 영수가 동생이 국문과를 다닌다.

(6가)는 NP_2가 신체어인 경우이고, (6나)는 NP_2가 친족어인 경우인데, 이들은 주제어-주어 구성에 속한다. 이들 예문에서 동사와 관련된 해석은 NP_2만 가능하고 NP_1은 NP_2와 관련된 해석을 보이기 때문이다.[4] 이들은 NP_1과 NP_2가 의미론적으로 속격 관계를 가진다는 점 때문에 (6′)와 같이 주어가 속격 구성인 구문에서 유도하고자 하는 논의도 있었다.

(6′) 가. 토끼의 앞발이 짧다.
나. 영수의 동생이 국문과를 다닌다.

(6′가, 나)는 둘 다 문법적이며 또한 그 의미에서도 대응하는 (6가, 나)와 별로 차이가 나지 않는다는 점에서 (6)과 (6′)를 변형 관계에

---

[4] 남기심(1968)은 (6가) 유형의 문장이 '앞발이(NP_2) 짧다'와 같은 주어-서술어 구성의 핵 문장에서 이른바 확대변형에 의해 '토끼가(NP_1)'와 같은 것이 도입된다고 주장하고 있는데, 이는 곧 (6) 유형의 문장에서 NP_1은 동사와 직접 관련되어 도입되는 요소가 아님을 설명한 것이라 할 수 있다.

있는 것으로 파악하기도 한다(서정수 1971, 임홍빈 1972). 주제화설, 소유주 인상설 등이 그것이다. 이러한 입장을 취하면 NP_1이 의미론적으로 NP_2와 관련되어 있다는 점을 파악하는 데는 유리하다. 그러나 우리는 이러한 입장은 취하지 않는다. 뒤에서 논의하게 될 목적격 중출 구문에서도 유사한 현상을 볼 수 있는데, 목적격 중출의 경우는 이러한 설명을 하기가 어렵기 때문이다.

3.3. 주어-보어 구성

(7) 가. 영수는(가) 순희가 그리웠다(좋다/무섭다).
나. 영수는(가) 고기가 잘 잡혔다.
다. 영수가 돈이 많다(있다/없다).

(7가)는 심리동사 구문인데, NP_1과 NP_2에서 각각 경험주역과 대상역의 의미를 읽을 수 있다. (7나)는 피동사 구문으로서 역시 NP_1과 NP_2가 각각 (능동의) 경험주역과 대상역을 가진다. (7다)는 소유동사 구문으로서 NP_1과 NP_2에 각각 소유주역과 대상역의 의미를 상정할 수 있다. 이처럼 (7)은 NP_1과 NP_2가 서로 구별되는 의미역을 둘 다 가지므로 주어-보어 구성의 주격 중출 구문에 속한다. (7)은 모두 NP_1이 여격 조사 '에게'를 취할 수 있다는 점과 관련하여 주목을 받았다.

(7′) 가. 영수에게 순희가 그리웠다.
나. 영수에게 고기가 잘 잡혔다.
다. 영수에게 돈이 많다.

(7)과 (7′)가 변형 관계에 있다고 보는 논의들에서는 (7′)의 여격어

가 주제화 변형에 의해 (7)의 NP$_1$이 유도된다고 본다(서정수 1971, 임홍빈 1972). 이러한 입장에 의하면 (7)의 NP$_1$은 주제어이다. 그러나 위에서 말한 대로 (7)의 NP$_1$은 NP$_2$와 관련된 해석을 보이지 않고 의미역을 매개로 동사와 관련된 해석을 보이므로 이 글에서는 주어로 보기로 한다. 또한 우리는 (7)과 (7′)의 관계를 변형관계로 보지 않고 어휘 개별적인 속성의 하나인 하위범주화 틀과 관련된 문제로 본다. 이것은 (7)과 (7′) 사이의 관계가 (8)과 (9)의 대격 구문과 능격 구문 사이에서 볼 수 있는 대응 관계와 같다는 점을 고려한 것이다.

(8) 가. 영수가 바위를 움직인다.(대격 구성)
　　나. 영수에 의해 바위가 움직인다.(능격 구성)
(9) 가. 늙은 이발사가 영수를 머리를 깎았다.(대격 구성)
　　나. 늙은 이발사에게 영수가 머리를 깎았다.(능격 구성)

(8)과 (9)에서 볼 수 있듯이 대격 구문의 목적어(곧 대격 보어)가 능격 구문에서는 주격의 주어로 실현되는데 이때 대격 구문의 주어에 대응하는 능격 구문의 성분은 '에 의해', '에게' 따위의 사격어(여격어 또는 처격어)이다(고영근 1986). (7)과 (7′) 사이에서도 대격 구성의 성분과 능격 구성의 성분 사이의 이러한 대응 관계를 똑 그대로 볼 수 있다. 곧 우리가 (7)에서 주어로 상정한 주격의 NP$_1$은 (7′)의 여격어에 대응하며, 또한 (7)에서 보어로 상정한 NP$_2$는 (7′)의 주격 주어에 대응하고 있는 것이다. 따라서 우리는 (7)을 유형론적인 대격 구문으로, 그리고 (7′)는 능격 구문으로 본다. (7′)가 능격 구문이라는 것은 이익섭 (1978)에서 (7′가)를 피동문의 일종으로 해석한 데서도 어느 정도 지지받는다.

(10) 가. 백화점이 불이 났다.
　　　나. 고목이 잎이 났다.
　　　다. 송아지가 뿔이 났다.

(10)은 동사 '나' 구문의 주격 중출 구성이다. (10가, 나)의 NP_1에는 장소역을, 그리고 NP_2에는 대상역의 의미역을 상정할 수 있다. (10다)의 NP_1의 경우도 장소역 또는 유정성을 고려한다면 경험주역을 상정할 수 있다. 따라서 이들도 주어-보어 구성이다. (10)의 NP_1도 처격어로 실현되기도 한다.

(10′) 가. 백화점에 불이 났다.
　　　나. 고목에 잎이 났다.
　　　다. ?송아지에게(한테) 뿔이 났다.

(10)과 (10′)의 관계도 (7)과 (7′)의 관계와 같다. 그런데 주격 중출된 '나' 구문 가운데는 (10′)와 같은 대응 예문이 상정되지 않는 것도 있다.

(11)　영수가 화가(뿔이) 났다.
(11′)　*영수에게 화가(뿔이) 났다.

(11)의 NP_1은 경험주역을, NP_2는 대상역이 상정된다는 점에서 (10다)와 거의 유사하다. 그러나 (11)에 대응하는 (11′)는 거의 성립하지 않는데, 이것은 (10), (10′)의 대응이 변형 관계에 의해 성립하는 것이 아니라 어휘 개별적이고 구문 개별적인 성격의 것임을 말해 준다.

(12), (13)도 주어-보어 구성의 주격 중출 구문이다.

(12) 가. 나는 (커피 때문에) 잠이 안 온다.
　　　나. 영수는 (송충이 때문에) 소름이 돋았다.
　　　다. 영수는 (그 일 때문에) 기분이 나빴다.
　　　라. 영수는 (그 녀석 때문에) 밥맛이 없었다.
(13) 가. 커피는 잠이 안 온다.
　　　나. 송충이는 소름이 돋는다.
　　　다. 그 일은 기분이 나쁘다.
　　　라. 그 녀석은 밥맛이 없다.
(13′) 가. 커피가 (사람들에게) 잠을 안 오게 한다.
　　　나. 송충이가 (사람들에게) 소름을 돋게 한다.
　　　다. 그 일이 (영수에게) 기분을 나쁘게 한다.
　　　라. 그 녀석이 (나에게) 밥맛을 없게 한다.

(12)의 NP_1에는 경험주역의 의미역을 상정할 수 있으며 이들은 NP_2와 관련된 해석을 갖지 않는다. 곧 (12)의 NP_1은 모두 주어로 해석된다. (13가)는 임홍빈(1987)에서 기저 생성된 주제어를 갖는 예문으로 제시된 것 가운데 하나이다. (13나, 다, 라)도 같은 유형이다. 우리는 여기서 (13)이 (13′)적인 의미를 가질 뿐만 아니라 (13)의 NP_1이 (12)의 괄호 속에 있는 원인 명사구에 대응함을 주목한다. 이러한 대응 관계는 역시 대격 구문과 능격 구문 사이에서도 볼 수 있는 것이다(유동석 1998).

(14) 가. 순희가 영수를 팔을 부러뜨렸다.(대격구문)
　　　나. 순희 때문에 영수가 팔을 부러뜨렸다.(능격구문)
(14′) 가. 순희가 영수를 팔이 부러지게 했다.

(14)의 이러한 대응 관계에 비추어 볼 때 (13)의 NP_1의 문법적 기능은 주어이며, 그 의미역은 원인역으로 볼 수 있다.[5]

(15) 가. 영수가 배가 아프다.
　　　나. 영수가 동생이 아프다.
(15′) 가. ??영수의 배가 아프다.
　　　나. 영수의 동생이 아프다.
(15″) 가. 영수가 아프다.

　(15)는 심리동사의 하나인 '아프-' 동사 구문에 주격 중출된 것이다. 동사와의 관계를 고려함이 없이 말한다면, 이들 구문의 NP_1과 NP_2 사이의 의미론적 관계는 주제어-주어 구성인 (6)의 그것들과 같다. 그러나 (15가)와 (15나)를 일률적으로 주제어-주어 구성으로는 볼 수 없을 듯하다. (15나)는 주제어-주어 구성임이 분명하지만 (15가)는 우리의 기준으로는 주어-보어 구성이다. (15가)의 경우 심리동사 구문이므로 NP_1인 '영수가'는 경험주역의 명사구임이 분명하며, NP_2에 대해서도 대상역의 의미역을 읽을 수 있다. 그런데 '아프-' 동사 구문이 우리의 관심을 끄는 것은 (15나)가 시사하듯이 보어 없이 경험주역의 명사구만 실현시킨 (15″가)의 구문이 가능하다는 점이다(물론 (15가)와 (15″가)는 동의가 아니다). 다른 심리동사인 '무섭-'류의 경우도 보어 없는 '호랑이가 무섭다'와 같은 구문이 가능하나 이것은 '사람들에게 호랑이가 무섭다'와 같은 능격구문에서 파생된 용법으로서, 대상역의 명사구가 주어로 실현된 것이다.[6]

5　(13)적인 구성은 비유적인 의미로 심리 상태를 나타내는 경우가 많다. 가령 '문법수업은 잠이 온다'에서 '잠이 오다'는 단순히 '졸립다'라는 의미에서 '지겹다, 싫다' 등의 의미까지 띨 수 있으며, '소름이 돋다'는 일반적으로 '징그럽다, 무섭다, 싫다' 등의 의미로, '기분이 나쁘다'는 '꺼림직하다'의 의미로 쓰일 수 있으며, 특히 (13라)의 '밥맛이 없다'는 문자 그대로의 의미보다 '싫다'라는 비유적인 의미로 쓰일 때만 (13)적인 구성이 가능하다.

6　유현경(1996:178)에서는 (15가)의 '아프-'와 (15나)의 '아프'를 다른 단어로 처리한다. 주체높임법에서 (15가)의 '아프-'가 '아프시-'에 대응함에 비해 (15나)의

(16) 가. 춘향이가 이도령에게 손목이 붙잡히었다.
나. 월매가 딸이 포졸에게 잡히었다.
(16′) 가. 춘향이가 이도령에게 손목을 붙잡히었다.
나. *월매가 딸을 포졸에게 붙잡히었다.
(16″) 가. 춘향이가 이도령에게 붙잡히었다.

(16)은 피동문이 주격 중출 구성을 취한 것으로 (15)에서와 마찬가지로 (16나)는 주제어-주어 구성이지만 (16가)는 주어-보어 구성이다. (16나)에서 피동주는 NP_1인 '월매가'가 아니라 NP_2인 '딸이'이다. 곧 NP_1은 주제어이고 NP_2가 주어이다. 그러나 (16가)에서는 NP_1인 '춘향이가'가 직접적으로 피동행위를 입는 피동주이다. (16나)의 NP_1인 '월매가'와 비교해 보면 이 점이 뚜렷이 드러난다. 따라서 (16가)의 NP_1에 대해서는 (피동의) 경험주역을 가지는 것으로 상정할 수 있다. 이 점은 (7나)적인 피동문의 주어가 능동의 경험주역을 가지는 것과 비교된다. (16가)의 NP_2인 '손목'은 피동의 대상이다. 따라서 이것은 대상역을 가지는 보어이다. 이것이 주어가 아닌 보어라는 것은 (16′가)에서처럼 목적격을 취할 수 있다는 점도 참고가 된다. (16가)도 (15가)처럼 보어 없는 (16″가)의 구문이 가능한데, (15가)의 경우와 다른 점이라면 보어 없는 구문의 주어는 경험주역으로보다는 대상역의 의미로 해석된다는 것이다. 이것은 곧 (16가)의 피동문에서는 대상역의 NP_2가 아닌 경험주역의 NP_1이 실현되지 않을 수 있다는 것을 의미한다.

(17)은 주격의 서술 보어를 가지는 유형의 예들이다.

'아프-'는 '편찮으시-'에 대응한다는 점에 근거한 것이다.

(17) 가. 영수가 학생이 아니다.
　　　나. 영수가 과장으로 승진이 되었다.
　　　다. 영수가 순희와 사이가 좋다.

(17가)에서 '아니다'를 '아니-이다'로 분석하는 것이 옳다면 NP$_2$인 '학생이'는 서술 보어다. 그런데 계사 '-이다'에 어휘적 의미가 있다고 보기 어려우므로 또한 이것이 어떤 의미역을 방출한다고 볼 수 없다. 곧 NP$_2$인 '학생이'는 의미역이 없는 서술 보어이다. 주어인 '영수가'에서는 대상역의 의미역을 읽을 수 있는데 이것은 계사에 의한 것이 아니고 서술 보어로부터 방출된 의미역이다. (17나)의 경우도 '승진이'가 서술 보어로 판단된다. (17나)에서 '영수가'와 '과장으로'는 '되-'의 논항이라기보다는 '승진'으로부터 의미역을 받는 논항으로 보이기 때문이다. (17다)는 대칭 구문의 예이다. 국어의 대칭 구문은 일반적으로 대칭성을 띠는 동사에 의해 성립하는 것인데 (17다)와 같은 경우는 명사가 대칭성을 띰으로써 성립한 것이다. 곧 (17다)에서 '사이가'는 대칭 관계에 있는 (17다)의 '영수가'와 '순희와'를 논항으로 가지는 서술 보어이다(양정석 1987).

　주격 중출 구성 가운데 앞의 세 유형의 속성들을 부분적으로 공유하고 있어 실제로 유형 나누기 쉽지 않은 것들이 있다. (18)도 그러한 것 가운데 하나이다.

(18) 가. 코끼리의 코가 길이가 길다.
　　　나. 저 집의 마당이 넓이가(면적이/평수가) 넓다.
　　　다. 이 물건이 값이 싸다.
　　　라. 하늘이 색이 푸르다.
(18') 가. 코끼리의 코의 길이가 길다.

나. 저 집의 마당의 넓이가(면적이/평수가) 넓다.
다. 이 물건의 값이 싸다.
라. 하늘의 색이 푸르다.
(18″) 가. 코끼리의 코가 길다.
나. 저 집의 마당이 넓다.
다. 이 물건이 싸다.
라. 하늘이 푸르다.

(18)은 NP_1이 의미론적으로 NP_2와 관련된 해석을 받을 수도 있고 동사와 관련된 해석을 받을 수도 있는 것으로 보이는 것들이다. (18)에서 NP_1이 NP_2와 의미론적으로 관련이 있을 수 있다는 것은 (18′)가 보여준다. (18′)는 (18)의 NP_1과 NP_2가 의미론적으로 속격 관계를 가짐을 보여주는 것인데 이 점에서 (18)은 (6)의 주제어-주어 구성과 아주 비슷하다. (18)에서 NP_1이 동사와 관련된 해석을 받을 수 있다는 것은 (18″)가 보여준다. (18″)는 (18)에서 NP_2가 실현되지 않은 것인데 이러한 현상은 주어-보어 구성의 한 유형인 (15가), (16가)에서도 볼 수 있었던 것이다. 그렇다면 (18)은 주제어-주어 구성과 주어-보어 구성 가운데 어디에 해당하는가가 문제가 된다. 우리는 (18)에서 NP_1이 동사와 관련된 해석을 받을 수 있다는 점을 더 중시하여 (18)을 주어-보어 구성의 한 유형으로 보고자 한다. (18)의 NP_2가 (19)의 동족 목적어와 유사한 성격을 가지고 있음을 고려한 것이다.

(19) 영수가 (웃음을/울음을) 웃는다/운다.

(19)의 괄호 속의 것이 동족 목적어이다. 동족 목적어는 일반적으로 서술어인 동사에 의해 파생된 것이 많고 그 의미가 동사와 중복되며

그렇기 때문에 그것이 생략되더라도 문체적 차이 외에 의미 차이를 보이지 않는 특성을 가진다. 그런데 이러한 동족 목적어의 특성을 (18)의 NP$_2$들도 보여주고 있다. (18가)의 '길이'와 동사 '길-', (18나)의 '넓이'와 동사 '넓-'은 각각 파생 관계에 있고, (18다)의 '값'과 동사 '싸', (18라)의 '색'과 동사 '푸르-'는 파생 관계에 있지는 않지만 의미론적인 중복성을 보여준다. 뿐만 아니라 (18)의 NP$_2$는 (18″)처럼 생략될 수 있고, 또한 (18)과 NP$_2$가 생략된 (18″)는 문체적 차이 외에 의미론적으로 동의이다(이남순 1985). 이런 까닭으로 우리는 (18)의 NP$_2$를 (19)의 동족 목적어에 준하는 주격의 동족 보어로 본다.

3.4. 소절 구성

(20) 가. 생선은 도미가 맛있다.
    나. 꽃은 장미가 예쁘다.
    다. 형은 큰형이 왔다.
(20′) 가. 맛있는 생선은 도미이다.
    나. 예쁜 꽃은 장미다.
    다. 온 형은 큰형이다.

(20)은 NP$_1$과 NP$_2$가 의미론적으로 상위어-하위어(부류-성원) 관계를 가지는 예들이다. (20)에서 NP$_1$은 의미론적으로 동사와 직접 관련된 해석을 보이지 않는다. 이런 점에서 (20)의 NP$_1$은 주제어와 혹사한 성격을 보인다. 그러나 임홍빈(1974)에서 관찰한 바와 같이 (20)의 NP$_1$과 NP$_2$ 사이에는 (20′)적인 계사 관계가 성립한다는 점에서 (4다)와 같은 소절 구성으로 파악하기로 한다.

3.5. 복합 구성

지금까지 우리는 다양한 주격 중출 구성들에 대해 그것들의 유형적 특성에 따라 주제어-주어 구성, 주어-보어 구성, 소절 구성의 세 유형으로 분류해 보았다. 물론 국어의 주격 중출 구문 가운데는 (2)의 속격 중출에서 본 것 같은 두 유형 이상이 복합된 것도 있다. (21), (22)가 그러한 예다.

(21) 가. 영수가 동생이 돈이 필요하다.
　　 나. 영수가 [동생이 한 명이] 왔다.
　　 다. 영수의 동생이 [돈이 100원이] 필요하다.
(22) 가. 영수가 동생이 [돈이 100원이] 필요하다.
　　 나. 미도파가 양복이 [값이 100원이] 싸다.
　　 다. 신발이 바닥이 [구멍이 하나가] 났다.
　　 라. 영수가 동생이 [바둑이 삼단]이다.

(21가)는 주제어-주어-보어 구성이고, (21나)는 주제어-소절 주어 구성이다. (21다)는 소절이 보어로 실현된 예이고 (22)는 모두 주제어-주어-소절 보어 구성의 것들이다.

4. 목적격 중출 구성

(1)에서 국어의 목적격 배당자로 우리는 통제성 동사와 함께 'V 안의 V'를 상정한 바 있다. 'V 안의 V'를 목적격 배당자로 상정한 것은 어근에 표시되는 목적격을 포착하기 위한 것이다. 어근 분리가 일어날 경우 어근에 표시될 수 있는 격은 동사의 통제성(또는 타동성) 자질과

관계없이 항상 목적격이다.

    (23) 가. 물이 깨끗을 하다.
         나. 둑이 무너를 졌다.
         다. 그들은 서로 사랑을 한다.

(23가, 나)는 비통제성 동사인 '깨끗하-', '무너지-'의 어근에 목적격이 표시된 것이고 (23다)는 통제성 동사 '사랑하-'의 어근에 목적격이 표시된 것이다(임홍빈 1979, 이광호 1988). 이들 동사의 접사인 '-하-'와 '-지-'는 어원적으로 동사라는 점에서 (23)처럼 어근이 분리되는 경우 동사 자격을 지니는 것으로 간주하면 (23)의 동사들은 '[v_1 [$_a$ 깨끗을] [v_2 하-)]]'와 같은 구조로 상정되는데 이러한 구조에서 a에 표시될 수 있는 격은 항상 목적격이다.

  국어의 목적격 중출 구성 가운데는 (23)처럼 분리된 어근에 목적격이 표시됨으로써 생성된 것이 있다.

    (24) 갑돌이가 갑순이를 사랑을 하였다.
    (24′) 갑돌이가 [$_V$ 갑순이를 [v_1 사랑을 [v_2 하-]]]-였다.

(24)에서 '갑순이를'은 동사(V)인 '사랑하-'에 의해 목적격이 표시된 목적어이고, '사랑을'은 '사랑하-'의 어근으로서 V 안의 V인 '하-'에 의해 목적격 표시된 것이다. 이처럼 타동사의 분리된 어근에 목적격이 표시됨으로 생성되는 목적격 중출 구성은 격 배당자를 달리하는 유형이다.

  목적격 중출 구성 가운데도 목적격 배당자가 하나로 상정되는 것이 있다. 소절 구성을 목적어로 취하는 경우이다.

 (25) 가. 영수가 학생을 세 명을 만났다.
    나. 영수가 생선은(을) 도미를 샀다.
 (25′) 가. 영수가 만난 학생은 세 명이다.
    나. 영수가 산 생선이 도미이다.
 (25″) 가. 영수가 [v′ [sc 학생을 세 명을] 만나-]-았다.
    나. 영수가 [v′ [sc 생선은 도미를 사-]-았다.

 (25)에서 목적격 표시된 '학생을'과 '세 명을', 그리고 '생선은'과 '도미를' 사이에는 의미론적으로 (25′)적인 계사 관계가 성립한다. 이런 의미론적 관련성은 소절 유형의 주격 중출 구성에서도 본 바이다. 소절 목적어를 가지는 (25)의 격 표시 구조를 (25″)로 상정할 때 이것에서 목적격을 배당할 수 있는 격 배당자는 동사('만나-/사-') 하나뿐이다.
 (26)은 Larson(1988)적인 이중 목적어 구문으로 볼 수 있는 목적격 중출 구성이다. 이들은 목적격 표시된 명사구가 둘 다 동사로부터 의미역을 받는 논항이라는 점에서 (24)나 (25)의 목적격 중출 구성과는 유형을 달리한다.

 (26) 가. 영수가 책을 순희를 주었다.
    나. 최진사가 꽃분이를 며느리를 삼았다.
 (26′) 가. 영수가 책을 순희에게 주었다.
    나. 최진사가 꽃분이를 며느리로 삼았다.

 (26) 유형의 목적격 중출 구성은 (26′)에서 볼 수 있듯이 목적격

표시된 명사구 가운데 하나가 여격어나 조격어 따위로 실현될 수 있는 것들이다. 이런 사실에 근거하여 (26)의 목적격 중출 구성을 (26′)에서 여격어나 조격어가 주제화함으로써 유도된 것으로 설명하기도 한다 (이광호 1988). 그러나 여기서도 우리는 (7)의 주격 중출 구성에서 취했던 태도를 그대로 견지하기로 한다. 곧 (26)과 (26′)의 관계는 동사 '주-/삼-' 따위의 동사가 어휘 개별적으로 가지는 하위범주화 틀의 문제일 뿐, (26)과 (26′)가 어떤 통사적인 변형 관계에 있는 것은 아니라는 것이다. (27)과 같이 목적격으로 대치되지 않는 여격어와 조격어도 있다는 점도 참고가 될 것이다.

(27) 가. 영수가 책을 {*순희를, 순희에게} 보냈다
나. 최진사가 꽃분이를 {*며느리를, 며느리로} 여겼다

(27)의 여격어와 조격어는 각각 (26′)의 대응하는 명사구와 의미역도 똑같다. 그러나 (27)의 것들은 목적격 명사구로는 실현되지 않는데 이것은 동사 '주-'와 '보내-', '삼-'과 '여기-'의 어휘 개별적인 속성 차이로 볼 수밖에 없게 한다.

이제 (26)에서 목적격 표시된 명사구가 둘 다 동사의 목적격 보어(곧 목적어)라고 할 때 이들에 대한 격 표시 문제를 생각해 본다. 이들에 대한 격 표시 문제는 (26)의 동사구의 구조를 어떻게 상정할 것인가와 관련되어 있다. 하나의 동사가 둘 이상의 보어를 가질 수 있다고 한다면 (26)은 하나의 격 배당자, 곧 동사 '주'와 '삼-'에 의해 목적격이 중출 표시된 것이 된다. 그러나 Larson(1988)적인 구조를 취할 경우 (26)의 격 표시 구조도 'V 안의 V' 유형이 된다. Larson(1988)에서 제안하고 있는 내용의 핵심은 하나의 동사에 하나의 보어만 설정할

수 있다는 가설 아래 (26)적인 이른바 이중 목적어 구문에는 허형식의 동사를 하나 더 설정해야 한다는 것과 의미역를 방출되지 않은 내적 의미역을 지니고 있는 'Iv ... I'는 V로 재분석될 수 있다는 것이다(참고: [v 벗을 삼-], [v 벗삼-]). Larson(1988)의 이러한 제안에 입각하여 (26)의 격 표시 구조를 유도 과정없이 보이면 다음과 같다.

(26″) 가. 영수가 [v 책을 [v 순희를 [v 주-]]]-었다.
나. 최진사가 [v 꽃분이를 [v 며느리를 [v 삼-]]]-았다.

(26″)의 격 표시 구조는 (24′)와 같은 유형이다.

목적격 중출 구성 가운데 아마 가장 많은 주목을 받아 온 유형은 목적격이 표시된 두 명사구가 의미론적으로 속격 관계를 보이는 (28)과 같은 유형의 것일 것이다.

(28) 이도령이 춘향이를 손목을 붙잡았다
(28′) 이도령이 춘향이의 손목을 붙잡았다

격 중출된 두 명사구가 의미론적으로 속격 관계를 가진다는 것은 (6)의 주격 중출 구성에서도 이미 본 바인데, 이런 유형의 목적격 중출 구성에 대해서도 (28′)적인 속격 구성에서 유도하려는 입장이 있다. 소유주 인상설, 주제화설(이광호 1988), 초점화설(김귀화 1988) 등이 그러한 입장을 취한 것이다. 이러한 입장을 취할 경우 목적격 표시된 두 명사구가 의미론적으로 관련되어 있다는 것을 파악하는 데는 유리한 점이 있다. 그런데 문제는 이런 유형의 목적격 중출 구성이 한정된 범위의 것들에서만 성립한다는 점이다.

(29) 이도령이 {춘향이의 동생을 / *춘향이를 동생을} 붙잡았다

(6나)에서 본 바와 같이 친족 명사와 그것과 속격 관계에 있는 명사구는 주제어-주어 구성의 주격 중출은 가능했는데 목적격 중출은 가능하지 않음을 (29)가 보여주고 있다. 이러한 사실 때문에 (28)을 (28′)에서 유도하는 입장의 논의들은 (28)의 목적격 표시된 두 명사구가 분리불가능 소유 관계를 보인다는 점에 착안하여, 그 유도 절차에 분리불가능 소유관계에 있는 명사구만 (28)적인 목적격 중출 구성으로 유도할 수 있다는 제한을 둔다. 그런데 분리 불가능과 같은 의미론적 관계를 통사론적 절차의 조건으로 두는 일도 이론이 있을 수 있는 것이지만 무엇보다도 (28)적인 목적어 중출 구성과 관련하여 분리 불가능 소유 관계로 포착할 수 없는 것이 존재한다는 점이 문제가 된다.

(30) 가. 이도령이 춘향이를 치마를 잡아당겼다/*샀다.
나. 이도령이 자기를 손을 꼬집었다/*내밀었다.
(30′) 가. 이도령이 춘향이의 치마를 잡아당겼다/샀다.
나. 이도령이 자기의 손을 꼬집었다/내밀었다.

(30가)에서 '춘향이를'과 '치마를'은 (30′가)처럼 속격 관계는 성립하나 분리 불가능의 소유 관계에 있는 것은 아니다. 그런데 동사 '사'를 서술어로 취할 때는 목적격 중출이 일어나지 않지만 '잡아당기-'와 같은 동사를 서술어로 취할 때는 목적격 중출 구성이 가능함을 보여준다. (30나)의 '자기를'과 '손을'은 (30나′)의 속격 관계도 가능하고 또 의미론적으로 분리불가능 소유 관계에 있는 것이다. 그런데 동사 '꼬집-'을 서술어 취할 때는 목적격이 중출될 수 있지만 '내밀-'과 같은 동사가

서술어일 때는 목적격 중출 구성이 가능하지 않음을 보여준다. (30가)와 (30나)가 보여주는 이러한 사실은, 비록 (28)적인 목적격 중출 구성이 분리불가능 소유 관계를 보이는 명사구들에서 일어나는 경향이 현저한 것은 사실이지만, 분리 불가능 소유 관계라는 의미론적인 조건이 (28)적인 목적격 중출 구성을 유도하는(생성하는) 원리의 일부가 될 수 없다는 것을 보여주는 것이다.

이제 우리는 (28)적인 목적격 중출 구성이 어떻게 생성되는가에 대해 생각해 보기로 하겠는데, 이와 관련하여 (30가, 나)가 동사에 따라 목적격 중출 구성이 성립하기도 하고 성립하지 않기도 한다는 점을 주목해 보자. (30가, 나)가 보여 주는 현상은 (28)적인 목적격 중출 구성이 동사의 어떤 작용과도 밀접한 관련이 있다는 것을 시사한다. 곧 (30가)에서 목적격 중출 구성이 성립하는 경우는 '춘향이'가 입고 있는 '치마'를 잡아당기는 경우이다. 이 경우 '치마'를 대상으로 하여 잡아당기는 행위는 '치마'뿐만 아니라 그것의 소유주인 '춘향이'에게도 직접 작용한다. 그러나 '치마'를 사는 행위의 경우 그러한 의미론적 작용이 미치지 않는다. 다만 '춘향이'에게서 직접 산 경우라면 '춘향이'도 출발점역과 같은 의미역을 가질 수 있을 것인데, 이때는 목적격 명사구가 아니라 탈격 명사구('춘향이에게서')가 실현될 것이다. (30나)의 경우도 같은 설명을 할 수 있다. (30나)의 '자기를 손을 꼬집다'에서 '손을'은 대상역의 명사구이고 '자기를'은 경험주역 명사구이다. 그러나 동사 '내밀-'이 서술어인 경우는 대상역 명사구만 상정된다. 이처럼 (28)적인 목적격 중출을 의미역과 관련시켜 설명하면 (28)적인 목적격 중출 구성에서 목적격이 표시되는 두 명사구가 의미론적으로 왜 분리불가능의 소유 관계에 있는 경우가 현저하게 많은가 하는 문제도 합리적으로 설명된다. 신체어가 어떤 행위의 대상이 되는 경우,

신체어가 아닌 것이 대상이 되었을 때보다 그 소유주는 행위로부터 어떤 영향을 입을 개연성이 훨씬 크리라는 것은 자명한 것이다. 또 (28)적인 목적격 중출 현상이 대응하는 주제어-주어 구성의 주격 중출 현상보다 훨씬 한정된 범위의 것만 가능한가 하는 문제도 설명할 수 있다. 주제어는 비의미역 위치에 있는 것이므로 (3)에서 언급한 대로 동사와 관련된 해석은 불필요하며 주어와 의미론적인 관련을 가지면 된다. 그러나 (28)적인 구성에서 목적격 표시된 명사구는 의미역이 있어야 하므로 반드시 동사와 관련된 해석을 보여야 한다. (29)에서 '춘향이'는 비록 '동생을'과 의미론적으로 관련되어 있지만 동사와 관련된 해석을 할 수 없기 때문에 속격으로는 실현될 수 있어도 목적격으로는 실현될 수 없는 것이다.

(31), (32)의 목적격 중출 구성은 목적격 표시된 시간어를 포함하는 유형이다.

(31) 가. 영수가 한 시간을 책을 읽었다.
　　　나. 아이가 울음을 한 시간을 울었다.
(32) 이 시계는 시간을 십 분을 빨리 간다.

(31)의 구성은 (32)류의 소절 구성은 아니다. 따라서 (31)에서 목적격 표시된 시간어들의 문법적 기능이 문제된다. 이광호(1988)에서는 이러한 시간어는 일종의 동족목적어로 본다. 이에 의하면 (31나)는 두 개의 동족 목적어가 실현된 것이다. 그런데 앞에서 우리는 국어의 목적격이 명사구가 아닌 동사의 어근에도 표시되는 현상을 본 바 있거니와 (33)과 같이 부사에도 목적격 표시되는 일이 있다.

(33) 영수가 책을 빨리를 읽었다
(33′) ?*영수가 빨리를 책을 읽었다

(33)의 '빨리를'이 그러한 경우인데, 이에 비추어 (31)의 목적격 표시된 시간어도 부사어로 볼 수도 있을 것 같다. 다만 목적격 표시된 부사는 (33′)에서 볼 수 있듯이 목적어에 선행할 수 없음에 비해 (31)의 시간어는 이러한 어순 제약이 없어 일률적으로 말하기는 어려운 점이 있다.[7]

겉으로 보아 목적격이 중출된 것처럼 보이는 구문 가운데는 복문에서 기원한 것도 있다.

(34) 가. 우리 회사는 고산식물을 원료로 사탕을 만든다.
　　　 나. 우리 반은 영수를 중심으로 축구 팀을 새로 짰다.
(34′) 가. 우리 회사는 [고산식물을 원료로 하여] 사탕을 만든다.
　　　 나. 우리 반은 [영수를 중심으로 하여] 축구 팀을 새로 짰다.

(34)의 '고산식물을(영수를)'은 동사 '만들-(짜-)'과 관련된 해석을 보이는 대신 후행하는 조격 성분 '원료로(중심으로)'와 관련되어 해석된

---

[7] 비명사구 범주에 통합되는 '을/를'도 구조적으로 목적격 배당자에 의해 지배되는 위치에서만 나타날 수 있다는 점에서 명사구 범주에 통합되는 '을/를'과 다르지 않다. 가령 부사의 경우 '을/를'이 통합될 수 있는 것은 오직 동사구 안에 있는 성분부사의 경우뿐이다. 문장부사의 경우는 '을/를'이 통합되는 일이 없다. 이러한 점을 고려하여 유동석(1995)에서는 비명사구 범주에 통합된 '을/를'도 목적격 표시 원리에 의해 주어진 것으로 보았다. 다만 명사구 범주에 통합된 '을/를'이 일반적으로 문법적 기능(곧, 목적어)을 표시하는 데에 비해 비명사구 범주에 통합된 '을/를'은 특정한 문법적 기능을 표시하지는 않고 오직 담화적인 전달 가치만 표시한다는 점에서, 명사구에만 격이 배당된다는 전통적인 관점의 논의에 서라면 부사 따위의 비명사구 범주에 통합된 '을/를'은 목적격(대격) 조사일 수 없을 것이다.

다는 점에서 특이하다. 이것은 (34)가 겉으로는 서술어가 하나뿐인 단문처럼 보이지만 (34′)적인 접속절을 가진 것에서 기원하는 것에서 비롯된 현상(유동석 1984가)으로 이해된다.

5. 맺는 말

앞에서 우리는 속격, 주격, 목적격 등의 구조격이 중출된 구성에 대해 격이 표시되는 구조에 따라 그 유형을 상정하여 보았다. 속격 중출 현상을 통하여 격 중출 구성이 하나의 격 배당자에 의해 격이 중출되는 유형과 둘 이상의 격 배당자에 의해 격이 중출되는 유형이 있음을 논하고 주격 중출 구성과 목적격 중출 구성에서도 그것을 확인하였다. 격 중출 구성 가운데 특히 주격 중출 구성은 그것의 격 표시 구조와 함께 주격 표시된 명사구들의 문법적 기능이 문제가 된다. 본고에서는 주어뿐만 아니라 주제어 및 비통제성 동사의 보어도 주격 표시될 수 있다는 가정 아래 주격 중출 구성을 주제어-주어 구성, 주어-보어 구성, 소절 구성으로 나누고 각각의 유형에 속하는 예들을 정리하였다. 우리는 첫 번째 주격 명사구가 여격이나 처격어에 대응하는 심리동사 구문, 소유동사 구문, 피동사 구문 따위와 '커피는 잠이 안 온다'와 같이 주격의 원인 명사구를 실현시키는 구문 따위에 대해서는 능격 구성과 관련지어 주어-보어 구문에 포함시켜 논의하였으며, '길이가 길다, 넓이가 넓다, 색이 푸르다, 값이 싸다' 따위에 나타나는 주격의 명사구들에 대해서는 동족 보어의 설정 가능성을 모색해 보기도 하였다. 물론 격 중출 구성에 대한 논의가 이러한 유형 상정만으로 모두 끝나는 것은 아니다. 주격 중출 구성의 경우, 주체 높임법과 관련된 논의, 관계절 구성과 관련된 논의 등이 있어 왔는데 본고에서는 다루지 않았다. 아마 이러한 것들은 격 중출 구성의 유형 및 그 구조가 밝혀진 다음에야 논의될 수 있는 성질의 것들이라 판단되어 본고에서는 제외하였다.

참고문헌

강명윤(1996), "이중주격구문에 대한 최소주의적 접근", 「한국어학」 4.
고영근(1986), "능격성과 국어의 통사구조", 「한글」 192.
김승곤(1985), "중주어론에 대한 고찰", 「박병채 박사 환갑기념논총」.
김영희(1978), "겹주어론", 「한글」 162.
_____(1980), "정태적 상황과 겹주어 구문", 「한글」 169.
_____(1986), "복합명사구, 복합동사구, 그리고 겹목적어", 「한글」 193.
_____(1988), 「한국어 통사론의 모색」, 탑출판사.
김흥수(1989), 「현대국어 심리동사 구문 연구」, 탑출판사.
남기심(1968), "그림씨를 풀이씨로 하는 문장의 몇가지 특질", 「한글」 142.
_____(1985), "주어와 주제어", 「국어생활」 3.
_____(1986), "서술절 설정은 타당한가", 「국어학 신연구」, 탑출판사.
박병수(1983), "문장술어 의미론 : 중주어 구문의 의미 고찰", 「말」 8.
박순함(1970), "격문법에 입각한 겹주어에 대한 고찰", 「어학연구」 6-2.
서정수(1971), "국어의 이중 주어 문제", 「국어국문학」 52.
_____(1991), 「현대 한국어 문법 연구의 개관」 1, 한국문화사.
성광수(1974), "국어 주어 및 목적어의 중출 현상에 대하여: 격문법론적 고찰을 중심으로", 「문법연구」 1.
_____(1981), "타동사 목적어와 중목적어", 「어문논집」 22.
_____(1982), "국어의 중목적어 구문에 대한 검토", 「조규설교수회갑논문집」.
신창순(1975), "국어의 주어 문제 연구", 「문법연구」 2.
양인석(1972), Korean Syntax, 백합사.
양정석(1987), "이중주어문과 이중목적어문에 대하여", 「연세어문」 20.
우형식(1996), 「국어 타동구문 연구」, 박이정출판사.
유동석(1984가), "'로'의 이질성 극복을 위하여", 「국어학」 13.

_____(1984나), "양태조사의 통보기능에 대한 연구", 「국어연구」 60.
_____(1995), 「국어의 매개변인 문법」, 신구문화사.
_____(1998), "국어의 목적어 있는 능격구문에 대하여", 「언어과학」 5-1.
유목상(1963), "주격 연쇄형의 문장에 대한 연구", 「중앙대논문집」 16.
유현경(1996), "국어 형용사 연구", 연세대학교 박사학위논문.
윤만근(1980), "국어의 중주어는 어떻게 생성되나", 「언어」 5-2.
이광호(1988), 「국어 격조사 "을/를"의 연구」, 탑출판사.
_____(1990), 「목적어, 국어연구 어디까지 왔나」, 동아출판사.
이남순(1985), "주격 중출문의 통사 구조", 「국어국문학」 93.
이숭녕(1969), "주격 중출과 문장구조에 대하여", 「어문학」 20.
이익섭(1973), "국어 수량사구의 통사기능에 대하여", 「어학연구」 9-1.
_____(1978), "피동성 형용사문의 통사구조", 「국어학」 6.
이익환(1987), "이중주어 구문에 대한 분석", 「말」 12.
이홍식(1996), "국어 문장의 주성분 연구", 서울대학교 박사학위논문.
임홍빈(1972), "국어의 주제화 연구", 「국어연구」 28.
_____(1974), "주격 중출론을 찾아서", 「문법연구」 1.
_____(1979), "용언의 어근분리 현상에 대하여", 「언어」 4-2.
_____(1985), "국어의 통사적 공범주에 대하여", 「어학연구」 21.
_____(1987), 「국어의 재귀사 연구」, 신구출판사.
_____(1996), "양화표현과 성분 주제", 「이기문 교수 정년퇴임기념논총」.
정인상(1980), "현대국어 주어에 대한 연구", 「국어연구」 44.
_____(1990), 「주어, 국어연구 어디까지 왔나」, 동아출판사.
Fillmore, C.(1968), The Case for Case, *Universals in Linguistic Theory*, Bach, E. & R., Harms(eds.), Holt, Rinehart and Winston.
Larson, R.(1988), On the Double Object Construction, *Linguistic Inquiry 19-3*.

국어의 목적어 있는 능격구성에 대한 연구

1.

문장의 구성에 참여하는 논항의 명사구들은 행동주, 피동주(대상)와 같은 의미역과 함께 주어, 목적어와 같은 문법적 관계(문법적 기능)를 가진다. 일반적으로 명사구의 의미역은 동사에 의해 주어지며, 문법적 관계는 구조적인 위치에 의해 결정되는 것으로 가정된다. 하나의 논항 명사구만 요구되는 자동사문에서 배당된 의미역이 무엇이든 간에 그 명사구의 문법적 관계는 일반적으로 주어가 되지만 둘 이상의 논항 명사구를 갖는 구문의 경우는 의미역과 문법 관계 사이에 일정한 대응 관계를 가진다. 행동주 명사구와 피동주(대상) 명사구를 논항으로 갖는 국어의 전형적인 타동사 구문의 경우 행동주 명사구는 주어로 실현되고 피동주(대상) 명사구는 목적어로 실현된다.[1] 의미역과 문법적 관

---

[1] 논항의 의미역과 문법적 관계 사이에 대한 국어의 일반적인 대응 양상은 송봉승 (1995, 제2장)에 자세하다. 특히 그의 '계층적 연결원리'를 참조하기 바란다.

계 사이의 대응 방식이 이와는 다른 언어도 있다. 언어에 따라서는 피동주 명사구가 주어가 되고 행동주 명사구는 사격어로 실현되는 구성을 취하기도 하는 것이다. 의미역과 문법적 관계 사이의 대응 방식이 전자와 같은 것을 대격구성, 후자와 같은 것을 능격구성이라 부르는데, 언어 유형론에서는 대격구성을 취하는 언어를 대격어, 능격구성을 취하는 언어를 능격어로 분류하기도 한다.[2]

국어의 전형적인 타동사문들은 일반적으로 대격구성을 취하지만 일부 동사들은 대응하는 대격구성과 함께 능격구성도 취할 수 있다는 점이 밝혀져 있다(고영근 1986).

(1) 가. 영수가 바위를 움직인다.
  나. 바위가 (영수에 의해) 움직인다.

동사 '움직이다'는 (1가)에서처럼 행동주('영수')가 주어로 실현되고 피동주('바위')는 목적어로 실현되는 대격구성을 취할 수도 있고 (1나)

---

[2] 대격어와 능격어를 가르는 기준은 주어 및 목적어를 규정하는 관점에 따라 달라질 수가 있다. 잘 알려져 있는 분류 기준 가운데 하나로 격 표시 체계에 의한 것이 있다. 격 표시 체계에서 자동사문의 주어가 타동사문의 주어와 동일한 격(주격)을 가지나 목적어의 격(대격)과는 대립적이면 대격어이고 반대로 자동사문의 주어가 타동사문의 목적어(피동주)와 동일한 격(절대격)을 가지나 타동사문의 주어(행동주)의 격(능격)과는 대립적이면 능격어로 정의하는 것이 그것이다. Plank(1979)는 이처럼 격 표시 체계와 같은 문법 절차에 의한 분류를 계열적 정의(paradigmatic definition)로, 그리고 본고에서와 같이 대격구성과 능격구성에 의한 분류를 통합적 정의(syntagmatic definition)로 구별해 부르고 계열적 정의는 선험적으로 행동주와 주어, 피동주와 목적어를 동일시한 것임을 지적하고 있다. 한편 Marantz(1984)는 의미역이 배당되는 방식에 따라 대격어와 능격어를 구분하기도 한다. Marantz(1984: ch.6)에 의하면 피동주역은 동사에 의해, 행동주역은 서술어(곧, 동사구)에 의해 배당되는 언어는 대격어이고, 그 역이면 능격어인데, 대격어와 능격어를 이렇게 분류하면, 격체계 등에 의해 대격어로 분류한 것 가운데는 능격어도 있고 또 능격어로 분류한 것 가운데는 대격어도 있다고 주장한다.

처럼 피동주가 주어로 실현되고 행동주는 생략되거나 사격어로 실현되는 능격구성을 취할 수도 있는 것이다.[3] 그런데 (1나)의 능격구성이 보여주는 의미역과 문법적 관계 사이의 대응 양상은 국어의 피동문에서도 관찰된다.

(2) 가. 영수가 바위를 들었다.
　　나. 바위가 (영수에 의해) 들리었다.

(2가)는 타동사 '들다'를 서술어로 하는 능동문이고 (2나)는 (2가)에 대응하는 피동문이다. 그런데 (2나)의 피동문은 (1나)의 능격구성에서처럼 피동주 '바위'가 주격의 주어로 실현되고 행동주역의 명사구는 생략되거나 실현되더라도 사격어로 실현됨을 보여준다. 이처럼 의미역과 문법적 관계 사이의 대응에서 국어의 피동문은 능격구성과 동일하지만 동사의 형태에서 둘 사이의 차이가 발견된다. 곧 국어 피동문을 구성하는 동사는 피동 파생이라는 형태론적 절차를 거친 것으로서

---

[3] 행동주(agent)는 '동작을 하는 것', 피동주(patient)는 '동작을 받는 것' 정도의 의미를 가지지만, 실제의 언어 자료에서 이들 의미역이 항상 자명한 것만은 아니다. 가령 "대통령이 비서실장을 움직인다/대통령에 의해 비서실장이 움직인다"의 쌍에서도 (1)에서와 같이 '대통령'을 행동주, '비서실장'을 피동주로 볼 수 있을 것인가가 문제로 제기될 수 있다. 이것에서 '움직이는' 동작을 하는 사람(곧, 행동주)은 '비서실장'이며 '대통령'은 '비서실장'으로 하여금 그러한 동작을 하도록 야기시킨 사람(곧, 사동주)이라는 것이 우리의 직관에 더욱 가까운 것이다. 이러한 문제에도 불구하고 우리는 능격구성에서 '에게/에 의하여'에 의해 도입되는 명사구의 의미역은 일률적으로 행동주, 그리고 그 행동주의 행위로부터 영향을 받는 것은 피동주로 부르기로 한다. 이러한 의미에서 본고의 피동주는 특히 Halliday(1967, 1968)의 'affected'에 근사한 것이다. Halliday(1967, 1968:182-186)에서는 의미역 분석을 대격어 패턴은 'actor-goal'로, 능격어 패턴은 'causer-affected'로 할 것을 제안하고 있는데 이에 의하면 (1)의 '바위'는 대격어 패턴의 의미역은 goal이지만 능격어 패턴으로는 affected가 되고, 위 예의 '비서실장'은 대격어 패턴으로는 actor, 능격어 패턴으로는 affected가 된다.

대응하는 타동사와 그 형태를 달리하는 것임에 비해 (1나)의 '움직이다'와 같은 동사는 피동 파생과 같은 어떤 형태론적 절차 없이도 동일한 형태로써 대격구성과 능격구성을 둘 다 취할 수가 있는 것이다.[4] '움직이다'와 같이 특별한 형태론적 절차 없이도 대격구성과 능격구성을 둘 다 취할 수 있는 부류의 동사들은 흔히 능격동사로, 그리고 능격동사에 의한 능격구성의 구문은 능격문, 또는 능격구문으로 불린다.[5]

본고는 (1나)적인 국어 능격구성의 구문 가운데 그 동안 별로 주목되지 못했던 목적어 있는 능격구문의 예들을 발굴하여, 이들 구성의 통사·의미적인 성격을 밝혀 보려는 것이다.

---

[4] (1나)의 '움직이다'를 (1가)의 것에서 영파생(zero-derivation)한 것으로 보는 관점도 있을 수 있다. '움직이다' 부류의 중세국어 동사에 대한 한재영(1984)의 설명에서 그 일단을 볼 수 있다. 한재영(1984:65-66)에서는 이런 부류의 동사를 영파생에 의한 피동화로 설명하고 있는데 이렇게 보면 의미역과 문법적 관계 사이의 대응에서 (1나)의 능격구성과 (2나)의 피동문이 보이는 동질성을 일관되게 설명할 수 있는 이점은 있을 것이다. 그러나 이런 부류의 동사 가운데는 피동접사 (-이-)에 의해 파생한 것과 공존하는 것이 있고, 또 뒤에서 보게 되겠지만, 능격구문과 피동문은 통사론적 측면 및 의미론적 측면에서 차이를 보이는 경우가 있으므로 본고에서는 이런 부류의 동사와 피동사를 구별한다. '움직이다' 류의 능격동사를 영파생의 예로 볼 수 없다는 입장은 김창섭(1990)에서도 피력되어 있다. 김창섭(1990:99-100)에서는 이런 유형의 동사를 타동사-자동사 미분화 범주로 처리한다.

[5] '움직이다'와 같은 통사적 성격을 갖는 동사들은 능격동사(고영근 1986)라는 명칭 외에도 중간동사(우형식 1990)라는 명칭으로 불리기도 한다. 그런데 그 본래적 의미로서의 '능격(eargative)'은 능격어에서 타동 행동주의 격을 가리키는 것이고(각주 3 참조), '중간(middle)'은 그리스어 따위의 문법에서, 동사의 활용형은 피동태의 형식을 취하면서 의미는 재귀적 사동의 의미를 가지는 태(voice)의 한 형식을 가리키는 것이다(Lyons 1967:373-374).

2.

국어의 능력동사들이 (1가)와 같은 대격구성을 취하는 경우는 전형적인 타동사와 그 성격이 다르지 않다. 곧 (1가)는 타동사문이다. 그러나 이들 동사가 (1나)와 같이 능격구성을 취할 때의 성격이 문제가 된다. (1나)의 구성에서 '움직이다'는 목적어 없이 주어만으로 문장을 구성할 수 있다는 점에서 자동사적 용법을 보여준다. 그렇지만 중세국어에서는 이런 부류의 동사들이 (1나)적인 구성을 취하는 경우라도 형태론적 측면에서 여전히 타동사적 성격을 가진다는 것이 고영근(1980, 1986)에서 이미 밝혀진 바가 있다. 곧 고영근(1980, 1986)에 의하면 중세국어의 동사 활용표에서 자동사는 '-거-' 계열의 어미를 취하고 타동사는 '-어-' 계열의 어미를 취하는 일이 있다는 것이다. 이러한 사실을 바탕으로 고영근(1986)에서는 (1가)적인 대격구성을 능동적 타동구문, (1나)적인 능격구성을 능격적 타동구문으로 부르고 있거니와 중세국어의 몇몇 능격동사가 능격구성에서도 형태론적으로 타동사적 성격을 가진다는 것은 국어의 능격구성을 일반적인 자동사문과 구별하여 능격구문을 설정할 수 있는 형태론적 근거가 된다.[6]

---

[6] 최동주(1989)는 국어(중세국어)에 Comrie(1981)적인 어휘적 능격성은 있어도 형태·통사적인 특징을 드러내는 능격성은 없다는 전제 아래 (1나)적인 중세국어 구문이 자동사문과 구별되는 능격구문일 수 없다고 주장하고 그 근거의 하나로 '-사-'의 용법을 들고 있다. (1나)적인 국어의 능격구문이 어휘적 능격성을 바탕으로 하고 있다는 최동주(1989)의 주장은 이론의 여지가 없다. 국어는 형태통사론적으로 보아 대격어임이 분명하기 때문이다. 그러나 그 근거로 '-사-'의 용법을 든 것은 오해에서 비롯된 것으로 보이므로 이곳에서 밝혀둔다. 곧 '구루미 비취여 늘(용비어천가 42장)'이라는 중세국어의 예문을 두고 고영근(1986)에서는 배경 설화에 기대어 '하늘이 구름에 군영을 비추거늘'로 해석될 수 있는 능격구문이라고 한 데 대해 최동주(1989:159)는 만약 이 '해석'대로 행동주 '하늘'이 〈주어〉이고 피동주 '구름'이 〈목적어〉라면 '-사-'가 나타나야 하나 그렇지 않으므로 피동주는 [목적에]가 아니라 [주어]임이 확인되고 따라서 이런 유형의 중세국어 구문들은

현대국어에서는 중세국어에서와 같은 성격의 '-거-/-어-' 교체가 없기 때문에 현대국어의 능격동사가 능격구성에서도 타동사적 성격을 가지는지에 대해 형태론적으로는 직접 확인하기 어렵다. 그러나 아무런 단서 조항 없이 능격구성이 곧 자동사문이라는 등식은 현대국어에서도 성립하지 않는다. 현대국어에는 (3가)와 같이 대격의 목적어를 가진 능격구성도 발견되기 때문이다.

(3) 가. 영수가 늙은 이발사에게 머리를 깎았다.
    나. 늙은 이발사가 영수를 머리를 깎았다.
(4) 영수가 늙은 이발사에게 머리를 깎이었다.

(3)은 '늙은 이발사'를 행동주로, '영수'를 피동주로 상정한 '(머리를) 깎다' 구문이다. 동사 '(머리를) 깎다'는 (3나)에서 볼 수 있듯이 행동주('늙은 이발사')를 주어로, 피동주('영수')를 대격의 목적어로 실현시킬 수 있다. 곧 대격구성을 취할 수 있는 동사이다. 그런데 동사 '(머리를) 깎다'는 형태 변화없이 (3가)처럼 피동주가 주격의 주어로 실현되고

능격일 수 없다고 주장한다. 최동주(1989)의 이러한 주장은 '해석'에 기댄 〈주어〉, 〈목적어〉와 '-시-'의 용법으로 확인한 [주어], [목적어]를 동일한 차원의 것으로 오해한 데서 비롯된 것이다. 해석에 기댄 〈주어〉, 〈목적어〉는 각주 2에서 말한 바와 같이 행동주와 주어, 피동주와 목적어를 동일시한 것으로서 흔히 개념상의 혼란을 피하기 위하여 '논리적 주어', '논리적 목적어'로 부르는 것이다. 이에 비해 국어문법에서 '-시-' 등의 높임법과 관련지어 말하는 [주어], [목적어]는 문법적 관계로서의 주어, 목적어인 것이다. 그런데 대격어인 국어에서는 일반적으로 논리적 〈주어〉가 문법적 [주어]로, 논리적 〈목적어〉가 문법적 [목적어]로 실현되기 때문에 '-시-'의 실현 여부도 논리적 〈목적어〉가 아닌 논리적 〈주어〉에 의해 결정되는 것이 일반적인 경향임에 비해, 위의 용례는 '-시-'의 실현 여부가 논리적 〈주어〉인 '하늘'에 의해 결정되는 것이 아니라 논리적 〈목적어〉인 '구름'에 의해 결정되고 있으므로, 그것이 비록 어휘적 능격성에 의한 것이라 하더라도 문제의 용례가 능격구문임은 부정될 수 없는 것이다.

행동주가 사격어로 실현시키는 능격구성을 취하기도 한다. (3가)가 보여주는 이 같은 문법적 관계와 의미역의 대응 양상은 (4)의 피동문에서와 완전히 동일한 것이다. 이처럼 동사 '(머리를) 깎다'는 형태 변화 없이 대격구성과 능격구성을 둘 다 취할 수 있으므로 (1)의 동사 '움직이다'와 같은 능격동사에 속한다고 할 수 있는 것이다. 그런데 동사 '(머리를) 깎다'에 의한 능격구성 (3가)는 (1나)에서와는 달리 대격 성분인 '머리를'이 실현되어 있어 주목된다. (3가)에서 명사구 '머리를'은 대격 표지를 가질 뿐만 아니라 동사 '깎다'에 의해 배당된 대상역의 의미역도 가지는 것이므로 목적어라 할 것인데 (3가)의 능격구성이 목적어를 가지는 한 (3가)는 타동사문일 수밖에 없을 것이다.

국어에 (3가)와 같은 목적어 있는 능격구문이 존재하는 일은, 대응하는 대격구문이 일반적으로 (3나)처럼 대격성분이 중출된 구문이고 또 (4)에서 볼 수 있듯이 대응하는 피동문에도 대격성분이 실현되는 일이 있다는 점을 고려하면 전혀 예측할 수 없는 일은 아니다. 그러나 그간 국어의 능격구문에 대한 논의에서 목적어 있는 능격구문이 크게 주목된 일은 별로 없는 것 같다. 따라서 이곳에서는 자료 제시의 측면에서 목적어 있는 능격구문을 취할 수 있는 동사들이 어떤 것이 있는지 먼저 살펴보기로 한다.

국어에는 목적어 있는 능격구문은 우선 (3)의 '(머리를) 깎다'와 같은 미용 행위를 나타내는 동사들의 구문에서 찾아볼 수 있다.

(5) 가. 영수가 그 이발사에게 머리를 손질했다.
　　나. 영희가 그 미용사에게 머리를 잘랐다.
　　다. 영희가 그 미용사에게 머리를 지지고 볶았다.
　　라. 영희가 그 미용사에게 머리를 물들였다/염색하다.

마. 영희가 그 미용사에게 손톱을 다듬었다.
　　바. 영수가 그 때밀이에게 때를 밀었다.

　(5)는 모두 대격의 목적어 성분을 실현시키고 있지만 행동주역의 명사구가 아닌 피동주가 주어로 실현되고, 행동주역의 명사구는 사격의 '에게' 성분으로 실현된 것이다. 따라서 (5)는 모두 목적어 있는 능격 구문이다. (5)의 동사 '(머리를) 손질하다, (머리를) 자르다, (머리를) 지지고볶다, (머리를) 물들이다/염색하다, (손톱을) 다듬다, (때를) 밀다' 따위는 또한 (6)과 같이 대격 구성도 취할 수 있다.

　(6) 가. 그 이발사가 영수를 머리를 손질했다.
　　　나. 그 미용사가 영희를 머리를 잘랐다.
　　　다. 그 미용사가 영희를 머리를 지지고 볶았다.
　　　라. 그 미용사가 영희를 머리를 물였다/염색했다.
　　　마. 그 미용사가 영희를 손톱을 다듬었다.
　　　바. 그 때밀이가 영수를 때를 밀었다.

　(6)은 각각 (5)의 능격구문에 대응하는 대격구문들이다. 이들은 모두 대격 중출 구문이라는 특징이 있다. 이들 구문에서 대격 중출되는 성분은 피동주와 대상역의 명사구인데, 의미론적으로 양도 불가능의 소유 관계를 가진다. 두 명사구 사이에 양도 불가능 소유 관계가 성립할 때 일반적으로 속격 구성이 가능하므로 '(머리를) 손질하다' 따위의 동사는 (7)과 같은 형식의 대격구성도 가능하다.

　(7) 가. 그 이발사가 영수의 머리를 손질했다.
　　　나. 그 미용사가 영희의 머리를 잘랐다.

다. 그 미용사가 영희의 머리를 지지고 볶았다.
라. 그 미용사가 영희의 머리를 물들였다/염색하다.
마. 그 미용사가 영희의 손톱을 다듬었다.
바. 그 때밀이가 영수의 때를 밀었다.

(7)은 행동주역의 명사구가 주격의 주어로, 대상역의 명사구가 대격의 목적어로 실현된 것이므로 대격구문이다. 그런데 (7)의 속격성분 명사구들은 의미역의 내용 및 배당 방식에서 (5), (6)의 해당 명사구와 차이가 난다. 곧 (7)의 속격성분 명사구는 자신을 포함하는 명사구 안에서 명사에 의해 소유주역에 배당된 것이지만 (5), (6)의 해당 명사구들은 자신을 포함하는 절의 동사에 의해 피동주역이 배당된 것이다. 그리하여 우리는 (7)을 (5)의 능격구문에 대응하는 대격구문으로는 보지 않으며 단지 관련 구문 정도로 이해한다.

목적어 있는 능격구문은 치료 행위를 나타내는 구문에서도 많이 발견된다. 동사 목록을 제시하고 구문 용례는 하나만 보이기로 한다.

(8) (머리를) 수술하다, (상처를) 치료하다, (이를) 빼다, (배를) 째다, (상처를) 깁다, (혹을) 떼다, (턱을) 깎아내다, (코를) 높이다, …
(9) 가. 영수가 김박사에게 머리를 수술했다.
나. 김박사가 영수를 머리를 수술했다.
다. 김박사가 영수의 머리를 수술했다.

치료 행위를 나타내는 (8)의 동사들은 모두 (9)의 세 형식이 가능하다. (9)에서 수술을 집도한 행동주는 '김박사'이고 '영수'는 수술을 받은 피동주이며 '머리'는 수술의 대상이다. (9가)는 피동주가 주어로, 대상역의 명사구가 목적어로 실현되고 행동주역의 명사구는 '에게'에 의한 사격어로 실현된 것이므로 목적어 있는 능격구문이다. (9나)는 피동주와 대상역의 명사구가 둘 다 대격으로 실현된 것으로서 (9가)에 대응하는 대격구문이다. (9다)도 역시 대격구성을 취하고 있으나 피동주가 상정되지 않으므로 (9가)에 대응하는 구문은 아니고 단지 관련 구문일 뿐이다.

(10) (사진을) 찍다, (초상화를) 그리다
(11) 가. 영수가 유명한 사진작가에게 사진을 찍었다.
    나. 유명한 사진작가가 영수를 사진을 찍었다.
    다. 유명한 사진작가가 영수의 사진을 찍었다.

(10)의 '(사진을) 찍다' 따위의 동사도 (11가)와 같이 목적어 있는 능격구문을 실현시킬 수 있다. (11가)에서 주어로 실현된 '영수'는 사진을 찍힌 피사체이므로 피동주이고 '에게'에 의한 사격어로 실현된 '유명한 사진작가'가 사진 찍는 행위를 한 행동주이다. (11나)는 대응하는 대격구문이고 (11다)는 관련 대격구문이다.

이 외에도 '(손금을) 보다'와 같은 점술 행위를 나타내는 동사도 목적어 있는 능격구문이 가능하다.

(12) 가. 영수가 처녀도사에게 손금을 보았다.
    나. 처녀도사가 영수를 손금을 보았다.
    다. 처녀도사가 영수의 손금을 보았다.

'(손금을) 보다' 구문인 (12가)에서 주어로 실현된 '영수'는 피동주로, 그리고 '에게' 사격어로 실현된 '처녀도사'는 행동주로 파악된다. 따라서 (12가)는 목적어 있는 능격구문이다. 행동주가 주어로 실현된 (12

나)는 (12가)에 대응하는 대격구성이고 (12다)는 관련 대격구성이다.

3.

3.1.

앞에서 우리는 국어에 목적어 있는 능격구문이 존재함을 확인하였다. 이들 목적어 있는 능격구문은 주로 '(머리를) 깎다' 따위의 미용 행위를 나타내는 동사 구문과 '(머리를) 수술하다' 따위의 치료 행위를 나타내는 동사 구문에서 나타나며 그 밖에도 '(사진을) 찍다', '(손금을) 보다' 따위의 동사도 목적어 있는 능격구성을 취할 수 있음을 확인하였다. 이제 여기서는 이들 목적어 있는 능격구문의 몇 가지 성격을 살펴보기로 한다.

앞에서 말한 바와 같이 능격 구문은 동사가 형태 변화 없이 피동주를 주어로, 행동주를 사격으로 실현시킨 구문이다. 그렇기 때문에 의미역과 문법적 관계 사이의 대응 양상만 기준으로 한다면 능격구문은 피동표현의 일종이라 할 수도 있다. 그러나 피동표현을 위한 특별한 형식의 피동사를 가지는 국어에서는 피동사에 의한 피동표현, 곧 피동문과 능격동사에 의한 피동표현인 능격구문은 그 사용이 구별되는 것으로서 본질적으로 다른 표현이다. 특히 목적어 있는 능격구문과 그것에 대응하는 피동문에서 의미 차이가 뚜렷이 드러난다. (3가)와 (4)를 다시 가져와서 둘 사이의 의미를 비교해 보기로 한다.

(3) 가. 영수가 늙은 이발사에게 머리를 깎았다.
(4) 영수가 늙은 이발사에게 머리를 깎이었다.(피동문)

(3가)의 능격구문과 (4)의 피동문은 둘 다 주어로 실현된 피동주 '영수'가 행동주인 '늙은 이발사'의 '머리 깎는' 행위를 입었다는 피동적 사건을 나타내고 있다는 점에서 공통된다.[7] 그러나 피동주가 그러한 피동적 사건에 참여하는 양태에서는 뚜렷한 뉘앙스 차이가 있음을 직관적으로 느낄 수 있다. 곧 (3가)의 능격구문에서는 피동주가 자신의 의지에 의해 자발적으로 행동주의 그러한 행위를 입었다는 의미를 띠고 있으나 (4)의 피동문에서는 그러한 의미를 특별한 문맥을 상정하지 않는 한 읽을 수 없다.

(13) 영수가 늙은 이발사에게 <u>스스로</u> / <u>?*강제로</u> 머리를 깎았다.
(14) 영수가 늙은 이발사에게 <u>??스스로</u> / <u>강제로</u> 머리를 깎이었다.

(13)과 (14)는 부사 '스스로'와 '강제로'를 능격구문과 피동문에 실현시켜 본 것이다. 그런데 주어의 자발성을 나타내는 부사 '스스로'의 실현은 (13)의 능격구문에서는 자연스러우나 (14)의 피동문에서는 다소 부자연스럽게 느껴진다.[8] 반면 자발성을 부정하는 의미를 가지는 부사 '강제로'의 실현은 (14)의 피동문에서는 자연스러우나 (13)의 능격구문에서는 매우 부자연스러움을 보여준다. 여기서 우리는 목적어 있는 능격구문이 나타내는 피동의 이러한 성격을 [+자발성(自發性)]의 자질로 나타내기로 한다.

---

7 (3가)적인 구문이 피동의 의미를 가진다는 김봉모(1996)에서도 주목된 바 있다. 김봉모(1996:127)는 이런 유형의 구문을 피동현상('입음현상')을 나타내는 능동적('제힘적') 표현으로 설명한다.

8 "?*영수가 스스로 늙은 이발사에게 머리가 깎이었다"에서처럼 피동사가 주격 보어를 취하는 경우는 자발성의 의미를 가지는 '스스로'의 공기는 거의 불가능한 것으로 느껴진다.

목적어 있는 능격구문이 일반적인 피동문과는 달리 [+자발성]을 띤다는 것은 이들을 내포절로 가지는 '후회하다' 동사 구문에서도 확인할 수 있다.

(15) 영수가 늙은 이발사에게 머리를 깎은 것을 후회했다.
(16) ??영수가 늙은 이발사에게 머리를 깎인 것을 후회했다.

동사 '후회하다'는 일반적으로 주어가 자신의 의지에 의해 자발적으로 참여한 일을 나타내는 절을 내포절로 가진다. 그런데 (15)에서처럼 '후회하다'가 능격구문을 내포절로 가질 때는 자연스럽지만 (16)에서처럼 피동문을 그 내포절로 가질 때는 특정한 상황을 상정하지 않는 한 의미론적인 일탈성이 나타난다. 이 현상도 목적어 있는 능격구문이 일반적인 피동문과는 달리 [+자발성] 자질을 가짐을 보여주는 것이다.

국어의 목적어 있는 능격구문은 [+자발성]을 가지기 때문에 (3가)와 같이 이익 피동적 사건을 표현하는 데 적합하며 손해 피동적 사건을 표현하는 데는 일반적으로 잘 쓰이지 않는다.

(17) 순희가 영수를 체면을 깎았다.
(18) 가. *영수가 순희에 의해 체면을 깎았다.
　　　나. 영수가 순희에 의해 체면을 깎이었다.

(17)에 대응하는 피동표현으로 상정한 (18)에서 피동문인 (18나)는 문법적이나 능격구문 형식인 (18가)는 비문법적이다. 이것은 '체면을 깎이는' 따위의 손해 피동에 피동주가 스스로 참여하는 것은 사회 통념상 기대하기 어려운 것이라 할 때, 이러한 손해 피동적 사건을 [+자발

성의 의미를 가지는 능격구문으로 표현하는 것이 부적절하기 때문일 것이다.

목적어 있는 능격구문은 그 서술어와 주어의 속성에서도 피동문과 차이를 보인다. 먼저 서술어의 경우, 목적어 있는 능격구문의 서술어로 실현되는 동사는 언제나 [+통제성] 자질을 가진다. 그러나 대응하는 피동문의 경우는 그 동사가 [+통제성] 자질을 가지는 경우도 있지만 언제나 그런 것은 아니다.

(19) 가. 영수야, 늙은 이발사에게 머리를 깎아라.
　　　나. *영수가 늙은 이발사에게 머리가 깎았다.
(20) 가. 영수야, (이왕이면) 늙은 이발사에게 머리를 깎여라.
　　　나. 영수가 늙은 이발사에게 머리가 깎였다.

(19가)에서 볼 수 있듯이 목적어 있는 능격구문은 명령문 형식이 가능하므로 그 동사 '(머리를) 깎다'는 [+통제성] 자질을 가진다. 그렇기 때문에 (19나)처럼 '깎다'의 보어 '머리'에 대해 주격이 배당되면 비문법적인 문장이 된다. 목적어 있는 능격구문에 대응하는 피동문도 [+통제성] 자질을 가질 수가 있다. (20가)가 그것을 보여준다. 그러나 (20가)의 피동 명령문은 '이왕이면'과 같은 부사어가 보충될 때 자연스럽게 성립한다는 데서 알 수 있듯이 피동사가 [+통제성] 자질을 가지는 것은 특수한 피동적 사건을 나타내는 구문의 경우이며 (20나)와 같이 그 보어가 주격을 취할 때는 [-통제성]을 띠는 것이다(유동석 1995:90).

다음으로 주어의 경우, 목적어 있는 능격구문의 주어는 (3가)의 '영수'처럼 [+인성(人性)] 자질을 가지는 체언만이 올 수 있다. 그러나 피동문의 주어는 그러한 제약이 없다.

(21) 가. ??양이 (목동에게) 털을 깎았다.

나. *나무가 (정원사에게) 가지를 잘랐다.

(22) 가. 양이 털을 깎이었다.

나. 나무가 <u>가지가/??가지를</u> 잘렸다.

(21가, 나)는 [-인성] 자질을 가지는 것 가운데 유정체언인 '양'과 무정체언인 '나무'를 각각 목적어 있는 능격구문의 주어로 상정해 본 것이다. 정도 차이가 있기는 하지만 둘 다 문법성에 이상을 보인다.[9] 그러나 피동문의 경우 유정체언인 '양'을 주어로 상정한 (22가)는 문법성에 아무런 이상이 없다. 무정체언인 '나무'를 주어로 상정한 경우도 그 보어가 주격일 때(곧 [-통제성] 동사 구문)는 역시 문법적이다. 다만 그 보어가 목적격을 취한 경우(곧 [+통제성] 동사 구문)는 수용성이 떨어진다. 이것은 무정체언을 통제자로 상정하는 것이 부적절하기 때문일 것이다.

3.2.

국어의 목적어 있는 능격구문이 가지는 자발적 피동은 그 자발성 때문에 피동주가 그러한 피동적 사건을 유발하였다는 사동적 의미로 해석될 수도 있다.[10] 앞에서 우리는 목적어 있는 능격구문이 주로 미용행위나 치료행위를 나타내는 동사구문임을 확인한 바 있는데, 미용행

---

[9] [+유정성] 자질을 가지는 '양'을 주어로 상정한 (21가)가 [-유정성] 자질을 가지는 '나무'를 주어로 상정한 (21나)보다 수용성이 조금 더 있어 보이는데, 이것은 의미론적으로 [+유정성] 자질이 [-유정성] 자질보다 [+인성] 자질에 좀 더 가깝기 때문일 것이다.

[10] 특히 (3가)에서처럼 '에게' 행동주가 명시될 경우 사동적 의미가 부각된다. 이것은 사동사에 의한 사동문에서도 피사동 행위의 행동주가 '에게' 성분으로 실현되는 것과 관련있는 것으로 보인다.

위나 치료행위 따위는 일반적으로 피동주의 요구에 의해서 유발되는 행위들이다. 물론 목적어 있는 능격구문이 띠는 사동적 의미가 사동사 구문이 띠는 사동적 의미와 동일한 것은 아니다.

(3) 가. 영수가 늙은 이발사에게 머리를 깎았다.
(23) 영수가 늙은 이발사에게 머리를 깎이었다.(사동문)
(24) 가. *영수가 늙은 이발사에게 동생을 머리를 깎았다.
　　 나. 영수가 늙은 이발사에게 동생을 머리를 깎이었다.

(3가)의 능격구문은 '영수'가 '늙은 이발사'에게 '머리를 깎는' 행위를 하도록 유발했다는 의미를 함축하고 있다는 점에서 (23)적인 사동의 의미를 가진다. 그런데 (23)에서 피사동 행위를 입는 피동주는 반드시 사동주인 '영수'로만 해석되지는 않는다. 곧 (23)에서 '영수'는 '늙은 이발사'에게 자기의 머리를 깎게 했을 수도 있지만 다른 사람의 머리를 깎게 했을 수도 있다는 것이다. 이것은 사동사 구문의 경우, (24나)처럼 사동주와 피사동 행위의 피동주를 분리해서 실현할 수 있다는 데서 알 수 있다. 그러나 (24가)에서 볼 수 있듯이 목적어 있는 능격 구문에서는 피사동 행위의 유발자(곧, 사동주)와 피사동 행위를 입는 피동주는 분리 실현되는 일이 없다. 곧 (3가)의 경우 주어로 실현된 '영수'는 '늙은 이발사'로 하여금 '머리를 깎는' 행위를 입었다는 점에서 피동주인 것이다. 이처럼 사동주에 의해 유발된 피사동 행위가 사동주 자신에게로 돌아가는 것을 재귀적 사동이라 한다면 이제 (3가)와 같은 목적어 있는 능격구문에서 읽을 수 있는 사동의 특징을 [+재귀성] 자질로 나타낼 수 있을 것이다.[11]

11　국어의 목적어 있는 능격구문의 이러한 의미론적 성격은 그리스어의 중간태

물론 일반적인 사동사 구문으로 재귀적 사동을 표현할 수가 없는 것은 아니다. (25)에서처럼 목적어로 실현되는 대상 안에 재귀사를 포함하고 있는 경우 재귀적 사동으로 해석된다.

(25) 영수가 늙은 이발사에게 <u>자기의</u> 머리를 깎이었다(깎게 했다).

(25)의 사동사 구문도 피사동 행위가 그것을 유발한 사동주 자신에게로 되돌아간다는 점에서 재귀적 사동의 의미를 가진다고 할 수 있다. 그런데 사동사 구문인 (25)의 경우, 이것에서의 재귀성의 의미는 사동사 구문 자체의 성격에 의한 것이 아니고 재귀사 '자기'의 통사·의미론적 작용에 의한 것이다. 그러나 목적어 있는 능격구문의 경우 (3가)에서처럼 재귀사의 외현적 실현 없이도 [+재귀성] 자질을 가질 뿐만 아니라 목적어 명사구 안에 재귀사를 포함하게 되면 오히려 비문법적이 되거나 다른 성격의 구문으로 해석된다.

(26) ?*영수가 늙은 이발사에게 <u>자기의</u> 머리를 깎았다.
(27) 가. 영수가 머리를 깎았다.
     나. 영수가 <u>자기의</u> 머리를 깎았다.

(26)은 (3가)적인 능격구문이 그 목적어 명사구 안에 재귀사 '자기'를 실현시키면 비문법적인 문장이 됨을 보여준다. (27가)는 능격구문으로 해석될 수도 있고 대격구문으로 해석될 수 있는 중의적인 성격의

(middle voice) 구문과 매우 유사하다. Lyons(1968:373-374)에 의하면 그리스어의 중간태 구문도 목적어를 가질 수 있으며, 목적어 있는 중간태 구문은 재귀적 사동의 의미를 가진다고 한다.

것이지만 일반적으로는 능격구문으로 해석되는 예이다. 그런데 (27 나)에서처럼 목적어 명사구 안에 재귀사를 포함하게 되면 더 이상 능격구문으로는 해석되지 않고 오직 대격 구성으로만 해석된다. 이 현상도 역시 능격구문의 목적어 명사구 안에 재귀사가 실현될 수 없음을 의미한다.

목적어 있는 능격구문이 재귀사의 도움 없이도 [+재귀성]을 띨 수 있는 전형적인 경우는 사동주가 곧 피사동 행위의 대상이 되는 (11가)와 같은 경우이다.

(11) 가. 영수가 유명한 사진 작가에게 사진을 찍었다.

(11가)에서 사동주 '영수'는 피사체이므로 곧 피사동 행위의 대상이 된다. 이처럼 사동주와 피사동 행위의 대상이 동일할 경우 언제나 [+재귀성]의 의미는 보장된다. 그러나 (3가)와 같이 사동주('영수')와 피사동 행위의 대상('머리')이 동일하지 않은 경우는 그 둘 사이에 특별한 의미론적 관계가 성립할 때만 [+재귀성] 자질을 띨 수 있는 것으로 보인다. (3가)에서 목적어로 실현된 '머리'는 주어 '영수'와 양도 불가능 소유 관계에 있는 신체어라는 점을 주목해 보자. 일반적으로 어떤 행위나 동작이 신체에 작용했다면 그것은 바로 그 소유주에게 그러한 행위나 동작이 작용한 것이 된다. 그런데 (3가)에서 주어로 실현된 '영수'는 사동주이면서 또한 목적어로 실현된 대상 '머리'의 소유주이다. 그렇기 때문에 '영수'가 유발한 피사동 행위는 곧 '영수' 자신에게 되돌아 가므로 주어인 '영수'는 사동주인 동시에 피동주가 되어 (3가)는 [+재귀성]을 띨 수 있는 것이다.

3.3.

앞에서 우리는 (3가) 유형의 목적어 있는 능격구문이 자발적 피동과 재귀적 사동의 의미를 동시에 가진다는 것을 살펴보았다. 그런데 이런 의미론적 특성을 갖는 전형적인 목적어 있는 능격구문과 그 성격을 다소 달리 하는 것도 있다.

(28) 가. 영수가 팔을 부러뜨렸다.
    나. 영수가 신세를 망쳤다(조졌다).
(29) 가. 순희가 영수를 팔을 부러뜨렸다.
    나. 순희가 영수를 신세를 망쳤다(조졌다).

(28)은 동사의 형태 변화없이 그것에 대응하는 (29)에서 대격 성분으로 실현된 '영수'를 주어로 실현시키고 있고, 또 그 의미에서도 피동의 의미를 띠고 있어 목적어 있는 능격구문처럼 보인다. 그러나 (28)은 앞에서 보아왔던 (3가) 유형의 전형적인 목적어 있는 능격구문과는 몇 가지 차이를 보인다는 점에서 이들이 과연 목적어 있는 능격구문의 한 유형인가 하는 문제는 검토가 필요하다.

우선 의미론적 측면에서 (3가) 유형의 전형적인 목적어 있는 능격구문이 띠고 있는 피동의 내용은 이익 피동으로 해석됨에 비해 (28)은 손해 피동으로 해석되는 것이 일반적이다. 그렇기 때문에 (28)은 비록 피동의 의미를 가지고 있더라도 특정한 상황을 상정하지 않는 한, 일반적으로 [+자발성]의 의미는 띠지 않으며 또한 사동의 의미도 띠지 않는다.[12] 통사론적 측면에서도 (28)은 (3가) 유형의 능격구문과는 달

---

12 특정한 상황에서는 (28) 유형의 능격구문도 자발적 피동과 재귀적 사동의 의미를 가지는 경우가 있다. 가령 징집을 회피할 목적으로 다른 사람의 힘을 빌어

리 일반적으로 행동주가 상정되지 않는다는 점에서 차이를 보인다.

(30) 가. 영수가 ??순희에게/??순희에 의해/순희 때문에 팔을 부러뜨렸다.
나. 영수가 *순희에게/?순희에 의해/순희 때문에 신세를 망쳤다(조졌다).

(30)에서 볼 수 있듯이 이런 유형의 능격구문에는 일반적으로 행동주 명사구('에게/에 의해' 성분)보다는 원인 명사구('때문에' 성분)가 실현되는 것이 더욱 자연스러운 것이다.[13]

(28)이 보여주는 전형적인 능격구문과의 이러한 차이에도 불구하고 우리는 (28)을 목적어 있는 능격구문의 한 유형으로 판단한다. 우선 (28)의 주어로 실현된 명사구 '영수'는 대응하는 대격구성에서 목적어로 실현되어 있고 또 원인의 작용이 직접 미치는 대상 '팔'과는 [-양도가능]의 소유 관계를 가지는 소유주이므로 원인의 작용을 입는 피동주로 해석될 수 있기 때문이다. 또한 (28가)의 경우, 주 12에서 상정한 것과 같은 특정한 상황에서는 자발적 피동과 재귀적 사동의 의미를 가질 수 있으며, 그러한 경우에는 행동주 표시의 '에게' 또는 '에 의해' 성분의 실현이 가능하다는 점도 (28)이 능격구문임을 지지하는 근거가 될 수 있을 것이다.

(28)이 일반적으로 피동의 의미로 해석되는 것과는 반대로, 전형적인 목적어 있는 능격구문과 유사한 형식을 가지면서 사동의 의미로만

자해하는 경우라면 (28가)는 (3가)적인 의미 특성을 가진다.

13 피동문의 경우도 '에게' 성분 대신 '때문에' 성분이 자연스러운 경우가 있다. "영수가 ?*순희에게/??순희에 의해/순희 때문에 혼삿길이 막히었다(피동문) // 순희가 영수를 혼삿길을 막았다(능동문)" 참고.

해석되는 것도 있다. (31가)가 그러한 것이다.

(31) 가. 영수가 늙은 정원사에게 잔디를 깎았다.
　　　나. 늙은 정원사가 영수의 잔디를 깎았다.

(31가)는 그 형식이 외견상 (3가)의 목적어 있는 능격구문과 유사하다. 특히 (31나)와 같은 형식에서는 주어로 실현되기도 하는 행동주를 (31가)가 '에게' 사격어로 실현시키고 있다는 점이 그러하다. 또한 그 의미에서도 (31가)는 (3가)와 일부 공통점을 보인다. 곧 (31가)도 (3가) 유형의 목적어 있는 능격구문에서와 마찬가지로 어느 정도 사동의 의미('영수가 늙은 정원사에게 잔디를 깎게 했다')를 띠고 있는 것이다.
　그러나 그 형식과 의미에서 볼 수 있는 이러한 부분적인 유사점에도 불구하고 (31가)를 (3가) 유형의 목적어 있는 능격구문으로 보기는 어렵다. 능격구문은 그 정의상 주어가 피동주이어야 하는데 (31가)의 주어는 피동주로 해석되지 않기 때문이다. (31가)처럼 사동의 의미를 띠는 구문에서 그 주어가 피동주이기 위해서는 이미 언급한 대로 사동의 성격이 [+재귀성]을 띠어야 한다. 앞에서 우리는 (3가)와 같은 전형적인 목적어 있는 능격구문이 띠는 [+재귀성]의 자질은 그 주어('영수')와 목적어('머리') 사이에 성립하는 양도 불가능 소유 관계에 의한 것임을 본 바 있다. 곧 신체에 작용하는 어떤 동작이나 행위는 일반적으로 그 소유주에게 작용한 것과 같으므로 신체어를 목적어로 실현시킨 (3가)는 재귀사의 실현 없이도 [+재귀성]을 띨 수 있었던 것이다.
　그런데 (31가)의 목적어는 신체어가 아니다. (31가)에서 그 주어 '영수'와 목적어 '잔디' 사이에 설령 소유 관계가 성립한다고 하더라도 그 소유 관계는 양도 불가능의 소유 관계가 아닌 것이다. 그렇기 때문에 (31가)에서 목적어 '잔디'에 미치는 어떠한 피사동 행위도 그것을 유발한 주어에게로 되돌아가지는 않는다. 따라서 (31가)는 사동의 의미는 갖지만 [+재귀성]을 띠지 않으므로 (31가)의 주어는 피동주로 해석되지 않는 것이다.

4.

이상에서 우리는 목적어 있는 능격구문의 자료를 제시하고 그들 구문의 특성을 살펴보았다. 그 결과를 요약하는 것으로 결론을 대신한다.

국어의 목적어 있는 능격구문은 '(머리를) 깎다' 따위의 미용 동사구문, '(머리를) 수술하다' 따위의 치료동사 구문에 주로 나타나며 그 밖에도 '(사진을) 찍다', '(손금을) 보다' 따위의 동사구문도 목적어 있는 능격구문을 이룰 수 있다. 이들 동사에 의한 목적어 있는 능격구문은 의미론적으로 자발적 피동과 재귀적 사동의 의미를 가진다. 이러한 의미론적 성격과 관련하여 목적어 있는 능격구문의 주어는 [+인성(人性)] 자질을, 서술어는 [+통제성] 자질을 가져야 하며, 그 목적어가 피사동 행위의 대상인 경우 반드시 [-양도 가능]의 신체어이어야 한다. '(팔을) 부러뜨리다' 유형의 동사도 목적어 있는 능격구문을 취할 수 있는데, 이 유형의 능격구문은 일반적으로 손해 피동의 의미를 가지기 때문에 특정한 상황을 전제하지 않는 한 자발성이나 재귀적 사동의 의미는 띠지 않는다. 목적어 있는 능격구문과 그 형식이 유사하면서도 능격구문으로 볼 수 없는 구문도 있다. "영수가 늙은 정원사에게 잔디를 깎았다"라는 유형의 구문이 그러한 것이다. 이 유형의 구문은 목적어가 신체어가 아니라는 특성을 가지는데 사동의 의미는 띠지만 피동의 의미는 띠지 않는다.

참고문헌

고영근(1980), "중세어의 활용어미에 나타나는 '거/어'의 교체에 대하여", 「국어학」 9.
_____(1986), "능격성과 국어의 통사구조", 「한글」 192.
김봉모(1996), 「국어문법연구」, 세종출판사.
김창섭(1990), "영파생과 의미전이", 「주시경학보」 5.
송복승(1995), 「국어의 논항 구조 연구」, 보고사.
우형식(1996), 「국어 타동구문 연구」, 박이정.
유동석(1995), 「국어의 매개변인 문법」, 신구문화사.
최동주(1989), "국어 '능격성'의 문제점", 「주시경학보」 3.
한재영(1984), "중세국어 피동구문의 특성에 대한 연구", 「국어연구」 61.
Comrie, B.(1981), *Language Univerals and Linguistic Typology*, University of Chicago Press.
Halliday, M.A.K.(1967,1968), Notes on transitivity and theme in English, *Jurnal of Linguistics* 3-1, 3-2, 4-1.
Lyons, J.(1968), *Introduction to Theoretical Linguistics*, Cambridge University Press.
Marantz, Alec P.(1984), *On the Nature of Grammatical Relations*, The MIT Press.
Plank, F.(1979), Ergativity, Syntactic Tyology and Universal Grammar, *Ergativity*, ed. by Plank, Academic Press.

출전

Ⅰ. 국어의 조사
1. 조사
   2004, 〈새국어생활〉 14-1, pp.203-227.
2. 조사 생략
   1990, 〈국어연구 어디까지 왔나〉, pp.233-240, 동아출판사.
3. 조사의 사전적 처리
   1998, 〈새국어생활〉 8-1, pp.65-83.

Ⅱ. 통보기능과 주제
4. 양태 조사의 통보기능에 대한 연구
   1984, 〈국어연구〉 60.
5. 국어의 목적어이동과 주제화
   1986, 〈국어학 신연구〉, pp.199-211, 탑출판사.

Ⅲ. 조사의 의미
6. 조사 [로]의 이질성 극복을 위하여
   1984, 〈국어학〉 13, pp.119-144.
7. 시간어에 대한 양화론적 해석과 조사 [에] : 'ϕ'
   1998, 〈주시경학보〉 1, pp.153-181.

Ⅳ. 조사와 구조
8. 주제어와 주격 중출 구문
   1998, 〈국어학과 국어학 연구의 자료〉, 태학사.
9. 국어의 격 중출 구성에 대하여
   1998, 〈국어학〉 31.
10. 국어의 목적어 있는 능격구성에 대한 연구
    1998, 〈언어과학〉 5-1, pp.105-123.